MW01503462

# Nothing But Vocab

# Spanish Edition

By John Robert Loehr

# Copyright 2022
## by John R. Loehr
### All Rights Reserved

Nothing But Vocab: Spanish Edition
ISBN: 979-8-9872118-0-9

Printed in the United States of America
First Edition

**For My Mother -**
For believing in me, supporting me, and being the best
mom.
Even when I wasn't always the best son.

# Table of Contents

# Preface

I'm a student of Spanish, just like you. While living in Medellín, Colombia, I began taking intensive Spanish classes for four hours a day, five days a week. I met so many people and learned so much in a relatively short period of time. I will remember those days fondly forever. I urge everyone who has the opportunity to do something similar as soon as possible. You will not regret it.

My pre-Colombia Spanish education included highschool Spanish and a year of living in a touristy area in Mexico where I rarely had the opportunity to practice, nor develop, my Spanish. After about two months of intensive study in Colombia, I had advanced to a level in which I had learned the overwhelming majority of Spanish grammar. While I had been exposed to it, I certainly had not come even close to mastering it. Now I had to actually practice what I had learned and work towards dramatically expanding my vocabulary. I decided to take a break from school and instead to spend the time developing my own system to learn Spanish.

In my new effort to dramatically expand my vocabulary, I did a few things. First, I listened to podcasts daily, usually during my walks to and from the gym, which was about 20 minutes in each direction. Forty minutes a day of listening to Spanish at, or just a little beyond, your level will dramatically help everyone who tries it. Don't worry about understanding everything. As long as you understand most of what you are listening to, you have found the right level podcast. More importantly, you are training your ear to understand native Spanish at a natural speed. What initially sounds incomprehensibly fast soon starts to sound normal and you will begin to understand most, if not all, of the words spoken. I found the best podcasts by asking fellow classmates and teachers for suggestions and google searching topics that interested me. It's a little tricky to find both an appropriate level combined with a subject matter that will engage the particular listener, but don't give up! As you advance, you will have more options. The podcasts I listened to and recommended include: *Españolistos, Spanish Obsessed, and News in Slow Spanish.*

The second part of my system involved restricting my Netflix, and any other viewing material, to shows and movies exclusively in Spanish. I would alternate between using English and Spanish subtitles, but always listened in Spanish. Some of my favorite Spanish language movies include: *Pan's Labyrinth, Amores Perros, Volver, Y Tú Mamá También, El Bar* and *Contratiempo.* The shows I watched include: *La Casa de Papel* (Money Heist), *Ingobernable, Narcos, Narcos Mexico,* and *El Patron del Mal.*

The third leg of my system included reading at least two hours a day. I searched for books appropriate to my level using Amazon Kindle ebook searches. I searched for level B1 and B2 books. A few, much to my surprise, were rather entertaining. Some that I read include: *Crimen en Barcelona, Vecinos del Infierno, y Un Café en Buenos Aires. El Principito (The Little Prince)* was my favorite. I did not just read the books; rather, I read quite actively. Each unfamiliar word I came across, I saved in google translate on my phone. If you aren't familiar with google translate and do not already have it, download and install it immediately. I believe it is one of, if not the most, important resources for expanding one's vocabulary. Every week, I would upload my google translate list to an ever growing excel master list. I also spent 30 minutes to an hour each and every day studying my growing list.

Since originally publishing this book, I have published several classic English – Spanish Dual Language Editions. The left half of each page is in the original English and the corresponding right half is in Spanish. Some titles include Grimms' Fairy Tales, Alice's Adventures in Wonderland, Sherlock Holmes, and the Hardy Boys. I genuinely believe this is arguably the most efficient and fun way to learn and study Spanish. You may view my books on Amazon or at my website at www.sidebysideclassics.com.

The last part of my Spanish system entailed reading books and resources that focused on vocabulary. As I began searching for Spanish vocabulary books, I quickly discovered none was precisely what I was looking for. While there were many Spanish learning books, most were filled with grammatical lessons, which I did not want to focus on. The books that did focus on vocabulary, were not appropriate for my level. Granted, some books were better than others, but nobody had written exactly what I was looking for. Specifically, I was looking for a book with nothing but Spanish vocabulary that focused on words for levels B1, B2, and C1. This book simply didn't exist. Most were filled with A level words, so the majority of the book was a big waste of my time. So, what could I do?

Eventually, I realized I might have unintentionally begun writing the book I was originally searching for by saving unknown words to an excel spreadsheet. With some serious effort, I wound up converting my enormous spreadsheet into a comprehensive Spanish vocabulary book. *Nothing but Vocab - Spanish Edition*, is the result of my efforts. I ended up writing what I, as a student, was desperately searching for, but could not find. I hope you find it as useful as I did. I not only enjoyed compiling it, I sure learned a great deal of vocabulary.

As the title indicates, this book contains nothing but vocabulary. This book is not a book that will teach you to read, speak, or understand Spanish. There is no mention whatsoever of a single grammatical concept. Use it to learn, develop, train, and test your

Spanish vocabulary. It is simply nothing but vocabulary divided into categories.

I organized this book in the best way I could. First, I divided the language into general categories, which make up the chapters. Below each chapter heading are subheadings, which further break down each larger category. The words in each category are organized alphabetically in English, although all "Verbs"are organized alphabetically in Spanish. Each chapter ends with the subchapters "Verbs", "Phrases", and a chapter quiz. Each chapter includes 25 short phrases that contain vocabulary from the chapter. These are often commonly used phrases, which enable readers to see their vocabulary words in real life situations.

Each chapter culminates with a 30 question quiz. The first 20 questions are a matching exercise. On a separate sheet of paper, write down the letter that proceeds the word or phrase that matches the numbered column of words. The next 10 questions are fill in the blank, multiple choice. Select the letter that best completes the sentence. You will find each chapter's answer key on the following page. It would be wise to take the quizzes to test and reinforce your knowledge. Further, I recommend retaking earlier quizzes as you advance through the book to reinforce your knowledge. The book ends with an enormous 250 question final exam. Study hard before taking it!

There are several ways to use this book. To get the absolute most out of it, I suggest reading it cover to cover; slowly. Spend a night on each chapter. Highlight the words you are having trouble remembering. Then return to earlier chapters a few nights later. Take the quizzes. Retake them. Do not advance unless you earn a 90% or better. If you truly take the time to really learn each chapter, you will, no doubt, have an advanced Spanish vocabulary in a few short months.

You may also choose to use this book by chapter. Let's say you are going camping in a week. Study the chapter "Nature & Camping"every day until your trip. Ultimately, there are as many ways to utilize this book as there are individuals. I hope you find a method that works well for you and you successfully learn and retain an extraordinary amount of Spanish vocabulary. Thanks for reading!

# Chapter I
# Food & Drink

| Cocinando | Cooking |
|---|---|
| el aditivo | additive |
| el apetito | appetite |
| apetitoso | appetizing |
| al horno | baked |
| la barbacoa | barbecue |
| batido | beaten/whipped |
| amargo | bitter |
| hervido | boiled |
| el hueso | bone |
| braseado | braised |
| empanado | breaded |
| la pechuga | breast |
| la caloría | calorie |
| el condimento | condiment |
| al pastor | cooked outside |
| al carbón | cooked over charcoal or wood |
| crujiente | crispy/crunchy |
| desmenuzado | crumbled |
| sin espinas | boneless/deboned |
| deshuesado braseado | deboned meat |
| sabroso | delicious/tasty |
| delicioso | delicious/tasty |
| la dieta | diet |
| la masa | dough |
| seco | dried |
| el huevo | egg |
| graso | fatty |

| | |
|---|---|
| el sabor | flavor |
| la harina | flour |
| la preparación de alimentos | food preparation |
| fresco | fresh |
| frito | fried |
| rallado | grated |
| la salsa | sauce/gravy |
| la grasa | grease/fat |
| grasiento | greasy |
| la parrilla | grill |
| sano | healthy |
| caliente | hot (temperature) |
| el hambre | hunger |
| el ingrediente | ingredient |
| el/la carnívoro/a | meat eater |
| a punto medio | medium (cooked) |
| término medio | medium (cooked) |
| suave | mild |
| mezclado | mixed |
| mohoso | moldy |
| aceitoso | oily |
| el aceite de oliva | olive oil |
| la pasta | pastry |
| pelado | peeled |
| el pedazo | piece |
| el trozo | piece |
| la porción | portion |
| al ajillo | prepared in garlic |
| rancio | rancid |
| poco hecho | rare |
| crudo | raw |
| la receta | recipe |
| el asado | roast |
| la sal y la pimienta | salt and pepper |

| | |
|---|---|
| salado | salty |
| la ración | serving/helping |
| ácido | sharp taste/acidic |
| tamizado | sifted |
| cernido | sifted |
| la tajada | slice |
| la rebanada | slice |
| en rodajas | sliced |
| ahumado | smoked |
| blando | soft |
| picante | spicy |
| duro | stale/hard |
| cocido al vapor | steamed |
| estofado | stewed |
| fuerte | strong |
| rellenado | stuffed |
| el relleno | stuffing |
| el aceite de girasol | sunflower oil |
| la sed | thirst |
| al gusto | to taste |
| tostado | toasted |
| descosido | uncooked |
| el/la vegetariano/a estricto/a | vegan |
| el/la vegetariano/a | vegetarian |
| bien cocido | well done |
| batido con batidora | whisked |

## Herramientas de Cocina    Cooking Tools

| | |
|---|---|
| el delantal | apron |
| la bandeja para hornear | baking pan/sheet |
| la parrilla de la barbacoa | barbecue grill |
| el bastardo | baster |
| la licuadora | blender |

| | |
|---|---|
| el bloque de carnicero | butcher's block |
| el molde para pasteles | cake pan |
| el abrelatas | can opener |
| la parrilla de carbón | charcoal grill |
| la cafetera | coffee maker |
| el colador | colander |
| el libro de cocina | cookbook |
| el cortador de galletas | cookie cutter |
| el estante de enfriamiento | cooling rack |
| la vasija | crock |
| la olla de barro | crock pot |
| el molde para cupcakes | cupcake pan |
| la tabla de cortar | cutting board |
| el batidor de huevos | egg beater |
| el temporizador de huevo | egg timer |
| la maquina de espresso | espresso machine |
| la olla de fondue | fondue pot |
| el procesador de alimentos | food processor |
| el sartén para freír | frying pan |
| la prensa de ajo | garlic press |
| el rallador | grater |
| la plancha | griddle |
| el molinillo | grinder |
| la prensa de hamburguesas | hamburger press |
| el cubo de hielo | ice bucket |
| la bola de helado | ice cream scoop |
| el exprimidor | juicer |
| la tetera | kettle |
| el cucharón | ladle |
| la cacerola de lasaña | lasagna pan |
| la taza de medir | measuring cup |
| la cuchara medidora | measuring spoon |
| el tazón para mezclar | mixing bowl |
| el molde | mold |

| | |
|---|---|
| el mortero y la maja | mortar and pestle |
| el molde para muffins | muffin pan |
| el cascanueces | nut cracker |
| los guantes de cocina | oven mitts |
| el cuchillo de pelar | paring knife |
| el pelador | peeler |
| el molinillo de pimienta | pepper mill |
| la jarra | pitcher |
| el cortador de pizza | pizza cutter |
| el agarrador | pot holder |
| la olla a presión | pressure cooker |
| la olla arrocera | rice cooker |
| el rodillo | rolling pin |
| la ensaladera | salad bowl |
| la cacerola | saucepan |
| las tijeras | shears |
| el pincho | skewer |
| la sartén | skillet/frying pan |
| la rebanadora | slicer |
| la olla de cocción lenta | slow cooker |
| el vapor | steamer |
| el colador | strainer |
| el termómetro | thermometer |
| el horno tostador | toaster oven |
| las tenazas | tongs |
| la gofrera | waffle iron |
| el batidor | whisk |
| el wok | wok |

## La Carne Roja

## Red Meat

| | |
|---|---|
| el tocino | bacon |
| la carne de vaca | beef |
| el hueso | bone |

| | |
|---|---|
| la chuleta | chop |
| el jamón | ham |
| la hamburguesa | hamburger |
| el perrito caliente | hot dog |
| los riñones | kidneys |
| el cordero | lamb |
| la chuleta de cordero | lamb chop |
| el hígado | liver |
| la carne | meat |
| las albóndigas | meatballs |
| la carne de cordero | mutton |
| el paté | paté |
| la carne de cerdo | pork |
| la chuleta de cerdo | pork chop |
| el conejo | rabbit |
| la carne asada | roasted beef |
| el salami | salami |
| la salchicha | sausage |
| el solomillo | sirloin |
| el filete | steak |
| el guiso | stew |
| el estofado | stew |
| la carne guisada | stewed meat |
| el pincho | the skewer |
| la carne de ternera | veal |

## La Carne de Ave — Poultry

| | |
|---|---|
| el capón | capón |
| el pollo | chicken |
| las pechugas de pollo | chicken breasts |
| el pato | duck |
| el huevo | egg |
| el ganso | goose |

| | |
|---|---|
| el faisán | pheasant |
| la codorniz | quail |
| el pavo | turkey |

## Los Mariscos

## Seafood

| | |
|---|---|
| la anchoa | anchovy |
| la almeja | clam |
| el bacalao | cod |
| el cangrejo | crab |
| la anguila | eel |
| el pescado | fish |
| el arenque | herring |
| la langosta | lobster |
| el mejillón | mussle |
| el pulpo | octopus |
| la ostra | oyster |
| el salmón | salmon |
| la sardina | sardine |
| la venera | scallop |
| el crustáceo | shellfish |
| los mariscos | shellfish |
| el camarón | shrimp |
| el caracol | snail |
| el calamar | squid |
| el pez espada | swordfish |
| el langostino | the prawn |
| la lubina | the sea bass |
| la trucha | trout |
| el atún | tuna |

## Tipos de Carne

## Types of Meat

| | |
|---|---|
| tocineta | bacon |

| | |
|---|---|
| morcilla | blood sausage |
| pechuga | breast |
| contramuslo | chicken leg |
| muslo | chicken leg/drumstick |
| pastor | common manner of preparing pork |
| lechona | full stuffed pig |
| jamón | ham |
| corazón | heart |
| alón | heel |
| lomo alto | high back |
| cuarto trasero | hindquarters |
| perros calientes | hotdogs |
| jamoncito | little ham |
| hígados | livers |
| lomo | loin |
| lomo bajo | low back |
| medio | medium |
| tres cuartos | medium well done |
| osobuco | ossobuco |
| chicharrón | pig skin |
| pierna premium | premium leg |
| rojo | rare |
| inglés | rare |
| costillas | ribs |
| salchicha | sausage |
| solomillo | sirloin |
| punta de anca | sirloin cap |
| mollejas | sweetbread meat |
| rabo | tail |
| solomito | tenderloin |
| punta | tip |
| mondongo | tripe |
| azul | very rare (blue) |

| | |
|---|---|
| bien cocido | well done |
| alitas | wings |

## Las Verduras / Vegetables

| | |
|---|---|
| la alcachofa | artichoke |
| el espárrago | asparagus |
| la remolacha | beet |
| el brócoli | broccoli |
| la col de bruselas | brussel sprouts |
| la col | cabbage |
| el repollo | cabbage |
| la zanahoria | carrot |
| la coliflor | cauliflower |
| el apio | celery |
| el maíz | corn |
| el pepino | cucumber |
| la berenjena | eggplant |
| las habas | fava beans |
| las papas fritas | french fries |
| el ajo | garlic |
| las judías verdes | green beans |
| el puerro | leek |
| la lenteja | lentil |
| la lechuga | lettuce |
| el champiñón | mushroom |
| el hongo | mushroom |
| la cebolla | onion |
| el perejil | parsley |
| el guisante | pea |
| el pimiento | pepper |
| la patata | potato |
| la papa | potato |
| la calabaza | pumpkin |

| | |
|---|---|
| el rábano | radish |
| el ruibarbo | rhubarb |
| la espinaca | spinach |
| el tomate | tomato |
| el nabo | turnip |
| el berro | watercress |
| el calabacín | zucchini |

## Los Granos / Grains

| | |
|---|---|
| el amaranto | amaranth |
| la cebada | barley |
| el salvado | bran |
| el pan | bread |
| el arroz integral | brown rice |
| el trigo negro | buckwheat |
| el maíz | corn |
| el cuscús | couscous |
| la harina | flour |
| los fideos | noodles |
| la avena | oatmeal/oats |
| la pasta | pasta |
| las palomitas de maíz | popcorn |
| la quinoa | quinoa |
| el arroz | rice |
| el centeno | rye |
| el trigo | wheat |
| el arroz blanco | white rice |

## Las Nueces / Nuts

| | |
|---|---|
| la nuez de brasil | brazil nut |
| el anacardo | cashew |
| la castaña | chestnut |

| | |
|---|---|
| la avellana | hazelnut |
| las legumbres | legumes |
| la nuez | nut |
| el cacahuete | peanut |
| la nuez | walnut |
| la almendra | almond |

## Las Frutas — Fruit

| | |
|---|---|
| la manzana | apple |
| el albaricoque | apricot |
| el aguacate | avocado |
| el plátano | banana |
| la baya | berry |
| la mora | blackberry |
| el arándano | cranberry |
| el dátil | date |
| los frutos secos | dried fruit |
| el higo | fig |
| la uva | grape |
| la toronja | grapefruit |
| el pomelo | grapefruit |
| el kiwi | kiwi |
| el limón | lemon |
| la lima | lime |
| el melón | melón |
| la aceituna | olive |
| la naranja | orange |
| el melocotón | peach |
| el durazno | peach |
| la pera | pear |
| la piña | pineapple |
| la ciruela | plum |
| la granada | pomegranate |

| | |
|---|---|
| la ciruela seca | prune |
| la pasa | raisin |
| la frambuesa | raspberry |
| la fresa | strawberry |
| la mandarina | tangerine |

## Las Bebidas Alcohólicas — Alcoholic Beverages

| | |
|---|---|
| la cerveza | beer |
| el brandy | brandy |
| el coñac | brandy |
| la champaña | champagne |
| el cóctel | cocktail |
| la ginebra | gin |
| el ron | rum |
| el esconcés | scotch |
| el vino de jerez | sherry |
| la vodka | vodka |
| el whisky | whiskey |
| el vino | wine |

## Las Bebidas Sin Alcohol — Beverages without Alcohol

| | |
|---|---|
| la cidra | cider |
| el café | coffee |
| la cola | cola |
| la fuente | fountain (soda machine) |
| el jugo | juice |
| el zumo | juice |
| la limonada | lemonade |
| la leche | milk |
| el batido | milkshake |
| la malteada | milkshake |

| | |
|---|---|
| el agua mineral | mineral water |
| el jugo de naranja | orange juice |
| el zumo de naranja | orange juice |
| la soda | soda |
| el té | tea |
| el tónico | tonic |
| el agua | water |

## Postre / Dessert

| | |
|---|---|
| el pastel de comida de ángel | angel food cake |
| la tarta de manzana | apple pie |
| la división de plátano | banana split |
| las galletas | biscuits/cookies |
| el muffin de arándano | blueberry muffin |
| el azúcar moreno | brown sugar |
| el brownie | brownie |
| el bollo | bun |
| el caramelo | butterscotch |
| la tarta | cake |
| el pastel | cake/pie |
| el dulce | candy |
| el azúcar de caña | cane sugar |
| el cannoli | cannoli |
| la manzana caramelo | caramel apple |
| la tarta de queso | cheesecake |
| el pastel de cereza | cherry pie |
| el chocolate | chocolate |
| la tableta de chocolate | chocolate bar |
| la barra de chocolate | chocolate bar |
| el pastel de chocolate | chocolate cake |
| las galletas con trozos de chocolate | chocolate chip cookies |
| el bombón | chocolate covered candy |

| | |
|---|---|
| el batido de chocolate | chocolate milkshake |
| la salsa de chocolate | chocolate sauce |
| el churro | churro |
| el rollo de canela | cinnamon roll |
| el pastel de café | coffee cake |
| la crema | cream |
| la nata montada | cream |
| el flan | crème caramel |
| el crepe | crepe |
| la magdalena | cupcake/muffin |
| la crema pastelera | custard |
| el chocolate negro | dark chocolate |
| la rosquilla | doughnut |
| el dónut | doughnut |
| el éclair | eclair |
| la galleta de la fortuna | fortune cookie |
| el glaseado | frosting |
| el yogur helado | frozen yogurt |
| la tarta de frutas | fruit cake |
| el caramelo de dulce de leche | fudge |
| el dulce de azúcar | fudge |
| la miel | honey |
| el chocolate caliente | hot chocolate |
| el helado de chocolate caliente | hot fudge sundae |
| el helado | ice cream |
| el pastel de helado | ice cream cake |
| la formación de hielo | icing |
| la piruleta | lollipop |
| los malvaviscos | marshmallows |
| el chocolate con leche | milk chocolate |
| el turrón | nougat |
| la galleta de mantequilla de maní | peanut butter cookie |

| | |
|---|---|
| el pastel de nuez | pecan pie |
| la paleta | popsicle |
| el bizcocho | pound cake/sponge cake |
| el pudín | pudding |
| el pastel de calabaza | pumpkin pie |
| el pastel de terciopelo rojo | red velvet cake |
| el arroz con leche | rice pudding |
| el sorbete | sherbet |
| los malvaviscos tostados | toasted marshmallows |
| el caramelo | toffee |
| las trufas | truffles |
| la oblea | wafer |
| el gofre | waffle |
| la crema batida | whipped cream |
| el chocolate blanco | white chocolate |
| el azúcar blanca | white sugar |

## Verbos

## Verbs

| | |
|---|---|
| asar a la parrilla | to grill |
| asar al horno | to roast in the oven |
| batir | to beat/whip |
| batir los huevos | to beat the eggs |
| brasear | to braise |
| calentar el horno | to heat the oven |
| cernir | to sift |
| chupar | to suck |
| cocer | to bake |
| cocer al vapor | to steam |
| cocinar | to cook |
| condimentar | to season |
| cortar en cubitos | to dice |
| cortar en dados | to dice |
| cortar en rodajas | to slice |

| | |
|---|---|
| cortar en trozos pequeños | to chop/cut in small pieces |
| deshuesar | to debone meat |
| desmenuzar | to crumble |
| echar | to pour |
| engrasar el molde | to grease the mold |
| espesarse | to thicken |
| estar a dieta | to diet/be on a diet |
| extender | to spread |
| fregar | to wash |
| freír | to fry |
| graduar el horno | to adjust the oven |
| hacer la digestión | to digest |
| hervir | to boil |
| hornear | to bake |
| marinar | to marinate |
| masticar | to chew |
| mezclar | to mix |
| mezclar los ingredientes | to mix the ingredients |
| morder | to bite |
| ofrecer | to offer |
| oler | to smell |
| pasar | to pass |
| pelar | to peel |
| pesar | to weigh |
| poner la mesa | to set the table |
| ponerse los guantes | to put on gloves |
| ponerse enfermo | to get sick |
| prender el horno | to light the oven |
| probar | to taste/sample |
| proporcionar | to provide |
| proveer | to provide |
| pudrirse | to rot |
| quitar la mesa | to clear the table |
| quitar las espinas | to debone fish |

| | |
|---|---|
| rallar | to grate |
| sabor a | to taste like |
| sazonar | to season |
| secar | to dry |
| seguir un régimen | to diet/be on a diet |
| servir | to serve/pour |
| servirse | to help oneself |
| tamizar | to sift |
| tostar | to toast |
| tragar | to swallow |
| trinchar | to carve |

## Frases de Comida

¿De qué es el pastel?

Es un pastel de chocolate.

¿De dónde es el flan?

El flan es de España.

¿Quién trae la torta de queso?

Mi hermana trae la torta de queso.

Rollos de canela son muy fáciles de preparar.

¿Cuándo se sirve el helado?

El helado se sirve para el postre.

¿Por qué no hay café?

El café se acabó.

¿Cuántas galletas hay?

Hay diez galletas.

¿Cuál es su postre favorito?

Mi postre favorito es un batido de chocolate.

¿Qué hay para cenar?

## Food Phrases

What kind of cake is it?

It's a chocolate cake.

Where is flan from?

Flan is from Spain.

Who is bringing the cheesecake?

My sister is bringing the cheesecake.

Cinnamon rolls are very easy to prepare.

When is ice cream served?

Ice cream is served for dessert.

Why isn't there coffee?

The coffee ran out.

How many cookies are there?

There are ten cookies.

What is your favorite dessert?

My favorite dessert is a chocolate milkshake.

What's for dinner?

Para cenar tendremos pasta.

¿Tienes menú especial para vegetarianos?

¿Qué deseas de beber?

Me gustaría un jugo de naranja sin azúcar.

Me gustaría mi filete término medio.

La sopa está muy salada.

Mi jugo está muy dulce. ¿Podría cambiarlo?

For dinner we will have pasta.

Do you have a special menu for vegetarians?

What would you like to drink?

I would like orange juice without sugar

I would like my steak medium rare.

The soup is very salty.

My juice is very sweet. Could you change it?

# Quiz - Chapter I
# Food & Drink

| | | | |
|---|---|---|---|
| 1. la uva | A. | appetite |
| 2. la fresa | B. | bitter |
| 3. apetito | C. | clam |
| 4. las galletas | D. | cookies |
| 5. frito | E. | crab |
| 6. crujiente | F. | crispy |
| 7. caliente | G. | fat |
| 8. mohoso | H. | fried |
| 9. el cangrejo | I. | grape |
| 10. la almeja | J. | grill |
| 11. el zumo | K. | hot (temperature) |
| 12. la grasa | L. | juice |
| 13. amargo | M. | meatballs |
| 14. crudo | N. | moldy |
| 15. bien cocido | O. | raw |
| 16. la parrilla | P. | strawberry |
| 17. hornear | Q. | sugar |
| 18. masticar | R. | to bake |
| 19. el azúcar | S. | to chew |
| 20. las albóndigas | T. | well done |

21. Mi postre favorito es _____.
a. el apetito          c. morder
b. el helado           d. hervir

22. No bebo muy a menudo, pero cuando lo hago, bebo _____.
a. la cerveza          c. la fresa
b. el tocino           d. el pulpo

23. Mi condimento favorito es la salsa _____.
a. el cangrejo         c. picante
b. el maíz             d. mohoso

24. _____ me hacen llorar.
a. las cebollas        c. el bizcocho
b. el zumo             d. el plátano

25. Mi comida favorita es _____ con pasta.
a. crudo               c. bien cocida
b. condimentar         d. los mariscos

26. Cuando hago viajes largos, traigo _____.
a. seco                c. sazonar
b. los cacahuates      d. la parrilla

27. Me gusta mi queso _____.
a. aditivo             c. hervir
b. la grasa            d. rebanado

28. Me encanta comer _____ con hamburguesas.
a. chupar              c. papas fritas
b. servirse            d. mohoso

29. Siempre pido mi bistec _____.
a. término medio       c. la almeja
b. la uva              d. la zanahoria

30. Me encanta ponerle _____ a todo, pero me huele mal el aliento.
a. masticar            c. ajo
b. crudo               d. hornear

# Answer Key

1. I
2. P
3. A
4. D
5. H
6. F
7. K
8. N
9. E
10. C
11. L
12. G
13. B
14. O
15. T
16. J
17. R
18. S
19. Q
20. M
21. B
22. A
23. C
24. A
25. D
26. B
27. D
28. C
29. A
30. C

# Chapter II
# Restaurants

## Menús y Platos

a la carta

los aperitivos

la carne de res

el pan

el desayuno

el brunch

el buffet

la torta

el pastel

el pollo

el café

la cola

los condimentos

las galletas

la crema

el especial del día

el postre

el menú de postres

la cena

los frutos secos

el menú de bebidas

las bebidas

los huevos

la entrada

el pescado

las papas a la francesa

## Menus & Dishes

á la carte

appetizers

beef

bread

breakfast

brunch

buffet

cake

cake

chicken

coffee

cola

condiments

cookies

cream

daily special

dessert

desserts menu

dinner

dried fruits

drink menu

drinks

eggs

entrée

fish

french fries

| | |
|---|---|
| las papas fritas | french fries |
| las frutas | fruits |
| gourmet | gourmet |
| la hora feliz | happy hour |
| el hielo | ice |
| el helado | ice cream |
| los cubos de hielo | ice cubes |
| la gelatina | jello |
| la salsa de tomate | ketchup |
| la limonada | lemonade |
| la lechuga | lettuce |
| el almuerzo | lunch |
| la comida | lunch/meal |
| el plato fuerte | main course |
| la carne | meat |
| medio hecho | medium (cooked) |
| término medio | medium (cooked) |
| medio cocido | medium (cooked) |
| el menú | menu |
| la carta | menu |
| la mostaza | mustard |
| los fideos | noodles |
| las nueces | nuts |
| las cebollas | onions |
| el orden | order |
| la pasta | pasta |
| el chile | pepper |
| la pizza | pizza |
| el plato | platter |
| cocido raro | rare (cooked) |
| poco hecho | rare (cooked) |
| término azul | rare (cooked) |

| | |
|---|---|
| la reservación | reservation |
| asado | roasted |
| el rollo | roll |
| la ensalada | salad |
| la sal | salt |
| el sándwich | sandwich |
| la salsa | sauce |
| los mariscos | seafood |
| comida del mar | seafood |
| chamuscado | seared |
| el orden lateral | side order |
| la merienda | snack |
| el refresco | soda |
| la sopa | soup |
| el agua mineral | sparkling water |
| el agua con gas | sparkling water |
| el especial | special |
| las especias | spices |
| picante | spicy |
| el derrame | spill |
| los entrantes | starters/appetizers |
| el filete | steak |
| el azúcar | sugar |
| la cena | supper |
| el sushi | sushi |
| el taco | taco |
| sabroso | tasty |
| el té | tea |
| menú de tres platos | three-course meal |
| para llevar | to go |
| la tostada | toast |
| los tomates | tomatoes |

| | |
|---|---|
| las verduras | vegetables |
| los vegetales | vegetables |
| el menú vegetariano | vegetarian menu |
| el agua | water |
| bien hecho | well done (cooked) |
| muy hecho | well done (cooked) |
| bien cocido | well done (cooked) |
| el menú de vinos | wine list |

## Trabajadores de Restaurante

## Restaurant Workers

| | |
|---|---|
| el/la cantinero/a | barman/barwoman |
| la cajera | cashier |
| el chef | chef |
| el/la cocinero/a | chef |
| el/la lava platos | dishwasher |
| el/la anfitrión/a | host/hostess |
| la hostess | hostess |
| el capitán de meseros | maitre d'/head waiter |
| el/la gerente | manager |
| el/la servidor/a | server |
| el sommelier | sommelier/wine steward |
| el/la mesero/a | waiter/waitress |
| el/la camarero/a | waiter/waitress |

## Artículos de Restaurante

## Restaurant Items

| | |
|---|---|
| la barra | bar |
| la botella | bottle |
| el tazón | bowl |
| la vela | candle |

| | |
|---|---|
| la pieza central | centerpiece |
| la silla | chair |
| la copa | cup |
| la taza | cup/mug |
| los cubiertos | cutlery |
| la bolsa de perrito | doggie bag |
| el tenedor | fork |
| el vaso | glass |
| la jarra | jar/jug |
| el club de niños | kids' club |
| la cocina | kitchen |
| el cuchillo | knife |
| el lounge | lounge bar |
| la taza | mug |
| la servilleta | napkin |
| la sección de no fumar | non-smoking area |
| el estacionamiento | parking |
| el plato | plate |
| el área de juegos | playground |
| los cubiertos | silverware |
| la cuchara | spoon |
| la mesa | table |
| el mantel | tablecloth |
| el baño | toilet/restroom |
| el valet parking | valet parking |
| la sala de espera | waiting room/area |

## Tipos de Restaurantes — Types of Restaurants

| | |
|---|---|
| el bistró | bistro |
| la cafetería | cafetería/cafe |
| la charcutería | delicatessen |

| | |
|---|---|
| el diner | diner (type of restaurant) |
| el restaurante italiano | italian restaurant |
| el restaurante mexicano | mexican restaurant |
| el restaurante chino | chinese restaurant |
| el restaurante japonés | japanese restaurant |
| el restaurante español | spanish restaurant |
| el restaurante indio | indian restaurant |
| el restaurante rápido | fast food restaurant |

## La Cuenta / The Bill

| | |
|---|---|
| la cuenta | bill/check |
| el efectivo | cash |
| el cajero | cashier |
| el cambio | change |
| la tarjeta de crédito | credit card |
| la tarjeta de débito | debit card |
| el impuesto | tax |
| la propina | tip |

## Verbos / Verbs

| | |
|---|---|
| aceptar | to accept |
| beber | to drink |
| comer | to eat |
| costar | to cost |
| decidir | to decide |
| elegir | to choose |
| empujar | to push (a door) |
| encargar | to order |
| escoger | to choose |
| estar sin plata | to not have money |

| | |
|---|---|
| gastar | to spend money |
| hacer una reservación | to make a reservation |
| halar | to pull (a door) |
| ir al baño | to go to the bathroom |
| lavar los platos | to wash the dishes |
| lavarse las manos | to wash your hands |
| limpiar una mesa | to clean a table |
| necesitar | to need |
| ordenar | to order |
| pagar con tarjeta de crédito | to pay by credit card |
| pagar en efectivo | to pay in cash |
| para llevar | to take a meal to go |
| pasar | to spend time |
| pedir | to order |
| pedir postre | to order dessert |
| poner una reclamación | to make a complaint |
| querer | to want |
| tener una reservación | to have a reservation |
| terminar | to end up/finish |
| tomar | to drink |
| valer | to cost |

## Frases

¡Buen provecho!
Servicio incluido.
¿Señor/a, la cuenta, por favor?

¿Está incluida la propina?
Una sola cuenta, por favor.
Separate bills, please.
¿Aceptan tarjetas de crédito?

## Phrases

¡Enjoy your meal!
The tip is included.
Sir/madam, the bill please?

Is the tip included?
One bill, please.
Cuentas separadas, por favor.
Do you accept credit cards?

¿Otra ronda por favor?

Can we get another round please?

¡Estuvo delicioso!

That was delicious!

¡Salud!

Cheers!

No se aceptan mascotas.

No pets allowed.

¿Podría sentarme en el bar?

May I sit at the bar?

¿Cuál es el plato del día?

What is the dish of the day?

¿Hay alguna especialidad de la casa?

Is there a house specialty?

¿Qué recomienda usted?

What do you recommend?

¿Para beber, comer?

What would you like to drink, eat?

¿Ha terminado?

Have you finished?

¿Quiere pedir?

Would you like to order?

¿Algo más?

Anything else?

Necesitamos más tiempo para decidir.

We need more time to decide.

¿Bajo el nombre de quién?

Under whose name?

¿Tienen algún plato vegetariano?

Do you have any vegetarian dishes?

¿Puedo ver el menú, por favor?

May I see the menu, please?

Estamos listos para ordenar.

We are ready to order.

No gracias, estoy lleno.

No thank you, I am full.

# Quiz - Chapter II
# Restaurants

| | | | |
|---|---|---|---|
| 1. bien cocido | A. | appetizers/starters |
| 2. costar | B. | beef |
| 3. el gastrónomo | C. | cookies |
| 4. el gerente | D. | dessert menu |
| 5. el helado | E. | gourmet |
| 6. el mantel | F. | happy hour |
| 7. el menú de postres | G. | ice cream |
| 8. el mesero | H. | manager |
| 9. encargar | I. | medium (cooked) |
| 10. hacer una reservación | J. | noodles |
| 11. la carne de vaca | K. | seafood |
| 12. la hora feliz | L. | snack |
| 13. la merienda | M. | spicy |
| 14. las galletas | N. | tablecloth |
| 15. los entrantes | O. | to cost |
| 16. los fideos | P. | to make a reservation |
| 17. los mariscos | Q. | to order |
| 18. medio cocido | R. | to pay in cash |
| 19. pagar en efectivo | S. | waiter |
| 20. picante | T. | well done (cooked) |

21.     Necesito un _____ para comer mi sopa.
a.      menú de tres platos                 c. salsa de tomate
b.      bien hecho                          d. tazón

22.     Los _____ están en el cajón de la izquierda.
a.      cubiertos                           c. anfitriones
b.      cocineros                           d. bistró

23.     ¿Te gustaría dividir la _____?
a.      poco hecho                          c. cuenta
b.      mesero                              d. menú de vinos

24.     ¿Cuál es el _____ sobre bienes inmuebles en su país?
a.      sushi                       c. impuesto
b.      rollo                               d. vegetales

25.     ¡No puedo esperar para _____! ¡Me voy a tomar un helado!
a.      pedir el postre                     c. azul
b.      lavaplatos                          d. jarra

26.     Ya estoy lleno y solo comí la mitad de mi comida. ¿Puedo tener una _____?
a.      barra                               c. sala de espera
b.      bolsa para perros                   d. charcutería

27.     ¡Estos tacos al pastor son muy _____!
a.      sabrosos                            c. beber
b.      cuenta                              d. botella

28.     No me gustan las _____, pero trato de comerlas de todos modos.
a.      propinas                            c. tenedores
b.      empujar                             d. verduras

29.     Ese camarero fue excelente. Déjale una buena _____.
a.      propina                             c. servilleta
b.      lavar los platos                    d. cafetería

30.     Karen siempre _____ cuando salimos a cenar.
a.      taza                                c. pone una reclamación
b.      taco                                d. sabroso

# Answer Key

1. T
2. O
3. E
4. H
5. G
6. N
7. D
8. S
9. Q
10. P
11. B
12. F
13. L
14. C
15. A
16. J
17. K
18. I
19. R
20. M
21. D
22. A
23. C
24. C
25. A
26. B
27. A
28. D
29. A
30. C

# Chapter III
# The Home

## Tipos de Viviendas

el apartamento
el edificio de apartamentos
el edificio
el bungalow
la cabina
la cabaña
el castillo
el chalet
el condominio
la casa de campo
la casa individual
el dormitorio
la alquería
la granja
el piso
el rascacielos
el hotel
el iglú
el faro
el desván
la cabaña de troncos
el hogar de ancianos
el estudio
la suite
la villa

## Types of Homes

apartment
apartment building
building
bungalow
cabin
cabin/hut
castle
chalet
condominium
cottage
detached house
dormitory
farmhouse
farmhouse
flat
high-rise
hotel
igloo
lighthouse
loft
log cabin
nursing home
studio
suite
villa

| Habitaciones en el Hogar | Rooms in the Home |
|---|---|
| el desván | attic |
| el ático | attic |
| el sótano | basement |
| el cuarto de baño | bathroom |
| la habitación | bedroom |
| el cuarto | bedroom |
| el dormitorio | bedroom |
| la sala de calderas | boiler room |
| el guardarropa | cloakroom |
| la guarida | den/nest/lair |
| el comedor | dining room |
| el cuarto familiar | family room |
| el vestíbulo | foyer |
| el garaje | garage |
| el cuarto de huéspedes | guest room |
| el pasillo | hallway |
| el despacho | home office |
| la cocina | kitchen |
| el cuarto de lavar | laundry room |
| el lavadero | laundry room |
| la biblioteca | library |
| la sala de estar | living room |
| el salón | living room/lounge |
| el cuarto de barro | mud room |
| la enfermería | nursery |
| la despensa | pantry |
| la sala de juegos | play room/game room |
| el estudio | study room |
| el solarium | sunroom |
| la bodega | wine cellar |

## Artículos para el Hogar    Home Supplies

| | |
|---|---|
| el cenicero | ashtray |
| la sobrecama | bedspread |
| la cobija | blanket |
| la manta | blanket |
| las persianas | blinds |
| la vela | candle |
| las cortinas | curtains |
| el plato | dish |
| los platos | dishes |
| el felpudo | doormat |
| la estera | doormat |
| el cordón de la luz | electrical cord |
| el cable | extension cord |
| el cordón | extension cord |
| el ventilador | fan |
| el abanico | fan |
| el extintor de incendio | fire extinguisher |
| el extinguidor | fire extinguisher |
| la leña | firewood |
| los útiles | flatware/utensils |
| el tenedor | fork |
| el marco | frame (photo) |
| el basurero | garbage can |
| el cubo de basura | garbage can |
| la trituradora | garbage disposal |
| el gas | gas |
| el vaso | glass (drinking) |
| el tirador | handle (drawer) |
| la manija | handle (drawer) |
| el asa | handle (pitcher) |
| el asidero | handle (pitcher) |
| la llave | key |
| el cuchillo | knife |
| la lámpara | lamp |

| | |
|---|---|
| la pantalla de lámpara | lampshade |
| la palanca | lever |
| la luz | light |
| la bombilla | lightbulb |
| la cerradura | lock |
| el leño | log |
| el retrato | painting/picture |
| el cuadro | painting/picture |
| los clips | paperclips |
| el pasillo | passageway |
| la foto | photo |
| la almohada | pillow |
| la funda | pillowcase |
| el tapete | rug/mat |
| el mantelito | tablecloth |
| el salvaplatos | placemat/tablemat |
| el tapón | plug/stopper |
| el cartel | poster |
| el póster | poster |
| la colcha | quilt |
| la carpeta | rug (area) |
| las sábanas | sheets |
| el estante | shelf |
| la cuchara | spoon |
| la toalla | towel |
| la bandeja | tray |
| el florero | vase |
| la papelera | wastepaper basket |
| la cesta | wastepaper basket |

## Los Muebles / Furniture

| | |
|---|---|
| el sillón | armchair/easy chair |
| la butaca | armchair/easy chair |

| | |
|---|---|
| el armario | armoire/cabinet |
| el taburete de la barra | bar stool |
| la silla del puf | bean bag chair |
| la cama | bed |
| la mesa de la cama | bedside table |
| la mesa de la noche | bedside table |
| la banca | bench |
| el estante | bookcase |
| la litera | bunk bed |
| el buró | bureau |
| el gabinete | cabinet |
| la cama con dosel | canopy bed |
| la silla | chair (dining room) |
| la vitrina | china hutch |
| la mesa de centro | coffee table |
| la consola | console |
| la cuna | cradle |
| el cojín | cushion |
| el escritorio | desk |
| la silla de escritorio | desk chair |
| el cajón | drawer |
| la cómoda | dresser/bureau |
| el tocador | dressing table |
| el centro de entretenimiento | entertainment center |
| el reposapiés | footrest |
| el futón | futon |
| el reloj del abuelo | grandfather clock |
| la trona | highchair |
| la lámpara | lamp |
| el asiento de amor | love seat |
| el otomano | ottoman |
| el piano | piano |
| el pianoforte | piano |
| el sillón reclinable | recliner |

| | |
|---|---|
| la mecedora | rocking chair |
| el aparador | sideboard |
| el sofá | sofa/couch |
| el sillín | stool |
| la mesa | table |
| la cama de agua | waterbed |

## Los Objetos Fijos / Fixed Parts of the House

| | |
|---|---|
| la puerta trasera | back door |
| el balcón | balcony |
| el rodapié | baseboard |
| la tina de baño | bathtub |
| la caldera | boiler |
| el estante para libros | bookshelf |
| el ladrillo | brick |
| la alarma antirrobo | burglar alarm |
| el gabinete | cabinet |
| la alfombra | carpet (wall to wall) |
| el techo | ceiling/roof |
| la barra | countertop (kitchen) |
| la alacena | cupboard |
| el armario | cupboard |
| la puerta | door |
| el tirador de puerta | doorknob |
| la manija de la puerta | doorknob |
| el puño | doorknob/door handle |
| el tirador de puerto | doorknob/door handle |
| el desagüe | drain |
| líneas eléctricas | electric lines |
| el enchufe | electrical outlet |
| la electricidad | electricity |
| el ascensor | elevator |
| la llave | faucet handle |

| | |
|---|---|
| el grifo | faucet/tap |
| la alarma de incendio | fire alarm |
| la chimenea | fireplace |
| el piso | floor (level of building) |
| el suelo | floor (standing surface) |
| la puerta principal | front door |
| el horno | furnace/oven |
| las líneas de gas | gas lines |
| la planta baja | ground floor |
| el primer piso | ground floor |
| el hogar | hearth/floor of fireplace |
| la calefacción | heating system |
| el ojo de la cerradura | keyhole |
| el interruptor | lightswitch |
| el buzón | mailbox |
| la repisa | mantel |
| el enchufe | outlet |
| la pipa | pipe |
| el radiador | radiator |
| el tejado | roof |
| la ducha | shower |
| las contraventanas | shutters |
| el lavabo | sink (bathroom/kitchen) |
| el fregadero | sink (kitchen) |
| el tragaluz | skylight |
| la claraboya | skylight |
| la escalera | stairs |
| el peldaño | step |
| el escalón | step |
| la terraza | terrace |
| la antena | the antenna |
| el azulejo | tile (bathroom) |
| la baldosa | tile (floor) |
| la teja | tile (roof) |

| | |
|---|---|
| el inodoro | toilet |
| el retrete | toilet |
| el toallero | towel rack |
| la vista | view |
| el panorama | view |
| el muro | wall (exterior) |
| la pared | wall (interior) |
| la ventana | window |
| el vidrio | window pane |
| el cristal | window pane |
| el alféizar | windowsill |
| el antepecho | windowsill |
| el alambre | wire |
| el alambrado | wiring |
| la madera | wood |

## Electrónica y Electrodomésticos

## Electronics & Appliances

| | |
|---|---|
| el aire acondicionador | air conditioner |
| el aire acondicionado | air-conditioning |
| la contestadora | answering machine |
| la secadora | clothes dryer |
| el tocadiscos | compact disc player |
| la computadora | computer |
| el ordenador | computer |
| la secadora | drying machine(clothes) |
| el tocador de DVD | DVD Player |
| la afeitadora | electric razor/shaver |
| el cepillo de dientes eléctrico | electric toothbrush |
| el congelador | freezer |
| la freidora | fryer |
| la caldera | furnace/boiler |
| el protector de vidrio | glass protector |

| | |
|---|---|
| la parrilla | grill |
| la secadora del pelo | hair dryer |
| la plancha de pelo | iron/hair straightener |
| el secador | hair dryer |
| la plancha de ropa | iron (clothes) |
| la mesa para planchar | ironing board |
| las perillas | knobs |
| el portátil | laptop |
| ordenador portátil | laptop |
| el radio | radio |
| la máquina de coser | sewing machine |
| minicadena | stereo |
| equipo de música | stereo |
| el estéreo | stereo system |
| el televisor | television set |
| la televisión | television set |
| la aspiradora | vacuum cleaner |
| la videocasetera | VCR |
| la videocámara | video recorder |
| la lavadora | washing machine (clothes) |

## La Cocina / The Kitchen

| | |
|---|---|
| la parrilla para arepas | arepa griller |
| la licuadora | blender |
| el cuenco | bowl |
| el fogón | burner ring (stove) |
| los quemadores | burners (stove) |
| al abrelatas | can opener |
| la tabla de cortar | chopping board |
| el moledor | coffee grinder |
| la cafetera | coffee maker |
| el sacacorchos | corkscrew |
| la taza | cup |

| | |
|---|---|
| la alacena | cupboard |
| los cubiertos | cutlery |
| el lavaplatos automático | dishwasher |
| el lavaplatos | dishwasher |
| el lavavajillas | dishwasher |
| el tenedor | fork |
| el congelador | freezer |
| la sartén | frying pan |
| el embudo | funnel |
| el vaso | glass (drinking) |
| el rallador | grater |
| la jarra | jug/pitcher |
| el exprimidor | juicer |
| la tetera | kettle |
| el hervidor | kettle |
| las manoplas de cocina | kitchen mittens |
| el cuchillo | knife |
| el cucharón | ladle |
| el microondas | microwave |
| el horno microondas | microwave oven |
| el mortero | mortar |
| el horno | oven |
| el pelador | peeler |
| el plato | plate |
| la olla | pot |
| la nevera | refrigerator |
| el refrigerador | refrigerator |
| el frigorífico | refrigerator |
| el rodillo de amasar | rolling pin |
| los tijeras | scissors |
| la espátula | spatula |
| la cuchara | spoon |
| la estufa | stove |
| el colador | strainer |

| | |
|---|---|
| la cucharilla | teaspoon |
| la sandwichera | toasted sandwich maker |
| el tostador | toaster |
| la batidora | whisk/blender |
| la copa | wineglass |

## Limpiando la Casa — Cleaning The House

| | |
|---|---|
| la escoba | broom |
| el cepillo | brush |
| el balde | bucket |
| el recogedor | dustpan |
| los guantes | gloves |
| el jabón líquido | liquid soap |
| el trapeador | mop |
| el trapo | rag |
| el jabón | soap |
| la esponja | sponge |
| la aspiradora | vacuum cleaner |

## Herramientas de la Casa — Tools around the House

| | |
|---|---|
| el compresor de aire | air compressor |
| el yunque | anvil |
| el hacha | ax |
| el filo | blade |
| el formón | chisel |
| el cincel | chisel |
| la abrazadera | clamp |
| la palanca | crowbar |
| el taladro | drill |
| la broca | drill bit |
| la lima | file |
| el martillo | hammer |

| | |
|---|---|
| las tijeras podaderas | hedge clippers |
| la azada | hoe |
| la manguera | hose |
| la cuchilla | knife |
| la escalera | ladder |
| el cortacésped | lawnmower |
| el nivel | level |
| el leño | log |
| el mazo | mallet |
| el petróleo | motor oil |
| el clavo | nail (fastener) |
| la tuerca | nut (fastener) |
| la aceitera | oil can |
| la pintura | paint |
| la brocha | paintbrush |
| el pincel | paintbrush |
| el pico | pickaxe |
| el zapapico | pickaxe |
| los alicates | pliers |
| las pinzas | pliers |
| la bomba | pump |
| el rastrillo | rake |
| el papel de lija | sandpaper |
| la sierra | saw |
| el tornillo | screw/bolt |
| el destornillador | screwdriver |
| las tijeras de jardín | shears |
| la palanca | shovel/spade |
| la almádana | sledgehammer |
| el barrenieves | snowblower |
| la escalera doble | stepladder |
| la puntilla | tack (fastener) |
| las herramientas | tools around the House |
| la caja de herramientas | toolbox |

| | |
|---|---|
| el estuche de herramientas | toolbox |
| el desplantado | trowel |
| el barniz | varnish |
| el tornillo de banco | vise |
| el herbicida | weed killer |
| la carretilla de mano | wheelbarrow |
| el cepillo de carpintería | woodworking planer |
| la llave inglesa | wrench |

## El Patio · The Backyard

| | |
|---|---|
| el porche trasero | back porch |
| el bebedero para pájaros | birdbath |
| la casa del perro | doghouse |
| el camino de entrada | driveway |
| la cerca | fence |
| la puerta | gate |
| el césped | grass/sod |
| la hamaca | hammock |
| el camino | path |
| los muebles del patio | patio furniture |
| el patio | patio/yard |
| el estanque | pond |
| el porche | porch |
| el columpio del porche | porch swing |
| las rocas | rocks |
| el cobertizo | shed |
| la tierra | soil |
| el columpio | swing |
| el trampolín | trampoline |
| la casa del árbol | tree house |

## El Jardín · The Garden

| | |
|---|---|
| los animales | animals |
| la escoba | broom |
| el cubo | bucket |
| el arbusto | bush |
| la bordeadora | edger |
| el siempre verde | evergreen |
| la cerca | fence |
| el fertilizante | fertilizer |
| las flores | flowers |
| el árbol de frutas | fruit tree |
| la manguera de jardín | garden hose |
| los guantes | gloves |
| el césped | grass |
| el invernadero | greenhouse |
| resistente | hardy |
| los setos | hedges |
| el jardín de hierbas | herb garden |
| la azada | hoe |
| la manguera | hose |
| la mariquita | ladybug |
| el mantillo | mulch |
| el huerto | orchard |
| las perennes | perennials (like roses) |
| la horca | pitchfork |
| la maceta | plant pot |
| el plantador | planter |
| las plantas | plants |
| el estanque | pond |
| la olla | pot |
| los podadores | pruners |
| la raíz | root |
| las flores de temporada | seasonal flowers |
| el paquete de semillas | seed packet |
| la plántula | seedling |

| | |
|---|---|
| las semillas | seeds |
| las tijeras | shears |
| la pala | shovel/spade |
| el arbusto | shrub |
| la tierra | soil |
| el suelo | soil/earth |
| el aspersor | sprinkler |
| la labranza | tilth |
| la paleta | trowel |
| el huerto | vegetable garden |
| la vid | vine |
| la regadera | watering can |
| las malas hierbas | weeds |
| la carretilla | wheelbarrow |

## Verbos

## Verbs

| | |
|---|---|
| acostarse | to lay down |
| barrer | to sweep |
| beber | to drink |
| bombear | to unclog the toilet |
| brindar | to toast |
| cambiar las sábanas | to change the bed sheets |
| cavar un hoyo | to dig a hole |
| celebrar fiestas | to celebrate holidays |
| cepillar | to brush |
| cocinar | to cook |
| comer | to eat |
| cortar el césped | to mow the lawn |
| descansar | to relax |
| desinfectar | to disinfect |
| fregar | to scrub |
| jugar cartas | to play cards |
| lavar | to wash (clothes/dishes) |
| lavar los platos | to wash the dishes |

| | |
|---|---|
| leer libros | to read books |
| limpiar la mesa | to clear the table |
| limpiar los vidrios | to clean the windows |
| limpiarse | to clean oneself |
| llenarse | to get full |
| masticar | to chew |
| oler | to smell |
| pagar los impuestos | to pay the taxes |
| pasar | to pass |
| pasar un rato | to hang out |
| plantar un árbol | to plant a tree |
| poner la mesa | to set the table |
| poner música | to put music on |
| probar | to try/taste |
| quitar las hojas caídas | to remove fallen leaves |
| recoger verduras y frutas | to pick vegetables and fruit |
| regar las plantas | to water the plants |
| relajarse | to relax |
| sacar la basura | to take out the trash |
| sacar las malas hierbas | to pull out the weeds |
| sacudir | to dust/shake off |
| sentarse | to sit down |
| servir | to serve |
| servirse | to serve oneself |
| sorber | to sip |
| terminar | to finish |
| tomar | to drink |
| tragar | to swallow |
| trapear | to mop |
| ver películas | to watch movies |
| ver tele | to watch TV |

# Frases

# Phrases

A mi tío disfruta sentarse en su mecedora.

My uncle enjoys sitting in his rocking chair.

Planeo ir de descanso a la casa de campo.

I plan to go to the cottage for a rest.

Voy a sentarme en la banca del parque.

I´m going to sit on the park bench.

Creo que se dañó el interruptor.

I think the lightswitch is damaged.

Could you pass me the corkscrew?

Podrías pasarme el sacacorcho?

Los cubiertos están en el cajón.

The cutlery is in the drawer.

Necesito comprar un trapero para limpiar.

I need to buy a mop to clean.

Tienes un destornillador que me prestes?

Do you have a screwdriver to lend me?

I´m going to shake off the dust from the rug.

Voy a sacudir el polvo del tapete.

Necesito dos clavos para colgar el cuadro.

I need two nails to hang the picture.

¿Tienes una caja de herramientas?

Do you have a toolbox?

Estaré ocupado trabajando con mi cortacésped.

I will be busy working with my lawnmower.

Yo voy a podar las plantas con las tijeras.

I am going to prune the plants with the shears.

Las flores del jardín necesitan fertilizante.

The flowers of the garden need fertilizer.

El huerto atrae a los ciervos.

The vegetable garden attracts deer.

En la alacena está la tasa para servir el café.

In the cupboard is the cup to serve the coffee.

La cafetera está al lado de la tostadora.

The coffee maker is next to the toaster.

Me encantan los colores de las mariquitas.

I love the colors of the ladybugs.

Las raíces de las plantas son muy fuertes.

The roots of the plants are strong.

Yo necesito jabón para lavar el trapo.

I need soap to wash the rag.

El herbicida protegerá mi jardín.

The weed killer will protect my garden.

Alcánzame el colador para hacer jugo.

Hand me the strainer to make juice.

Enciende el aire acondicionado por favor.

Turn on the air conditioner.

Dame el abrelatas para abrir el atún del gato.

Give me the can opener to open the cat's tuna.

No tenemos un cenicero en el apartamento.

We do not have an ashtray in the apartment.

# Quiz - Chapter III
# The Home

| | | | |
|---|---|---|---|
| 1. la sierra | A. | back door |
| 2. el tornillo | B. | blender |
| 3. barrer | C. | broom |
| 4. el martil | D. | desk |
| 5. el clavo | E. | freezer |
| 6. las tijeras | F. | grill |
| 7. la escoba | G. | hammer |
| 8. el trapeador | H. | lightbulb |
| 9. la esponja | I. | mop |
| 10. la aspiradora | J. | nail |
| 11. el congelador | K. | saw |
| 12. la parrilla | L. | scissors |
| 13. el escritorio | M. | screw |
| 14. el sofá | N. | sofa |
| 15. la puerta trasera | O. | sponge |
| 16. la licuadora | P. | to sweep |
| 17. el inodoro | Q. | toilet |
| 18. la ventana | R. | vacuum cleaner |
| 19. la bombilla | S. | window |
| 20. las sabanas | T. | sheets |

21.     Cuando regresé de vacaciones, _____ estaba lleno.
a.      la vela                         c. el puño
b.      el buzón                        d. la baldosa

22.     Hace frío. Por favor cierra _____.
a.      la plancha                      c. barrer
b.      la esponja                      d. la ventana

23.     Necesito dormir con varias _____.
a.      almohadas                       c. tornillos
b.      lavaplatos                      d. estufas

24.     La enorme _____ calienta la casa.
a.      grifo                           c. sofá
b.      cubo de basura                  d. chimenea

25.     Necesito un _____ para cargar mi teléfono.
a.      aspiradora                      c. quemador
b.      escoba                          d. enchufe

26.     No puedo dormir sin un _____.
a.      ventilador                      c. secadora
b.      palanca                         d. trapeador

27.     Me encanta dormir con una _____ caliente durante el
invierno.
a.      manta                           c. plancha
b.      clavo                           d. mantel

28.     ¿Cómo debo decorar _____?
a.      el enchufe                      c. el inodoro
b.      la bombilla                     d. el pasillo

29.     ¡Me encanta trabajar en mi _____ en casa!
a.      inodoro                         c. despacho
b.      vela                            d. buzón

30.     El horno está en _____.
a.      la baldosa                      c. el sótano
b.      el sofá                         d. la parrilla

# Answer Key

1. K
2. M
3. P
4. G
5. J
6. L
7. C
8. I
9. O
10. R
11. E
12. F
13. D
14. N
15. A
16. B
17. Q
18. S
19. H
20. T
21. B
22. D
23. A
24. D
25. D
26. A
27. A
28. D
29. C
30. C

# Chapter IV
# Work

## Palabras del Trabajo

## Work Words

| | |
|---|---|
| el anticipo | advance |
| el anuncio | advertisement |
| el/la solicitante | applicant |
| la solicitud | application |
| las hojas de solicitud | application forms |
| el aprendiz | apprentice |
| el/la aprendiz | apprentice/assistant |
| el ayudante | assistant |
| mal iluminado | badly lit |
| los beneficios | benefits |
| la cartelera | billboard |
| la junta directiva | board of directors |
| la prima | bonus |
| el sobresueldo | bonus |
| el jefe | boss |
| la sucursal | branch |
| los negocios | business |
| el empresario | business owner |
| el viaje de negocios | business trip |
| la administración pública | civil service |
| los anuncios por palabras | classified ad |
| la comisión | commission |
| la empresa | company |
| la compañía | company |
| el coche de la empresa | company car |
| el contrato | contract |
| la hoja de vida | curriculum vitae |
| el turno de día | day shift |
| el turno diurno | day shift |

| | |
|---|---|
| el departamento | department |
| el director | director |
| la discriminación | discrimination |
| el despido | dismissal |
| el/la empleado/a | employee |
| el/la empleador/a | employer |
| el/la patrón/a | employer |
| la agencia de trabajo | employment agency |
| la oficina de empleo | employment office/job center |
| la estructura del empleo | employment patterns |
| el/la ejecutivo/a | executive |
| la cuenta de gastos | expense account |
| los gastos | expenses |
| la jornada flexible | flextime |
| la franquicia | franchise |
| el/la trabajador/a independiente | freelancer |
| autónomo | freelance |
| la jornada completa | full time |
| de jornada completa | full time |
| a tiempo completo | full time |
| el trabajo a tiempo completo | full time work |
| el responsable de departamento | head of department |
| las vacaciones | holidays |
| los recursos humanos | human resources |
| los ingresos | income |
| el becario | intern/apprentice |
| las prácticas | internship |
| la entrevista | interview |
| el empleo | job |
| el trabajo | job |
| la solicitud de trabajo | job application |
| la descripción del trabajo | job description |
| la entrevista de trabajo | job interview |
| la oferta de trabajo | job offer |

| | |
|---|---|
| los puestos vacantes | job openings |
| la carta de recomendación | letter of recommendation |
| el marketing | marketing |
| la reunión | meeting |
| los servicios mínimos | minimum service/light duty |
| el salario mínimo | minimum wage |
| el turno de noche | night shift |
| el turno nocturno | night shift |
| la ocupación | occupation |
| la oficina | office |
| el despacho | office |
| el puesto | opening/position |
| las horas extraordinarias | overtime |
| el recargado de trabajo | overwork |
| la jornada medio tiempo | part time |
| de media jornada | part time |
| a tiempo parcial | part time |
| el trabajo a tiempo parcial | part time work |
| el incremento salarial | pay raise |
| la subida de sueldo | pay raise |
| el cheque del sueldo | paycheck |
| el cheque de la paga | paycheck |
| el día de paga | payday |
| la nómina | payroll |
| la pensión | pension |
| el pensionista | pensioner |
| los beneficios adicionales | perks |
| fijo | permanent employee |
| el personal | personnel |
| el/la jefe/a del personal | personnel manager |
| el puesto | post |
| el cargo | post/position |
| la profesión | profession |
| profesional | professional |
| la experiencia profesional | professional experience |
| la promoción | promotion |

| | |
|---|---|
| el requisito | qualification |
| titulado | qualified |
| cualificado | qualified |
| la discriminación racial | racial discrimination |
| el hostigamiento racial | racial harassment |
| la gama de servicios | range of services |
| la referencia | reference |
| el currículo | résumé |
| el currículum vitae | résumé |
| el jubilado | retired person |
| el pensionado | retired person |
| el retiro | retirement |
| la jubilación | retirement |
| la retribución | retribution |
| el salario | salary |
| el sueldo | salary |
| las ventas | sales |
| el secretario | secretary |
| autónomo | self-employed |
| la discriminación sexual | sex discrimination |
| el hostigamiento sexual | sexual harassment |
| el turno | shift |
| la seguridad social | social security |
| el especialista | specialist |
| el personal | staff |
| la huelga | strike |
| temporal | temporary |
| la empresa de trabajo temporal | temporary employment agency |
| el contrato indefinido temporal | temporary indefinite contract |
| la flexibilidad horaria | time flexibility |
| el sindicato | trade union |
| la formación | training |
| el período de prácticas | training period |
| el período de prueba | trial/probation period |

| | |
|---|---|
| el/la desempleado/a | unemployed person |
| el paro | unemployment |
| el desempleo | unemployment |
| la vacante | vacancy |
| las vacaciones | vacation |
| bien iluminado | well lit |
| el trabajador | worker |
| la jornada laboral | working day |
| las horas laborales | working hours |

## Lugares del Empleo — Places of Employment

| | |
|---|---|
| el banco | bank |
| la taberna | bar |
| la sucursal | branch office |
| la iglesia | church |
| la empresa | company |
| la obra | construction site |
| la droguería | drugstore |
| la fábrica | factory/plant |
| la granja | farm |
| la fundición | foundry |
| el hospital | hospital |
| la biblioteca | library |
| la oficina principal | main office |
| la mina | mine |
| el cine | movie theater |
| el museo | museum |
| la oficina | office |
| la emisora | radio station |
| el restaurante | restaurant |
| la escuela | school |
| la zapatería | shoe store |
| la zona comercial | shopping mall |

| | |
|---|---|
| el estadio | stadium |
| la tienda | store |
| el taller de trabajo afanoso poco sueldo | sweatshop |
| la piscina | swimming pool |
| la alberca | swimming pool |
| el teatro | theater |
| la universidad | university |
| la viña | vineyard |
| el almacén | warehouse |
| el taller | workshop/garage |

## Las Profesiones

## Professions

| | |
|---|---|
| el/la contable | accountant |
| el/la contador/a | accountant |
| el actor | actor |
| la actriz | actress |
| el actuario | actuary |
| la actuaria de seguros | actuary |
| el auxiliar administrativo | administrative assistant |
| el/la agente | agent |
| el/la arquitecto/a | architect |
| el/la artista | artist |
| el/la panadero/a | baker |
| el/la banquero/a | banker |
| el barbero | barber |
| el botones | bellhop |
| el/la librero/a | bookseller |
| el/la cervecero/a | brewer |
| el/la albañil | bricklayer/mason |
| el/la constructor/a | builder |
| el/la conductor/a de autobuses | bus driver |

| | |
|---|---|
| el hombre/la mujer de negocios | business person |
| el/la negociante | business person |
| el/la carnicero/a | butcher |
| el/la encargado/a de compras | buyer |
| el/la camarógrafo/a | camera operator |
| el/la vigilante | caretaker/watchman |
| el/la carpintero/a | carpenter |
| el cajero | cashier |
| el/la abastecedor/a de comidas | caterer |
| el/la chofer | chauffeur/driver |
| el/la cocinero/a | chef/cook |
| el/la químico/a | chemist |
| el/la funcionario/a | civil servant |
| el funcionario | civil servant/public service worker |
| el/la limpiador/a | cleaner |
| el/la oficinista | clerk |
| el/la programador/a de computadoras | computer programmer |
| el técnico informático | computer repair technician |
| el contratista | contractor |
| el/la consejero/a | counselor |
| el campesino | country person/farmer |
| el/la custodio/a | custodian |
| el/la agente de aduanas | customers officer |
| el/la bailante | dancer |
| el/la danzante | dancer |
| el/la bailarín/a | dancer |
| el/la decorador/a | decorator |
| el domiciliario | delivery person |
| el/la dentista | dentist |
| el/la diputado/a | deputy |
| el detective | detective |

| | |
|---|---|
| el/la doctor/a | doctor |
| el/la médico/a | doctor |
| el/la delineante | draftsperson |
| el/la conductor/a | driver |
| el/la profesor/a de conducir | driving teacher |
| el economista | economist |
| el/la editor/a | editor |
| el/la redactor/a | editor |
| el/la electricista | electrician |
| el/la ingeniero/a | engineer |
| el ejecutivo | executive |
| el agricultor | farmer |
| el/la granjero/a | farmer |
| el/la bombero/a | firefighter |
| el/la pescador/a | fisherman/woman |
| el/la auxiliar de vuelo | flight attendant |
| la azafata | flight attendant |
| el/la florero/a | florist |
| el/la capataz | foreman/forewoman |
| el/la basurero/a | garbage collector |
| el/la recolector/a de basura | garbage collector |
| el/la jardinero/a | gardener |
| el/la verdulero/a | greengrocer |
| el/la tendero/a de comestibles | grocer |
| el/la guía | guide |
| el/la peluquero/a | hairdresser |
| el/la industrial | industrialist |
| el/la agente de seguros | insurance agent |
| el/la intérprete | interpreter |
| el inversionista | investor |
| el informático | IT technician |
| el/la conserje | janitor |
| el/la joyero/a | jeweler |
| el/la periodista | journalist |

| | |
|---|---|
| el/la juez | judge |
| el/la obrero/a | laborer |
| el/la trabajador/a | laborer |
| el/la abogado/a | lawyer |
| el/la bibliotecario/a | librarian |
| el/la cartero/a | mail carrier |
| el/la director/a | manager |
| el manicurista | manicurist |
| el/la fabricante | manufacturer |
| el masajista | massage therapist |
| el/la mecánico/a | mechanic |
| el mensajero | messenger |
| el/la obrero/a metalúrgico/a | metal worker |
| la comadrona | midwife |
| el/la minero/a | miner |
| el/la ministro/a | minister |
| el/la modelo | model |
| el/la empleado/a de la mudanza | mover |
| el/la director/a de cine | movie director |
| la estrella de cine | movie star |
| el/la músico | musician |
| el presentador de noticias | news anchor |
| el/la periodista | newspaperman/woman |
| el/la noticiario/a | newsperson |
| el/la enfermero/a | nurse |
| el/la oficinista | office worker |
| el/la oficial | officer |
| el/la óptico/a | optician |
| el/la pintor/a | painter |
| el pastelero | pastry chef |
| el/la farmacéutico/a | pharmacist |
| el/la fotógrafo/a | photographer |
| el/la físico/a | physicist |

| | |
|---|---|
| el/la piloto | pilot |
| el/la yesero/a | plasterer |
| el/la fontanero/a | plumber |
| el/la plomero/a | plumber |
| el poeta | poet |
| la poetisa | poet |
| el policía | police officer |
| la mujer policía | policewoman |
| el/la político/a | politician |
| el cartero | postman |
| el sacerdote | priest |
| el/la impresor/a | printer |
| el/la productor/a | producer |
| el/la profesor/a | professor |
| el/la psiquiatra | psychiatrist |
| el/la psicólogo/a | psychologist |
| el publicista | publicist |
| el/la publicador/a | publisher |
| el locutor | radio presenter |
| el agente inmobiliario | real estate agent |
| el/la agente de bienes raíces | real estate agent |
| el/la recepcionista | receptionist |
| el/la reportero/a | reporter |
| el/la representante | representative |
| el/la investigador/a | researcher |
| el/la marinero/a | sailor |
| el/la marino | sailor |
| el vendedor | salesperson |
| el/la dependiente/a | salesperson |
| el/la científico/a | scientist |
| el/la escultor/a | sculptor |
| el/la secretario/a | secretary |
| la recepcionista | secretary |
| el vigilante | security officer |

| | |
|---|---|
| el/la senador/a | senator |
| el/la sirviente/a | servant |
| el pastor | shepherd |
| el/la zapatero/a | shoemaker/cobbler |
| el/la dependiente | shop assistant |
| el/la tendero/a | shopkeeper |
| el/la cantante | singer |
| el/la trabajador/a social | social worker |
| el/la soldado | soldier |
| el/la espía | spy |
| el corredor de bolsas | stock trader |
| el/la agente de bolsa | stockbroker |
| el/la estudiante | student |
| el/la estilista | stylist |
| el/la cirujano/a | surgeon |
| el/la topógrafo/a | surveyor |
| el/la taxista | taxi driver |
| el/la maestro/a | teacher |
| el/la profesor/a | teacher |
| el/la técnico/a | technical expert |
| el/la presentador/a de televisión | television announcer |
| el/la traductor/a | translator |
| el/la camionero/a | truck driver |
| el/la veterinario/a | vet/veterinarian |
| el/la camarero/a | waiter |
| el/la escritor/a | writer |

## Trabajo de Oficina — Office Work

| | |
|---|---|
| el temario | agenda |
| la comida de negocios | business lunch |
| la reunión de negocios | business meeting |
| el viaje de negocios | business trip |

| | |
|---|---|
| la carrera profesional | career |
| la trayectoria profesional | career |
| la teleconferencia | conference call |
| la sala de conferencias | conference room |
| el líquido corrector | correction fluid |
| el mostrador | counter |
| el cubículo | cubicle |
| el reservado | cubicle |
| el escritorio | desk |
| el procedimiento disciplinario | disciplinary action |
| el correo electrónico | e-mail |
| el e-mail | e-mail |
| la extensión | extension |
| el fax | fax |
| la máquina de fax | fax machine |
| el archivo | file |
| el archivador | filing cabinet |
| el interfono | intercom |
| el puesto | position |
| la administración | management |
| la gerencia | management |
| el/la gerente | manger |
| la reunión de negocios | meeting |
| la mala conducta | misconduct |
| la profesión | occupation/profession |
| la ocupación | occupation/profession |
| la oficina de plan abierto | open office plan |
| la fotocopiadora | photocopier |
| la fotocopia | photocopy |
| el/la profesional | professional |
| la publicidad | publicity |
| la recepción | reception |
| el/la recepcionista | receptionist |
| los requisitos | requirements |

| | |
|---|---|
| la investigación | research |
| la sala de mecanógrafos | secretarial pool |
| la taquigrafía | shorthand |
| la silla giratoria | swivel chair |
| el comercio | trade |
| el curso de entrenamiento | training course |
| el curso de aprendizaje | training course |
| la amonestación verbal | verbal warning |
| la vocación | vocation |
| el salario | salary/wage |
| el/la asalariado/a | wage earner |
| el/la jornalero/a | wage earner |
| la papelera | wastebasket |
| el procesador de textos | word processor |
| los trabajadores | workforce |
| la fuerza laboral | workforce |
| el puesto de trabajo | workstation |
| la estación de trabajo | workstation |
| la amonestación por escrito | written warning |
| gratis | free |
| semiespecializado | semi-skilled |
| especializado | skilled |
| no especializado | unskilled |

## Trabajo de Fábrica / Factory Work

| | |
|---|---|
| la automatización | automation |
| la industria automotriz | automobile industry |
| la industria del automóvil | automobile industry |
| el promedio | average |
| la votación | ballot |
| el/la trabajador/a | blue collar worker |
| la prima | bonus |
| el sobresueldo | bonus |

| | |
|---|---|
| el componente | component |
| la pieza | component |
| la manifestación | demonstration |
| la disputa | dispute |
| la fábrica | factory |
| el despido | firing/dismissal |
| la carretilla elevadora | forklift |
| de cada hora | hourly |
| las relaciones industriales | industrial relations |
| la industria | industry |
| la disputa laboral | labor dispute |
| el conflicto laboral | labor dispute |
| la industria ligera | light industry |
| la fabricación | manufacturing |
| la producción en masa | mass production |
| el salario mínimo | minimum wage |
| la minería | mining |
| autorizado | official |
| en línea de producción | on the production line |
| el piquete | picket |
| la industria eléctrica | power industry |
| el instrumento de precisión | precision tool |
| prefabricado | prefabricated |
| el proceso | process |
| el producto | product |
| la productividad | productivity |
| las materias primas | raw materials |
| el robot | robot |
| el ajuste | settlement |
| la construcción naval | shipbuilding |
| la fundición del acero | steel smelting |
| la huelga | strike |
| el/la esquirol | strikebreaker/scab |
| el/la rompehuelgas | strikebreaker/scab |

| | |
|---|---|
| el/la huelguista | striker |
| la industria textil | textile industry |
| el sindicato | trade union |
| injustificado | unfair |
| sindicado | unionized |
| no autorizado | unofficial |
| el descontento | unrest |
| la congelación de los salarios | wage freeze |

## Trabajo de Construcción  Construction Work

| | |
|---|---|
| los adhesivos | adhesives |
| la llave ajustable | adjustable wrench |
| el agregado de construcción | aggregate |
| el asfalto | asphalt |
| el hacha | ax |
| el alambre | binding wire |
| los blocks | blocks |
| los planos | blueprint |
| el perno | bolt |
| los ladrillos | bricks |
| el buldózer | bulldozer |
| la topadora | bulldozer |
| el cemento | cement |
| los químicos | chemicals |
| el martillo cincelador | chipping hammer |
| la arcilla | clay |
| los revestimientos | coatings |
| las columnas | columns |
| los alicates universales | combination pliers |
| el concreto | concrete |
| el hormigón | concrete |
| la construcción | construction |
| la industria de la construcción | construction industry |

| | |
|---|---|
| el sitio de construcción | construction site |
| la grúa | crane |
| los alicates diagonales | diagonal cutting pliers |
| los sistemas de drenaje | drainage systems |
| la tablaroca | drywall |
| la máquina excavadora | excavator |
| las cercas | fences |
| la fibra de vidrio | fiberglass |
| espuma de construcción | foam |
| los cimientos | foundation |
| el vidrio | glass |
| el martillo | hammer |
| el serrucho | handsaw |
| peligroso/a | hazardous |
| la industria pesada | heavy industry |
| la altura | height |
| la viga | joist |
| la escalera | ladder |
| el nivel | level |
| los alicates de punta larga | long nose pliers |
| la mampostería | masonry |
| la medición | measurement |
| el metal | metal |
| los clavos | nails |
| las tuercas | nuts |
| la pintura | paint |
| el balde de pintura | paint bucket |
| el rodillo de pintura | paint roller |
| la brocha | paintbrush |
| el plástico | plastic |
| los alicates | pliers |
| los postes | posts |
| el barreno | power drill |
| el rastrillo | rake |

| | |
|---|---|
| el acero de refuerzo | reinforcement steel |
| el mazo de goma | rubber mallet |
| las reglas | rulers |
| la arena | sand |
| el andamio | scaffold |
| el destornillador | screw driver |
| los tornillos | screws |
| los sellantes | sealers |
| los amortiguadores | shock absorbers |
| la pala | shovel |
| la apisonadora | steamroller |
| la piedra | stone |
| el acero estructural | structural steel |
| la cinta métrica | tape measure |
| las baldosas | tiles |
| la madera | timber |
| el cinturón de herramientas | toolbelt |
| la caja de herramientas | toolbox |
| las herramientas | tools |
| los tubos | tubes |
| la cuchilla | utility blade |
| las paredes or los muros | walls |
| los impermeabilizantes | waterproofers |
| la carretilla | wheelbarrow |
| el ancho | width |
| las ventanas | windows |
| la llave | wrench |

## Búsqueda de Trabajo    Job Search

| | |
|---|---|
| la disponibilidad | availability |
| el candidato | candidate |
| la jornada continua | eight hour day |
| la dedicación plena | full time work |

| | |
|---|---|
| el departamento de personal | human resources department |
| la incorporación inmediata | immediate start date |
| el aliciente | incentive |
| el aumento | increase/raise |
| la oferta de empleo | job offer |
| el estudio de mercado | market study |
| meticuloso | meticulous |
| el lanzamiento de nuevos productos | new product launch |
| la posibilidad de promocionarse | opportunity to promote |
| el dueño | owner |
| la línea de actuación | plan of action |
| el puesto | position |
| el puesto lleva consigo | position involves |
| la carrera profesional | professional career |
| el desarrollo profesional | professional development |
| el ascenso | promotion |
| la remuneración | remuneration |
| la investigación | research |
| las responsabilidades | responsibilities |
| el currículum y la carta de presentación | resumé and cover letter |
| las funciones | roles |
| el salario | salary |
| el aumento de salario | salary increase |
| el proceso de selección | selection process |
| el proceso selectivo | selection process |
| el sentido de la responsabilidad | sense of responsibility |
| los planes estratégicos | strategic planning |
| el programa de formación | training program |

# Verbos

# Verbs

| | |
|---|---|
| anunciar un puesto | to advertise for a position |
| solicitar un trabajo | to apply for a job |
| pedir un aumento | to ask for a raise |
| estar en viaje de negocios | to be away on business |
| tener trabajo | to be employed |
| ser despedido | to be laid off/fired |
| estar baja por enfermedad | to be on sick leave |
| estar de baja | to be on sick leave |
| estar en huelga | to be on strike |
| ser ascendido | to be promoted |
| ser responsable de | to be responsible for |
| trabajar por cuenta propia | to be self-employed |
| estar especializado | to be specialized in |
| estar en el paro | to be unemployed |
| boicotear | to boycott |
| construir | to build |
| llamar para una entrevista | to call for an interview |
| exigir | to call for/demand |
| presidir una reunión | to chair a meeting |
| cobrar la pensión | to collect a pension |
| cobrar un sueldo | to collect a salary/payroll |
| una nómina | to collect a salary/payroll |
| cobrar una indemnización | to collect compensation |
| cobrar el paro | to collect unemployment benefits |
| cotizar a la seguridad social | to contribute to social security |
| cruzar la línea de piquetes | to cross the picket line |
| delegar | to delegate |
| dictar | to dictate |
| hacer los papeles | to do the paperwork |
| dedicarse | to do/dedicate oneself (for a living) |
| ganar dinero | to earn money |
| emplear | to employ |

| | |
|---|---|
| mandar un fax | to fax |
| archivar | to file |
| fichar | to file |
| encontrar un trabajo | to find a job |
| despedir | to fire |
| forjar | to forge |
| ser autónomo | to freelance |
| garantizar confidencialidad absoluta | to guarantee strictest confidentiality |
| conseguir un puesto de trabajo | to get a job |
| ponerse en contacto | to get in touch/contact |
| hacer una entrevista de trabajo | to have a job interview |
| tener una entrevista de trabajo | to have a job interview |
| tener referencias | to have references |
| contratar | to hire |
| contratar a alguien | to hire someone |
| ocupar un cargo | to hold a position |
| incorporarse | to incorporate |
| entrevistar | to interview |
| quedarse a alguien en la calle | to lock someone out |
| buscar empleo | to look for a job |
| perder el empleo | to lose a job |
| dirigir | to manage |
| fabricar | to manufacture |
| comerciar | to market |
| negociar un contrato | to negotiate a contract |
| ocupar un puesto | to occupy a position |
| sindicarse | to organize (labor) |
| participar en un proceso de selección | to participate in a selection process |
| pasar una entrevista de trabajo | to pass an interview |

| | |
|---|---|
| superar el período de prueba | to pass the probation |
| fotocopiar | to photocopy |
| hacer de piquete | to picket |
| ejercer una profesión | to practice a profession |
| procesar | to process |
| ascender | to promote |
| fichar la entrada | to punch in |
| fichar la salida | to punch out |
| satisfacer los requisitos (por un puesto) | to qualify for a job |
| renunciar a un trabajo | to quit a job |
| dar de alta a alguien en la seguridad social | to register someone for social security |
| renovar un contrato | to renew a contract |
| hablar con el superior | to report to |
| precisar | to require |
| jubilarse | to retire |
| retirarse | to retire |
| reanudar | to return to work |
| volver al trabajo | to return to work |
| vender | to sell |
| firmar un contrato | to sign a contract |
| descender el ritmo de trabajo | to slow down |
| fundir | to smelt |
| especializarse en | to specialize in |
| empezar | to start |
| hacer huelga | to strike |
| sacar unas oposiciones | to take public examinations |
| enseñar | to teach |
| entrenar | to train |
| trasladarse | to transfer/be transferred |
| sindicalizarse | to unionize |
| trabajar | to work |
| trabajar a tiempo completo | to work full |

trabajar a tiempo parcial — to work part time

## Frases

¿En qué puedo servirle?
¿En qué trabajas?
¿A qué te dedicas?
Estoy a su disposición.

En tu empresa hay sindicato?
El salario mínimo no es
suficiente.
Debo hacer solicitudes de
trabajo hoy.
En esa empresa hay puestos
vacantes.
Más tarde trabajaré en el turno
de noche.
Me gusta que me paguen horas
extras.
Podemos ir a cenar hoy pues es
el día de pago.
Mi contrato terminó ayer.

Yo soy empleado del hospital.
La compañía donde trabajo es
muy prestigiosa.
Deberías buscar una agencia de
trabajo.
¡Mi trabajo tiene horarios muy
flexibles!
La secretaria es malgeniada.

Ella quiere ser cantante.

Mi sueño es ser un gran escritor.
La reunión de negocios se
extendió hasta tarde.
Tengo miedo de perder mi
empleo.
Mi contrato no puede ser
renovado.

## Phrases

How may I help you?
What do you do for work?
What do you do for a living?
I'm at your disposal
Are there trade unions in your
company?
The minimum wage is not
enough.
I have to make job applications
today.
There are job openings in that
company.

Later I will work the night shift.

I like that they pay me overtime.
We can go to dinner because
today is payday.
My contract ended yesterday.

I am a hospital employee.
The company where I work is
very prestigious.
You should look for an
employment agency.

My job has very flexible hours!

The secretary is bad-tempered.

She wants to be a singer.

My dream is to be a great writer.

The business meeting ran late.

I'm afraid of losing my job.

My contract may not be renewed.

La empresa me ascendió y estoy feliz.

The company promoted me and I´m happy.

Estoy ocupado solicitando trabajos.

I am busy applying for jobs.

Me trasladaron a otra ciudad.

They transferred me to another city.

# Quiz - Chapter IV
# Work

| | | | |
|---|---|---|---|
| 1. el jefe | A. | boss |
| 2. la hoja de vida | B. | editor |
| 3. los gastos | C. | expenses |
| 4. los ingresos | D. | fireman |
| 5. el despacho | E. | flight attendant |
| 6. el puesto | F. | income |
| 7. el jubilado | G. | investor |
| 8. el sueldo | H. | library |
| 9. la huelga | I. | office |
| 10. la biblioteca | J. | opening/position |
| 11. la viña | K. | plumber |
| 12. el almacén | L. | priest |
| 13. el taller | M. | real estate agent |
| 14. el redactor | N. | resumé |
| 15. el bombero | O. | retired person |
| 16. la azafata | P. | salary |
| 17. el inversionista | Q. | strike |
| 18. el fontanero | R. | vineyard |
| 19. el sacerdote | S. | warehouse |
| 20. el agente inmobiliario | T. | workshop/garage |

21.    _____ cayó al mar, pero sobrevivió.
a.    los gastos                      c.  el almacén
b.    la huelga                       d.  el marinero

22.    _____ levantó el coche.
a.    la grúa                         c.  la hoja de vida
b.    la reunión                      d.  la granja

23.    Viviré bien cuando me jubile porque estuve en _____.
a.    la biblioteca                   c.  un sindicato
b.    la escalera                     d.  la piedra

24.    Nosotros perdimos porque el juego fue _____.
a.    el vidrio                       c.  injusto
b.    el martillo                     d.  el soldado

25.    Trajo sus _____ para construir una casa.
a.    herramientas                    c.  peligroso
b.    el promedio                     d.  la investigación

26.    El área es igual al largo por el _____.
a.    ancho                           c.  dirigir
b.    el destornillador               d.  los tornillos

27.    El dueño _____ al empleado perezoso.
a.    la escalera                     c.  despidió
b.    la solicitud                    d.  el requisito

28.    El dueño tuvo que _____ para reemplazar al empleado
perezoso.
a.    la viña                         c.  el taller
b.    contratar a alguien             d.  el bombero

29.    No llegues tarde, o serás _____.
a.    el sobresueldo                  c.  despedida
b.    los ladrillos                   d.  los ingresos

30.    A veces es difícil _____ a personas mal pagadas.
a.    manejar                         c.  el empleado
b.    jubilarse                       d.  el sacerdote

# Answer Key

1. A
2. N
3. C
4. F
5. I
6. J
7. O
8. P
9. Q
10. H
11. R
12. S
13. T
14. B
15. D
16. E
17. G
18. K
19. L
20. M
21. D
22. A
23. C
24. C
25. A
26. A
27. C
28. B
29. C
30. A

# Chapter V
# Shopping

## Compras

## Shopping

| | |
|---|---|
| por aquí | around here |
| el artículo | article |
| el artículo de ropa | article of clothing |
| la caja electrónica | ATM (automated teller machine) |
| la subasta | auction |
| la puerta automática | automatic door |
| la ganga | bargain |
| la cuenta | bill (money owed) |
| el billete | bill (paper money) |
| el comercio | business |
| la empresa | business |
| las horas de abrir | business hours |
| el botón | button |
| por cheque | by check |
| por tarjeta de crédito | by credit card |
| la caja registradora | cash register |
| el cambio | change |
| la moneda | change (coins) |
| barato | cheap |
| la selección | choice |
| la elección | choice |
| cerrado | closed/shut |
| el monedero | coin purse |
| el consumismo | consumerism |
| el contenido | contents |
| el crédito | credit |
| la tarjeta de crédito | credit card |

| | |
|---|---|
| el servicio de información para clientes | customer information |
| el servicio de asistencia postventa | customer service |
| el departamento | department |
| la sección | department |
| la rebaja | discount |
| el ascensor | elevator |
| el elevador | elevator |
| la entrada | entrance |
| la escalera mecánico | escalator |
| la escalera eléctrica | escalator |
| la salida | exit |
| la moda | fashion |
| la puerta de incendios | fire door/exit |
| el probador | fitting room |
| el vestidor | fitting room |
| el calzado | footwear |
| de venta | for sale/on sale |
| en venta | for sale/on sale |
| el fraude | fraud |
| gratis | free |
| el regalo gratuito | free gift |
| verdadero | genuine |
| genuino | genuine |
| auténtico | genuine |
| el/la bolso/a | handbag |
| la percha | hanger |
| los tacones | high heels |
| al contado | in cash |
| el modo de empleo | instructions for use |
| el artículo | item |
| los zapatos bajos | low shoes |
| las ventas por correo | mail order |
| el/la gerente | manager |
| el/la director/a | manager |

| | |
|---|---|
| el mercado | market |
| la mercancía | merchandise |
| el dinero | money |
| la plata | money |
| más cercano/a | nearest |
| de vacaciones | on vacation |
| abierto | open |
| el paquete | packet |
| el alfiler | pin |
| el bolsillo | pocket |
| fijado | posted |
| pegado | posted/glued |
| la cartera | purse |
| la calidad | quality |
| el perchero | rack |
| el recibo | receipt |
| la reducción | reduction |
| el reembolso | refund |
| la devolución | refund |
| las rebajas | sales |
| la promoción | sale |
| el precio de venta | sales price |
| el impuesto sobre las ventas | sales tax |
| el/la vendedor/a | salesperson |
| el muestrario | sampler |
| el guardo jurado | security guard |
| el autoservicio | self service |
| el/la tendero/a | shopkeeper |
| el/la mechero/a | shoplifter |
| la compra | shopping |
| la cesta de compras | shopping basket |
| el carrito de compras | shopping cart |
| la lista de compras | shopping list |
| la zona comercial | shopping mall |
| el escaparate | showcase |
| el letrero | sign |

| | |
|---|---|
| el signo | sign |
| la talla | size |
| la oferta especial | special offer |
| el supermercado | supermarket |
| los altos | tall ones (shoes) |
| la transacción | transaction |
| el cheque de viajero | traveler's check |
| el cartero | wallet |
| la billetera | wallet |

## Las Tiendas / Stores

| | |
|---|---|
| la cervecería | bar |
| la librería | bookstore |
| la panadería | bakery |
| la dulcería | candy store |
| la pollería | poultry shop |
| la ropería | clothing store |
| la cafetería | coffee shop |
| la droguería | drugstore |
| la pescadería | fish market |
| la floristería | flower show |
| la frutería | fruit stand/store |
| la mueblería | furniture shop |
| la peluquería | beauty salon |
| la sombrerería | hat shop |
| la ferretería | hardware store |
| la joyería | jewelry store |
| la licorería | liquor store |
| la carnicería | butcher shop |
| la lechería | milk store |
| la papelería | stationery store |
| la pastelería | pastry shop |
| la zapatería | shoe store |
| la platería | silversmith's shop |

| | |
|---|---|
| la jabonería | soap shop |
| la especiería | spice shop |
| la boletería | ticket office |
| la tabaquería | tobacco shop |
| la juguetería | toy store |
| la verdulería | vegetable market |
| la relojería | watch store |
| la vinatería | wine shop |

## La Joyería / The Jewelry Store

| | |
|---|---|
| el amuleto | amulet |
| la tobillera | Anklet |
| el pasador | barrette |
| la hebilla del cinturón | belt buckle |
| el brazalete | bracelet |
| la pulsera | bracelet |
| el broche | brooch |
| la cadena | chain |
| la corona | crown |
| los gemelos | cufflink |
| las mancuernillas | cufflink |
| la diadema | diadem/tiara |
| los aretes | earrings |
| el anillo de compromiso | engagement ring |
| la horquilla | hairpin |
| el alfiler de solapa | lapel pin |
| el guardapelo | locket |
| el medallón | medallion |
| el collar | necklace |
| el colgante | pendant |
| el pendiente | pendant |
| el piercing | piercing |
| el alfiler | pin |
| el anillo | ring |

| | |
|---|---|
| la tiara | tiara |
| la cadena de corbata | tie chain |
| el clip de corbata | tie clip |
| el reloj | watch |
| el anillo de bodas | wedding ring |

**Los Metales**

**Metals**

| | |
|---|---|
| el latón | Brass |
| el bronce | Bronze |
| el cobre | Copper |
| el oro | Gold |
| el níquel | nickel |
| el paladio | palladium |
| el peltre | pewter |
| el platino | platinum |
| el rodio | rhodium |
| la plata | silver |
| el acero inoxidable | stainless steel |
| el titanio | titanium |
| el tungsteno | tungsten |

**Las Piedras Preciosas**

**Gemstones**

| | |
|---|---|
| la ágata | agate |
| la amazonita | amazonite |
| el ámbar | amber |
| la amatista | amethyst |
| la aventurina | aventurine |
| la azurita | azurite |
| el copal | copal |
| el coral | coral |
| el cristal | crystal |
| el diamante | diamond |
| la esmeralda | emerald |
| la fluorita | fluorite |
| el granate | garnet |
| el marfil | ivory |

| | |
|---|---|
| el jade | jade |
| el jaspe | jasper |
| el azabache | jet |
| el lapislázuli | lapis lazuli |
| la malaquita | malachite |
| el nácar | nacre |
| la obsidiana | obsidian |
| el ónix | onyx |
| el ópalo | opal |
| la perla | pearl |
| el cuarzo | quartz |
| el rubí | ruby |
| el zafiro | sapphire |
| la selenita | selenite |
| la sodalita | sodalite |
| la tanzanita | tanzanite |
| el ojo de tigre | tiger's eye |
| el topacio | topaz |
| la turmalina | tourmaline |
| la turquesa | turquoise |
| el circón | zircon |

## El Supermercado / The Supermarket

### Vegetales / Vegetables

| | |
|---|---|
| la alcachofa | artichoke |
| los espárragos | asparagus |
| los frijoles | beans |
| la remolacha | beetroot |
| el brócoli | broccoli |
| el repollo | cabbage |
| la zanahoria | carrot |
| la coliflor | cauliflower |
| el apio | celery |
| el maíz | corn |

| | |
|---|---|
| el pepino | cucumber |
| la berenjena | eggplant |
| el ajo | garlic |
| el jengibre | ginger |
| la lechuga | lettuce |
| el hongo | mushroom |
| la cebolla | onion |
| los pimientos | peppers |
| las papas | potatoes |
| la calabaza | pumpkin |
| el rábano | radish |
| la espinaca | spinach |
| los tomates | tomatoes |

## Frutas — Fruit

| | |
|---|---|
| la manzana | apple |
| el damasco | apricot |
| el albaricoque | apricot |
| el aguacate | avocado |
| el plátano | banana/plantain |
| la banana | banana |
| la mora | blackberry |
| la zarzamora | blackberry |
| el arándano | blueberry |
| el melón | cantaloupe/melon |
| la cereza | cherry |
| el coco | coconut |
| el arándano agrio | cranberry |
| el pepino | cucumber |
| el dátil | date |
| el higo | fig |
| la uva | grape |
| el pomelo | grapefruit |
| la toronja | grapefruit |
| el kiwi | kiwi |
| el quinoto | kumquat |

| | |
|---|---|
| el limón | lemon |
| la lima | lime |
| la lichi | lychee |
| la mandarina | mandarin |
| el mango | mango |
| la maracuyá | passion fruit |
| la nectarina | nectarine |
| la oliva | olive |
| la aceituna | olive |
| la naranja | orange |
| la papaya | papaya |
| la maracuyá | passionfruit |
| la fruta de pasión | passionfruit |
| el durazno | peach |
| el melocotón | peach |
| la pera | pear |
| la piña | pineapple |
| el ananá | pineapple |
| la ciruela | plum |
| la granada | pomegranate |
| la uva pasa | raisin |
| la frambuesa | raspberry |
| la fresa | strawberry |
| la frutilla | strawberry |
| el tamarindo | tamarind |
| la tangerina | tangerine |
| el tomate | tomato |
| la sandía | watermelon |

## Carnes / **Meat**

| | |
|---|---|
| el tocino | bacon |
| la panceta | bacon |
| la carne de res | beef |
| el bistec | beefsteak |
| los filetes de vaca | beefsteaks |
| los filetes de ternera | beefsteaks |

| | |
|---|---|
| las morcillas | blood sausage |
| el pollo | chicken |
| los filetes de pollo | chicken fillets |
| la carne molida | ground beef |
| el jamón | ham |
| los riñones | kidneys |
| el cordero | lamb |
| la pierna de cordero | leg of lamb |
| el hígado | liver |
| la cola de buey | oxtail |
| las patas de cerdo | pig's feet |
| el cerdo | pork |
| la chuleta | pork chop |
| el lomo de cerdo | pork fillet |
| el puerco | pork/pig |
| las costillas | ribs |
| las longanizas | sausages |
| las salchichas | sausages |
| el lomo | steak |
| el cochinillo | suckling pig |
| la lengua | tongue |
| las tripas | tripe |
| los filetes de pavo | turkey fillets |
| la ternera | veal |
| las alitas | wings |

| **Víveres** | **Groceries** |
|---|---|
| las galletas | cookies |
| el cereal | cereal |
| el café | coffee |
| la harina de maíz | cornmeal |
| la gelatina | jelly |
| el puré de papas | mashed potatoes |
| la mezcla pancakes | pancake mix |
| la pasta | pasta |
| las palomitas | popcorn |

| las pasas | raisins |
| el arroz | rice |
| los bocadillos | snacks |
| el azúcar | sugar |
| la vainilla | vanilla |

## Lácteos / Dairy Products

| la mantequilla | butter |
| el queso | cheese |
| los huevos | eggs |
| el helado | icecream |
| la leche | milk |
| el yogurt | yogurt |

## Granos / Grains

| los frijoles negros | black beans |
| el maíz | corn |
| los elotes | corn |
| los garbanzos | garbanzo beans |
| la lenteja | lentil |
| los frijoles rojos | red beans |
| el pan | bread |
| la harina de trigo | wheat flour |

## Condimentos / Condiments

| el miel | honey |
| la salsa de tomate | ketchup |
| el sirop de maple | maple syrup |
| el jarabe de arce | maple syrup |
| la mayonesa | mayonnaise |
| la mostaza | mustard |
| el aceite | oil |
| el aceite de oliva | olive oil |
| la mantequilla de maní | peanut butter |
| el aderezo ensaladas | salad dressing |
| la salsa de soya | soy sauce |

| | |
|---|---|
| el vinagre | vinegar |

| **Enlatados** | **Canned Food** |
|---|---|
| los frijoles | beans |
| los tomates en lata | canned tomatoes |
| el chile con carne | chili with meat |
| la lecherita | condensed milk |
| el coctel de frutas | fruit cocktail |
| las vegetales mixtos | mixed vegetables |
| las sardinas | sardines |
| la sopa | soup |
| el atún | tuna |
| el maíz entero | whole corn |

| **Mascotas** | **Pets** |
|---|---|
| la comida para pájaros | bird food |
| la comida para gato | cat food |
| la arena para gato | cat litter |
| la comida para perro | dog food |
| las medicinas | medicines |
| champú | shampoo |
| las almohadillas de entrenamiento | training pads |

| **Bebidas** | **Beverages** |
|---|---|
| la cerveza | beer |
| el café | coffee |
| el jugo frutas | fruit juice |
| el licor | liqueur |
| el jugo naranja | orange juice |
| el refresco | soda |
| la gaseosa | soda |
| el agua con gas | soda water |
| el té | tea |
| el agua | water |

## Hierbas y Especias — Herbs & Spices

| Hierbas y Especias | Herbs & Spices |
| --- | --- |
| las hojas de laurel | bay leaves |
| el cubito de pollo | chicken cube |
| la canela | cinnamon |
| el comino | cumin |
| las finas hierbas | fine herbs |
| el ajo en polvo | garlic powder |
| el cubito de carne | meat cube |
| el orégano | oregano |
| el pimienta | pepper |
| la sal | salt |
| el sazonador | seasoning |
| la albahaca | basil |
| las alcaparras | capers |
| los pimientos de cayena | cayenne peppers |
| los chiles | chili peppers |
| los chiles habaneros | habanero peppers |
| las cebolletas | chives |
| el cilantro | cilantro |
| los clavos | cloves |
| el eneldo | dill |
| el jengibre | ginger |
| las cebollas verdes | green onions |
| el rábano picante | horseradish |
| la lavanda | lavender |
| el regaliz | licorice |
| la menta | mint |
| la semilla de mostaza | mustard seed |
| la nuez moscada | nutmeg |
| la cebolla en polvo | onion powder |
| el perejil | parsley |
| la menta | peppermint |
| el romero | rosemary |
| el azafrán | saffron |
| la hierbabuena | spearmint |
| el tomillo | thyme |

| | |
|---|---|
| la cúrcuma | turmeric |
| la vainilla | vanilla |
| el wasabi | wasabi |
| la gaulteria | wintergreen |

| **Papelería** | **Stationery** |
|---|---|
| el papel aluminio | aluminum foil |
| las servilletas | napkins |
| la toalla de papel | paper towel |
| la envoltura de plástico | plastic wrap |
| las bolsas sellables | sealable bags |
| el papel higiénico | toilet paper |
| el papel encerado | wax paper |

| **Aseo Personal** | **Personal Cleanliness** |
|---|---|
| la crema corporal | body lotion |
| el acondicionador | conditioner |
| el desodorante | deodorant |
| el exfoliante | exfoliant |
| el hilo dental | floss |
| el enjuague bucal | mouthwash |
| los copitos | Q-tips |
| el champú | shampoo |
| las rasuradoras | shavers |
| la crema de afeitar | shaving cream |
| el jabón | soap |
| los pañuelos | tissues |
| la pasta dental | toothpaste |

| **Limpieza** | **Cleaning** |
|---|---|
| el blanqueador | bleach |
| los detergentes | detergents |
| el jabón lavaplatos | dishwasher soap |
| el desinfectante | disinfectant |
| el escobar | escobar |
| las bolsas de basura | garbage bags |

| | |
|---|---|
| el jabón para ropa | laundry soap |
| el trapeador | mop |
| los trapos | rags |
| las esponjas | sponges |
| las toallas húmedas | wet towels |
| los pañitos | wipes |

## Verbos / Verbs

| | |
|---|---|
| dar tiempo | to give the time |
| cambiar | to exchange |
| comprar a granel | to buy in bulk |
| costar | to cost |
| decidir | to decide |
| devolver | to return something to a store |
| elegir | to choose |
| empujar | to push (a door) |
| encargar | to order |
| escoger | to choose |
| estar sin plata | to not have money |
| gastar | to spend money |
| hacer cola | to line up |
| hacer las compras | to shop |
| hacerse una idea | to get an idea |
| halar | to pull (a door) |
| hurtar | to shoplift/steal |
| ir bien | to go well |
| ir de compras | to go shopping |
| pagar con tarjeta de crédito | to pay by credit card |
| pagar en efectivo | to pay in cash |
| pasar | to spend time |
| pedir | to order |
| pegar | to post a notice |
| poner una reclamación | to make a complaint |
| robar en tiendas | to steal/shoplift |

| | |
|---|---|
| tirar | to pull |
| valer | to cost |

## Frases

Compra esta blusa porque es una ganga.

Compraré los regalos con tarjeta de crédito.

Esos zapatos están muy baratos.

¡El centro comercial está teniendo una venta!

Ella siempre viste a la moda.

Necesito comprar tacones altos para la boda.

Me gusta ir a la oficina en zapatos bajos.

Después de comprar siempre pido el recibo.

Pedir el reembolso del tiquete aéreo.

La promoción se acaba mañana.

Perdí mi billetera en el taxi.

Mi carrito de compras ya está lleno.

Vamos a almorzar en la pollería.

Necesito ir a la peluquería.

La joyería fue robada anoche.

Vamos a la licorería para cervezas.

Me encanta el cóctel Lychee Martini.

Compramos el pastel en la pastelería.

Me gusta desayunar jugo de mandarina.

El tamarindo es una fruta muy común aquí.

## Phrases

Buy that blouse because it is a bargain.

I will buy the gifts with a credit card.

Those shoes are very cheap.

The mall is having a sale!

She always dresses fashionable.

I need to buy high heels for the wedding.

I like to go to the office in low shoes.

After buying I always ask for the receipt.

I will request a refund for the airline ticket.

The sale ends tomorrow.

I lost my wallet in the taxi.

My shopping cart is already full.

Let's have lunch at the chicken shop.

I need to go to the hairdresser.

The jewelry store was robbed last night.

Let's go to the liquor store for beers.

I love the lychee martini cocktail.

We bought the cake in the pastry shop.

I like to have mandarin juice for breakfast.

Tamarin is a fruit very common here.

La mejor carne para mí es la ternera.

The best meat for me is veal.

Los huevos con tocino son deliciosos.

Bacon and eggs are delicious.

Vamos al cine y pedimos palomitas de maíz.

Let's go to the movies and order popcorn.

Soy intolerante a la lactosa de la leche.

I'm intolerant to the lactose in milk.

No olvides comprar la arena del gato.

Don't forget to buy cat litter.

# Quiz - Chapter V
# Shopping

| | | | |
|---|---|---|---|
| 1. la cuenta | A. | bacon |
| 2. la empresa | B. | bar |
| 3. la moneda | C. | beef |
| 4. la tarjeta de crédito | D. | bill (money owed) |
| 5. la rebaja | E. | business |
| 6. el ascensor | F. | change/coins |
| 7. en venta | G. | credit card |
| 8. el gerente | H. | discount |
| 9. abierto | I. | eggplant |
| 10. la calidad | J. | elevator |
| 11. el reembolso | K. | for sale/on sale |
| 12. la devolución | L. | hardware store |
| 13. la talla | M. | manager |
| 14. el cartero | N. | open |
| 15. la cervecería | O. | pineapple |
| 16. la ferretería | P. | quality |
| 17. la berenjena | Q. | refund |
| 18. la piña | R. | refund |
| 19. el tocino | S. | size |
| 20. la carne de res | T. | walle |

21.    Una de mis comidas favoritas son _____ a la barbacoa.
a.    la ropería                          c. el gerente
b.    la talla                            d. las costillas

22.    Me encanta beber cerveza y comer _____ picantes los sábados por la noche.
a.    alitas                              c. la cervecería
b.    el mercado                          d. el cartero

23.    Me gusta agregar un poco de _____ a mi arroz.
a.    desodorante                         c. la crema de afeitar
b.    mantequilla                         d. el blanqueador

24.    Yo como tres _____ todas las mañanas.
a.    abierto                             c. esponjas
b.    pastelerías                         d. huevos

25.    Hueles horrible! Recuerda usar _____ mañana.
a.    la berenjena                        c. desodorante
b.    el mercado                          d. la droguería

26.    Hoy debo comprar _____ y maquinillas de afeitar.
a.    crema de afeitar                    c. el reembolso
b.    la moneda                           d. la talla

27.    Yo uso _____ Crest para cepillarse los dientes.
a.    la carne de res                     c. el blanqueador
b.    pasta de diente                     d. las papas

28.    No use demasiado _____ cuando trapee los pisos.
a.    el cerdo                            c. la piña
b.    las alitas                          d. blanqueador

29.    Prefiero usar _____ líquido en la ducha.
a.    la devolución                       c. jabón
b.    el tocino                           d. la salsa de tomate

30.    ¿Necesitas una _____ para lavar los platos?
a.    esponja                             c. berenjena
b.    la calidad                          d. ropa

# Answer Key

1. D
2. E
3. F
4. G
5. H
6. J
7. K
8. M
9. N
10. P
11. Q or R
12. R or Q
13. S
14. T
15. B
16. L
17. I
18. O
19. A
20. C
21. D
22. A
23. B
24. D
25. C
26. A
27. B
28. D
29. C
30. A

# Chapter VI
# Clothing

| La Tienda de Ropa | The Clothing Shop |
|---|---|
| el delantal | apron |
| el atuendo | attire |
| el vestido de fiesta | ball gown |
| el pañuelo | bandana |
| la gorra | baseball cap |
| el bañador | bathing suit |
| la bata | bathrobe |
| el albornoz | bathrobe |
| el cinturón | belt |
| la boina | beret |
| las bermudas | bermuda shorts |
| el bikini | bikini |
| la chaqueta de sport | blazer |
| la americana | blazer/sports jacket |
| la blusa | blouse |
| los vaqueros | blue jeans |
| las botas | boots |
| el moño | bowtie |
| los boxeadores | boxers |
| el sostén | bra |
| el sujetador | bra |
| la camisa con botones | button down shirt |
| el camuflaje | camouflage |
| la toga y el birrete | cap and gown |
| la capa | cape |
| la rebeca | cardigan |
| el cárdigan | cardigan |
| la caja | cash register |

| | |
|---|---|
| el probador | changing room |
| barato | cheap |
| a cuadros | checkered |
| la capa | cloak |
| los zuecos | clogs |
| el abrigo | coat |
| el algodón | cotton |
| las botas de vaquero | cowboy boots |
| el sombrero de vaquero | cowboy hat |
| el cliente | customer |
| los grandes almacenes | department store |
| el descuento | discount |
| el vestido | dress |
| caro | expensive |
| el sombrero de fieltro | fedora |
| la camisa de franela | flannel shirt |
| las chanclas | flip flops |
| gratis | free |
| el abrigo de piel | fur coat |
| las prendas | garments |
| la faja | girdle |
| los guantes | gloves |
| la camiseta sin mangas | halter top |
| el sombrero | hat |
| el gorro | hat |
| los zapatos de tacón | high heeled shoes |
| la zapatillas de estar en casa | indoor shoes/slippers |
| la cazadora | jacket |
| la chaqueta | jacket/blazer |
| la bata de laboratorio | lab coat |
| el cuero | leather |
| el leotardo | leotard |
| el lino | linen |
| la lencería | lingerie |
| largo | long |

| | |
|---|---|
| la camisa de manga larga | long sleeved shirt |
| la ropa interior larga | long underwear |
| la minifalda | miniskirt |
| las manoplas | mittens |
| los mocasines | moccasins/loafers |
| de colores | multicolored |
| estrecho | narrow |
| el escote | neckline |
| el camisón | nightgown |
| la oferta | offer |
| los monos | overalls |
| el pijama | pajamas |
| el sombrero panamá | panama hat |
| las bragas | panties/underwear |
| los pantalones | pants/slacks/trousers |
| las pantimedias | pantyhose |
| los pantis | pantyhose/tights/stockings |
| la parka | parka |
| la prenda de vestir | piece of clothing |
| liso | plain |
| de lunares | polka dot |
| el polo | polo shirt |
| el precio | price |
| la chaqueta de plumas | puffy jacket |
| el suéter | pullover |
| el anorak | raincoat |
| el chubasquero | raincoat |
| la gabardina | raincoat/trench coat |
| el impermeable | raincoat/waterproof |
| el recibo | receipt |
| el ticket de compra | receipt |
| las rebajas | sales |
| las sandalias | sandals |
| la bufanda | scarf |
| el chal | shawl |
| el mantón | shawl |

| | |
|---|---|
| la camisa | shirt |
| los zapatos | shoes |
| el dependiente | shop assistant |
| corto | short |
| la camisa de manga corta | short sleeved shirt |
| los pantalones cortos | shorts |
| seda | silk |
| la talla | size |
| la falda | skirt |
| la manga | sleeve |
| las enaguas | slip/petticoat |
| la bata | smock |
| la zapatilla | sneaker/slipper |
| los zapatos deportivos | sneakers |
| los calcetines | socks |
| la tienda | store |
| el escaparate | store window/display case |
| a rayas | striped |
| el traje | suit |
| el vestido de verano | sundress |
| el suéter | sweater |
| el jersey | sweater/pullover |
| la sudadera | sweatshirt |
| el traje de baño | swimsuit |
| el tejido sintético | synthetic fabric |
| la camiseta | T-shirt/undershirt |
| la camiseta sin mangas | tank top |
| la corbata | tie |
| las medias | tights/stockings |
| la toga | toga |
| el total | total |
| las zapatillas de deporte | training shoes |
| los pantalones | trousers |
| el suéter de tortuga | turtleneck sweater |
| el esmoquin | tuxedo |
| los calzoncillos | underpants |

| | |
|---|---|
| la ropa interior | underwear |
| el uniforme | uniform |
| el chaleco | vest |
| el vestido de novia | wedding gown |
| ancho | wide |
| la cazadora | windbreaker |
| la lana | wool |

## Los Accesorios / Accessories

| | |
|---|---|
| el cinturón | belt |
| la pulsera | bracelet |
| los aretes | earrings |
| los pendientes | earrings |
| las gafas | glasses |
| las lentes | glasses |
| el pañuelo | handkerchief |
| el collar | necklace |
| el bolso | purse |
| el anillo | ring |
| el lazo | shoelace |
| el cordón | shoelace |
| las gafas de sol | sunglasses |
| las lentes de sol | sunglasses |
| el paraguas | umbrella |
| la sortija de boda | wedding ring |
| la bufanda | scarf |

## Clothing Parts / Partes de la Ropa

| | |
|---|---|
| el lazo | bow |
| el botón | button |
| el collar | collar |
| el puño | cuff |
| el tacón | heel |

| | |
|---|---|
| el dobladillo | hem |
| la costura interior | inseam |
| el bolsillo | pocket |
| la cinta | ribbon |
| la faja | sash |
| la costura | seam |
| la suela de zapato | shoe sole |
| la manga | sleeve |
| el broche | snap |
| la correa | strap |
| el velcro | velcro |
| la pretina | waistband |
| la cremallera | zipper |

## Verbos / Verbs

| | |
|---|---|
| acortar una prenda | to shorten a piece of clothing |
| alargar una prenda | to lengthen a piece of clothing |
| apretar la ropa | to tighten clothes |
| arreglar una prenda | to fix a piece of clothing |
| atender | to attend to |
| cambiar una prenda | to change a piece of clothing |
| cambiarse de prenda | to change clothes |
| comprar | to buy |
| demostrar | to show/demonstrate |
| desnudarse | to take off one's clothes |
| devolver | to return |
| echar un vistazo | to have a look |
| estar pasado de moda | to be old-fashioned |
| llevar | to wear/have on |
| llevar puesto | to be wearing |
| llevarse una prenda | to take a piece of clothing |
| mostrar | to show/demonstrate |
| ponerse | to put on a piece of clothing |
| probarse la ropa | to try the clothes on |

| | |
|---|---|
| quedar bien | to look good/suit someone |
| quedar fatal | to look terrible |
| quedar mal | to look bad |
| quedar ajustado | to fit tight |
| quitarse una prenda | to take off a piece of clothing |
| vender | to sell |
| vestirse | to get dressed |

## Frases

## Phrases

| | |
|---|---|
| ¿Qué desea usted? | What are you looking for? |
| ¿Quién es el siguiente? | Who 's next? |
| ¿En qué puedo servirle? | How may I help you? |
| ¿Qué tamaño tienes tú? | What size are you? |
| ¿Algo más? | Anything else? |
| ¿Cuánto cuesta? | How much does it cost? |
| ¿Cuánto vale? | How much does it cost? |
| ¿Cuánto es el total? | What is the total? |
| Me gustaría probar esto. | I would like to try this on. |
| Usa el delantal para cocinar. | Use the apron to cook. |
| ¿Me podría decir donde queda el probador? | Could you tell me where the changing room is? |
| Ponte las chanclas para ir a la piscina. | Put on your flip flops to go to the pool. |
| Está lloviendo. Ponte la gabardina. | It's raining. Put on your raincoat. |
| Necesito usar una bufanda porque tengo gripa. | I need to wear a scarf because I have the flu. |
| Me encanta esa camisa de cuadros. | I love that checkered shirt. |
| Necesito cambiar una prenda. | I need to exchange a garment. |
| Me desnudaré antes de acostarme. | I will take off my clothes before bed. |
| El pantalón me queda ajustado. | The pants fit me tight. |
| Me vestiré rápido para no llegar tarde. | I´ll get dressed quickly so I'm not late. |

La chaqueta no es de mi talla.

The jacket is not my size.

Debo coser el botón de la blusa que se cayó.

I must sew the button of the blouse that fell off.

La falda necesita un dobladillo.

The skirt needs a hem.

La cremallera del pantalón se dañó.

The zipper of the pants was damaged.

Extraño tener zapatos con velcro.

I miss having velcro shoes.

Esa camisa vieja y ajustada queda fatal.

That tight, old shirt looks terrible.

# Quiz – Chapter VI
# Clothing

| | | | |
|---|---|---|---|
| 1. ir de compras | A. | baseball cap |
| 2. la gorra | B. | belt |
| 3. el cinturón | C. | coat |
| 4. el abrigo | D. | discount |
| 5. hurtar | E. | dress |
| 6. el descuento | F. | earrings |
| 7. el vestido | G. | flip flops |
| 8. las chanclas | H. | glasses |
| 9. vestirse | I. | scarf |
| 10. gastar | J. | sleeve |
| 11. el paraguas | K. | sweatshirt |
| 12. la bufanda | L. | tie |
| 13. la manga | M. | to get dressed |
| 14. la sudadera | N. | to go shopping |
| 15. desnudarse | O. | to look terrible |
| 16. la corbata | P. | to shoplift/steal |
| 17. la ropa interior | Q. | to spend money |
| 18. los pendientes | R. | to take off onés clothes |
| 19. las gafas | S. | umbrella |
| 20. quedar fatal | T. | underwear |

21. A veces la comida _____ es la más deliciosa.
a. barata                          c. el abrigo
b. el delantal                     d. la camisa

22. Trato de evitar los restaurantes _____.
a. el albornoz                     c. el abrigo
b. pantalones                      d. caros

23. Siempre uso _____ para bodas y funerales.
a. la camiseta sin mangas          c. la lencería
b. un traje                        d. el bikini

24. Mi padre me grita si uso un _____ en la mesa.
a. el total                        c. gorro
b. a rayas                         d. el dependiente

25. Mi chaqueta favorita es de _____.
a. cuero                           c. la sandalia
b. el sombrero panamá              d. los mocasines

26. Siempre llevo un _____ durante la temporada de lluvias.
a. impermeable                     c. el lazo
b. los calzoncillos                d. la cinta

27. Mi _____ está atascada.
a. caro                            c. ancho
b. barato                          d. cremallera

28. Está casado, pero no usa _____.
a. el pañuelo                      c. el cordón
b. anillo                          d. el tejido sintético

29. Suelo llevar _____ cuando conduzco.
a. un casco                        c. lentes de sol
b. el paraguas                     d. el vestido de novia

30. Te _____ cómo hacerlo.
a. el cinturón                     c. quedar fatal
b. mostraré                        d. el tacón

# Answer Key

1. N
2. A
3. B
4. C
5. P
6. D
7. E
8. G
9. M
10. Q
11. S
12. I
13. J
14. K
15. R
16. L
17. T
18. F
19. H
20. O
21. A
22. D
23. B
24. C
25. A
26. A
27. D
28. B
29. C
30. B

# Chapter VII
# Weather & the Environment

| La Clima | The Weather |
|---|---|
| el otoño | autumn |
| la avalancha | avalanch |
| el mal tiempo | bad weather |
| la ventisca | blizzard |
| el tempestad de nieve | blizzard |
| la brisa | breeze |
| la nube | cloud |
| nuboso | cloudy |
| el frío | cold |
| el frente frío | cold front |
| fresco | cool |
| el ciclón | cyclone |
| el grado | degree |
| el tiempo gris | dreary weather |
| la llovizna | drizzle |
| la gota | drop |
| la sequía | drought |
| seco | dry |
| la inundación | flood |
| la niebla | fog |
| la helada | frost |
| la escarcha | frost |
| helado | frozen |
| el vendaval | gale of wind |
| el ventarrón | gale of wind |
| el granizo | hail |
| el calor | heat |
| la ola de calor | heat wave |
| la temperatura máxima | highest temperature |

| | |
|---|---|
| caluroso | hot |
| húmedo | humid |
| la humedad | humidity |
| el huracán | hurricane |
| el hielo | ice |
| el relámpago | lightning |
| el rayo | lightning |
| la temperatura máxima | maximum temperature |
| templado | mild |
| la temperatura mínima | minimum temperature |
| la bruma | mist |
| el monzón | monsoon |
| la luna | moon |
| el charco | puddle |
| la lluvia | rain |
| la estación del año | season |
| la sombra | shade |
| el chaparrón | shower |
| el cielo | sky |
| la nieve | snow |
| la bola de nieve | snowball |
| la ventisca de nieve | snowdrift |
| la nevada | snowfall |
| el copo de nieve | snowflake |
| el muñeco de nieve | snowman |
| la tormenta de nieve | snowstore |
| espléndido | splendid |
| la primavera | spring |
| la tormenta | storm |
| el verano | summer |
| el sol | sun |
| soleado | sunny |
| el día de sol | sunny day |
| la salida del sol | sunrise |
| la puesta del sol | sunset |
| la temperatura | temperature |

| | |
|---|---|
| el termómetro | thermometer |
| el trueno | thunder |
| la tormenta eléctrica | thunderstorm |
| la tormenta de rayos | thunderstorm |
| el ciclón | tornado |
| el tornado | tornado |
| el tsunami | tsunami |
| cálido | warm |
| el frente cálido | warm front |
| el tiempo | weather |
| las condiciones climáticas | weather conditions |
| el pronóstico del tiempo | weather forecast |
| el viento | wind |
| el invierno | winter |

## El Medio Ambiente

## The Environment

| | |
|---|---|
| la lluvia ácida | acid rain |
| el aerosol | aerosol |
| la contaminación del aire | air pollution |
| el fertilizante artificial | artificial fertilizer |
| la atmósfera | atmosphere |
| el equilibrio natural | balance of nature |
| biodegradable | biodegradable |
| la marea negra | black tide |
| el catalizador | catalytic converter (car part) |
| el clorofluorocarbono | chlorofluorocarbon (CFC) |
| el cambio climático | climate change |
| la conservación | conservation |
| el/la conservacionista | conservationist |
| el consumo | consumption |
| la contaminación | contamination/pollution |
| la corrosión | corrosion |
| la oxidación | corrosion |
| dañoso | harmful |

| | |
|---|---|
| dañado | damaged |
| el peligro a | danger to |
| la deforestación | deforestation |
| la desertización | desertification |
| el detergente | detergent |
| el desastre | disaster |
| la catástrofe | disaster |
| desastroso | disastrous |
| el eliminación | disposal |
| el drenaje | drainage |
| el desagüe | drainage |
| la sequía | drought |
| la ecología | ecology |
| el ecosistema | ecosystem |
| el tubo de escape | exhaust pipe |
| la emisión | emission |
| el ahorro energético | energy savings |
| el impacto medioambiental | environmental impact |
| la inundación | flood |
| el combustible fósil | fossil fuel |
| el vertedero de basura | garbage dump |
| la basura | garbage/refuse |
| el desperdicio | garbage/refuse |
| el desecho | garbage/refuse |
| el gas | gas |
| el glaciar | glacier |
| el vidrio | glass |
| global | global |
| mundial | global |
| el recalentamiento global | global warming |
| el calentamiento global | global warming |
| el efecto invernadero | greenhouse effect |
| perjudicial | harmful |
| los residuos peligrosos | hazardous waste |
| el incinerador | incinerator |
| los residuos industriales | industrial waste |

| | |
|---|---|
| el relleno sanitario | landfill |
| el plomo | lead |
| la catástrofe natural | natural catastrophe |
| la reserva natural | natural reserve |
| el parque natural | natural reserve |
| los recursos naturales | natural resources |
| los nitratos | nitrates |
| nuclear | nuclear |
| las pruebas nucleares | nuclear testing |
| los residuos nucleares | nuclear waste |
| la marea negra | oil slick |
| la sobrepesca | overfishing |
| la capa de ozono | ozone layer |
| el pesticida | pesticide |
| los fosfatos | phosphates |
| el veneno | poison |
| el tóxico | poison |
| venenoso | poisonous |
| el contaminante | pollutant/contaminant |
| la predicción | prediction |
| el pronóstico | prediction |
| radioactivo | radioactive |
| el residuo radioactivo | radioactive waste |
| la selva tropical | rain forest |
| el bosque pluvial | rain forest |
| reciclable | recyclable |
| el papel reciclado | recycled paper |
| el reciclaje | recycling |
| el reprocesado | reprocessing |
| el residuo | residue |
| la chatarra | scrap metal |
| el nivel del mar | sea level |
| las aguas negras | sewage |
| las aguas residuales | sewage |
| el tratamiento de las aguas negras | sewage treatment |

| | |
|---|---|
| el tratamiento de las aguas residuales | sewage treatment |
| la alcantarilla | sewer |
| la cloaca | sewer |
| las emanaciones de las cloacas | sewer gases |
| el sistema de cloacas | sewer system |
| el sistema de alcantarillado | sewer system |
| el cáncer de piel | skin cancer |
| la erosión del suelo | soil erosion |
| las placas fotovoltaicas | solar panels |
| los paneles solares | solar panels |
| el azufre | sulfur |
| el desarrollo sostenible | sustainable development |
| el maremoto | tidal wave |
| los residuos tóxicos | toxic waste |
| los rayos ultravioletas | ultraviolet rays |
| la gasolina sin plomo | unleaded gas |
| los residuos | waste |
| los gases residuales | waste gases |
| los productores de desecho | waste products |
| el nivel del agua | water level |
| la contaminación del agua | water pollution |
| el abastecimiento de agua | water supply |
| el suministro de agua | water supply |
| el sistema de abastecimiento de agua | water supply system |
| el herbicida | weed killer |

## Verbos / Verbs

| | |
|---|---|
| acabarse | to run out |
| agotarse | to wear out |
| aislar | to insulate |
| arreglarse sin | to do without |
| atomizar | to spray |
| bajar | to go down |

| | |
|---|---|
| tirar a la basura | to throw in the garbage |
| caer una nevada | to have a snow storm |
| conservar | to conserve |
| consumir | to consume |
| contaminar | to pollute/contaminate |
| dañar | to damage |
| derretirse | to melt |
| derrochar dinero | to waste money |
| desbordarse | to overflow |
| desechar | to throw away |
| deshacerse de | to dispose of |
| desperdiciar | to waste |
| despilfarrar | to waste |
| desprender | to detach |
| destruir | to destroy |
| emanar | to give off/emanate |
| emitir | to emit |
| empaparse | to soak |
| empeorar | to get worse |
| envenenar | to poison |
| estar lloviendo | to be raining |
| estropear | to damage/spoil |
| extinguirse | to become extinct |
| gastarse | to run out |
| granizar | to hail |
| hacer daño a | to damage |
| helar | to freeze |
| incendiarse | to catch fire |
| inundarse | to flood |
| levantarse un vendaval | a storm is brewing |
| llover | to rain |
| malgastar | to waste/squander |
| mejorar | to make better/improve |
| mojarse | to get wet |
| nevar | to snow |
| oler a | to smell like |

| | |
|---|---|
| perder tiempo | to waste time |
| preservar | to preserve |
| preservar el medio ambiente | to preserve the environment |
| pronosticar | to predict |
| proteger | to protect |
| proveer de | to provide |
| pulverizar | to grind up/spray |
| reciclar | to recycle |
| refrescar | to refresh |
| regar | to water |
| rociar | to spray |
| soplar | to blow |
| subir | to go up |
| sudar | to sweat |
| suministrar | to provide |
| talar un árbol | to cut a tree |
| tirar | to throw |

## Frases

## Phrases

| | |
|---|---|
| El termómetro marca 32 grados. | The thermometer shows 32 degrees. |
| Está cubierto. | It's overcast. |
| Está despejado. | The sky is clear. |
| Está nublado. | It's cloudy. |
| Hace buen tiempo. | The weather is good. |
| Demasiada azúcar es veneno. | Too much sugar is poison. |
| Los rayos ultravioleta causan cáncer. | Ultraviolet rays cause cancer. |
| Hace fresco. | It's cool out. (nice weather) |
| La fábrica provocó una catástrofe. | The factory caused a catastrophe. |
| Hace mal tiempo. | The weather is bad. |
| Mi abuelo es conservacionista. | My grandfather is a conservationist. |
| Hace viento. | It's windy. |
| La marea negra cerró el hotel. | The black tide closed the hotel. |

Hay nubes.

It's cloudy.

Hay tormenta.

There is a storm.

Los cultivos necesitan más lluvia.

The crops need more rain.

A los niños les encanta lanzar bolas de nieve.

Kids love to throw snowballs.

¿Qué tiempo hace?

What's the weather like?

Deberías traer tu impermeable.

You should bring your raincoat.

Hace sol. Debes usar protector solar.

It is sunny. You should put on sunscreen.

¿Podrías encender el ventilador?

Could you turn on the fan?

¿Podrías encender el aire acondicionado?

Could you turn on the air conditioner?

Está nublado. Debo encender las luces del auto.

It is foggy. I must turn on the car lights.

# Quiz - Chapter VII
# Weather & the Environment

| | | | |
|---|---|---|---|
| 1. la brisa | A. | breeze |
| 2. la nube | B. | climate change |
| 3. fresco | C. | cloud |
| 4. la gota | D. | cool |
| 5. la sequía | E. | disaster |
| 6. la ola de calor | F. | drop |
| 7. el relámpago | G. | drought |
| 8. la sombra | H. | heat wave |
| 9. la tormenta | I. | lightning |
| 10. helar | J. | poisonous |
| 11. inundarse | K. | sewage |
| 12. soplar | L. | shade |
| 13. el cambio climático | M. | solar panels |
| 14. la catástrofe | N. | storm |
| 15. venenoso | O. | to blow |
| 16. las aguas negras | P. | to consume |
| 17. las placas fotovoltaicas | Q. | to flood |
| 18. consumir | R. | to freeze |
| 19. desechar | S. | to poison |
| 20. envenenar | T. | to throw away |

21.     Trato de no _____ lo que sucederá con la economía porque generalmente me equivoco.

a.     el otoño                              c. la nube
b.     fresco                               d. predecir

22.     Intento _____ siempre que puedo porque es bueno para el planeta.

a.     reciclar                             c. el relámpago
b.     la sequía                            d. la bruma

23.     Si bien no me gusta caminar bajo la lluvia fuerte, a veces disfruto de _____.

a.     la chatarra                          c. el termómetro
b.     la cloaca                            d. la llovizna

24.     Hace mucho calor y _____ en Puerto Vallarta durante el verano.

a.     el herbicida                         c. la nevada
b.     humedad                              d. el vidrio

25.     El niño saltó en _____ con sus botas de lluvia.

a.     el veneno                            c. el charco
b.     radioactivo                          d. nuclear

26.     ¿Alguna vez has visto una _____ fugaz?

a.     las aguas residuales                 c. el azufre
b.     estrella                             d. el nivel del mar

27.     El _____ asusta a mi perro grande.

a.     trueno                               c. la oxidación
b.     el impacto medioambiental            d. templado

28.     Espero no _____ durante el paseo en barco.

a.     la ecología                          c. mojarme
b.     dañoso                               d. el monzón

29.     Nadie quiere vivir cerca de un basurero de _____.

a.     los residuos tóxicos                 c. las condiciones climáticas
b.     el cáncer de piel                    d. la lluvia ácida

30.     Intento comprar _____ porque es bueno para el planeta.

a.     cálido                               c. la tormenta de rayos
b.     la marea negra                       d. papel reciclado

# Answer Key

1. A
2. C
3. D
4. F
5. G
6. H
7. I
8. L
9. N
10. R
11. Q
12. O
13. B
14. E
15. J
16. K
17. M
18. P
19. T
20. S
21. D
22. A
23. D
24. B
25. C
26. B
27. A
28. C
29. A
30. D

# Chapter VIII
# Travel, Tourism & Holidays

| Los Viajes | Travels |
|---|---|
| el accidente | accident |
| el puesto de socorro | aid station |
| el anuncio | announcement |
| le llegada | arrival |
| la ayuda | assistance |
| la bolsa | bag |
| el maletín | briefcase |
| el viaje de negocios | business trip |
| la clase | class |
| el retraso | delay |
| la salida | departure |
| el destino | destination |
| directo | direct/straight |
| la dirección | direction |
| minusválido | disabled/handicapped |
| el descuento | discount |
| la rebaja | discount |
| la distancia | distance |
| temprano | early |
| la llamada de emergencia | emergency call |
| la llamada de urgencia | emergency call |
| la parada de emergencia | emergency stop |
| la entrada | entrance |
| la salida | exit |
| la cama supletoria | extra bed |
| el recargo | extra charge/surcharge |
| el suplemento | extra charge/surcharge |
| la tarifa | fare |
| la reducción de tarifa | fare reduction |

| | |
|---|---|
| rápido | fast |
| el flotador | float |
| gratis | free |
| la ayuda | help |
| el socorro | help/relief |
| útil | helpful |
| la luna de miel | honeymoon |
| el viaje de novios | honeymoon trip |
| la pregunta | inquiry |
| inválido | invalid |
| el itinerario | itinerary |
| tarde | late |
| perdido | lost |
| la oficina de objetos perdidos | lost and found office |
| el altavoz | loudspeaker |
| el altoparlante | loudspeaker |
| el equipaje | luggage |
| las maletas | luggage |
| el mensaje | message |
| el recado | message |
| el/la no fumador/a | nonsmoker |
| la sección de no fumadores | non smoking section |
| el aviso | notice |
| la molestia | nuisance |
| ocupado | occupied |
| a bordo | on board |
| de huelga | on strike |
| a tiempo | on time |
| el billete de ida | one way ticket |
| el/la pasajero/a | passenger |
| el pasaporte | passport |
| el mozo | porter at airport |
| el portero | porter at hotel |
| la tarifa reducida | reduced fare |
| el rescate | rescue |
| la reserva | reservation |

| | |
|---|---|
| la reservación | reservation |
| la oficina de reservaciones | reservation office |
| el centro turístico | resort |
| la vuelta | return/turn |
| el billete de ida y vuelta | round trip ticket |
| la ruta | route |
| seguro | safe |
| la seguridad | safety |
| el horario | schedule/timetable |
| el asiento | seat |
| el cinturón de seguridad | seatbelt |
| el albergue | shelter |
| la señal | signal |
| lento | slow |
| la sección de fumadores | smoking section |
| la velocidad | speed |
| el personal | staff |
| la parada de emergencia | stop |
| el billete | ticket |
| la taquilla | ticket counter |
| la oficina de billetes | ticket office |
| el despacho de billetes | ticket office |
| la agencia de viajes | travel agency |
| el/la agente de viajes | travel agent |
| los documentos de viajes | travel documents |
| la información de viajes | travel information |
| el seguro de viaje | travel insurance |
| el/la viajero/a | traveler |
| el túnel | tunnel |
| inútil | useless |
| válido | valid |
| el/la visitante | visitor |
| el aviso | warning |
| los días de semana | weekdays |
| el fin de semana | weekend |
| el asiento junto a la ventana | window seat |

## Sitios Turísticos | Tourist Sites

| | |
|---|---|
| la abadía | abbey |
| el anfiteatro | amphitheater |
| el acuario | aquarium |
| el acueducto | aqueduct |
| el arco | arch |
| la galería de arte | art gallery |
| la playa | beach |
| el puente | bridge |
| el canal | canal |
| la capital | capital |
| el castillo | castle |
| las catacumbas | catacombs |
| la catedral | cathedral |
| el cementerio | cemetery |
| la capilla | chapel |
| la iglesia | church |
| la sala de conciertos | concert hall |
| el convento | convent |
| el campo | countryside |
| la represa | dam |
| el dique | dam/dike |
| la zona edificada | developed area |
| la zona urbanizada | developed area |
| el terraplén | embankment |
| la fuente | fountain |
| el hotel | hotel |
| la biblioteca | library |
| la mansión | mansion |
| el monasterio | monastery |
| el museo | museum |
| el teatro de la ópera | opera |
| el palacio | palace |
| el estadio | stadium |
| el templo | temple |

| | |
|---|---|
| el teatro de la ópera | theater |
| la torre | tower |
| el ayuntamiento | town hall |

# Hoteles

# Hotels

| | |
|---|---|
| asequible | affordable |
| razonable | reasonable/affordable |
| el aire acondicionado | air conditioning |
| todo incluido | all included |
| los servicios | amenities/facilities |
| el baño adjunto | attached bathroom |
| el balcón | balcony |
| el baño | bathroom |
| la cama | bed |
| las sábanas | bed sheets |
| la ropa de cama | bedding |
| el cubrecama | bedspread |
| el cobertor | bedspread |
| el botones | bellhop |
| la cuenta | bill |
| la sala de billar | billiard room |
| la manta | blanket |
| el desayuno | breakfast |
| el folleto | brochure |
| la reunión de negocios | business meeting |
| la llamada | call |
| la alfombra | carpet |
| barato | cheap |
| el cheque | check |
| el servicio de limpieza | cleaning service |
| la percha | coat hanger |
| la queja | complaint |
| el/la conserje | concierge |
| la conferencia | conference |

| | |
|---|---|
| el salón de conferencias | conference room |
| el crédito | credit |
| la tarjeta de crédito | credit card |
| el daño | damage |
| el comedor | dining room |
| la cena | dinner |
| el descuento | discount |
| la rebaja | discount |
| la habitación doble | double room |
| económico | economical |
| el piso con cocina propia | efficiency unit |
| el enchufe | electrical outlet |
| el ascensor | elevator |
| el elevador | elevator |
| excluido | excluding |
| exclusivo | exclusive |
| costoso | expensive |
| caro | expensive |
| el suplemento | extra charge |
| la salida de incendios | fire exit |
| el extintor de fuego | fire extinguisher |
| el extinguidor | fire extinguisher |
| el impreso | form (paper) |
| el formulario | form (paper) |
| la pensión completa | full board |
| el/la huésped | guest |
| la peluquería | hair salon |
| el secador de pelo | hairdryer |
| media pensión | half board |
| la calefacción | heating |
| la casa rural | the rural house/cottage |
| el hostal | hostal |
| el hotel | hotel |
| completo | inclusive |
| la posada | inn |
| la fonda | inn |

| | |
|---|---|
| el mesón | inn |
| la plancha | iron |
| la tabla de planchar | ironing board |
| la llave | key |
| la lavandería | laundry |
| el servicio de lavandería | laundry service |
| la comida | meal |
| ruidoso | noisy |
| la molestia | nuisance |
| el maletín de fin de semana | overnight bag |
| el aparcamiento | parking lot |
| el estacionamiento | parking lot |
| el espacio para aparcar | parking space |
| el pago | payment |
| la almohada | pillow |
| el portero | porter |
| el precio | price |
| la lista de precios | price list |
| la privacidad | privacy |
| la intimidad | privacy |
| el baño privado | private bathroom |
| la colcha | quilt |
| el recibo | receipt |
| la recepción | reception |
| la sala de recepción | reception area |
| el/la recepcionista | receptionist |
| el reembolso | refund |
| la devolución | refund |
| la reserva | reservation |
| la reservación | reservation |
| la habitación | room |
| alojamiento y desayuno | room and board |
| el servicio a la habitación | room service |
| la alfombrilla | rug |
| el IVA | sales tax |
| la ducha | shower |

| | |
|---|---|
| el gorro de ducha | shower cap |
| la firma | signature |
| la habitación individual/doble | single/double room |
| la estancia | stay |
| la suite | suite |
| el recargo | surcharge |
| el inodoro | toilet |
| la toalla | towel |
| el cheque de viajero | traveler's check |
| la vista | view |
| la villa | villa |
| la llamada por la mañana temprano | wake up call |
| el albergue juvenil | youth hostel |
| la recepción del hotel | hotel reception |

## La Playa — The Beach

| | |
|---|---|
| el percebe | barnacle |
| el bañador | bathing suit |
| la bahía | bay |
| el chiringuito | beach bar/snack stand |
| la bandera de la playa | beach flag |
| la toalla de playa | beach towel |
| la sombrilla de playa | beach umbrella |
| la pelota de playa | beachball |
| el bikini | bikini |
| el paseo marítimo | boardwalk |
| el malecón | boardwalk/pier |
| el tablero de boogie | boogie board |
| el cubo y la pala | bucket and spade |
| la capa | cape |
| el catamarán | catamaran |
| la almeja horneada | clam bake |
| la costa | coast |
| la caracola | conch |

| | |
|---|---|
| el enfriador | cooler |
| el coral | coral |
| la cala | cove |
| el cangrejo | crab |
| la corriente | current |
| el puerto | dock |
| la duna | dune |
| las aletas | fins |
| los peces | fish |
| la pesca | fishing |
| las chancletas | flip flops |
| el flotador | float/life preserver |
| el disco volador | frisbee |
| la hamaca | hammock |
| la gorra | hat |
| el sombrero | hat |
| la marea alta | high tide |
| la medusa | jellyfish |
| la moto acuática | jetski |
| el kayak | kayak |
| el lago | lake |
| el socorrista | lifeguard |
| el puesto de socorro | lifeguard hut |
| el salvavidas | lifeguard/life preserver |
| la marea baja | low tide |
| la playa nudista | nudist beach |
| la tabla de paddle | paddle board |
| el muelle | pier |
| la bandera roja, amarilla, verde | red, yellow, green flag |
| el arrecife | reef |
| la corriente de resaca | rip current |
| el velero | sailboat |
| el agua salada | salt water |
| el caramelo de agua salada | salt water taffy |
| la arena | sand |
| los dólares de arena | sand dollars |

| | |
|---|---|
| las sandalias | sandals |
| el banco de arena | sandbar |
| el castillo de arena | sandcastle |
| el buceo | scuba diving |
| el mar | sea |
| la concha | seashell |
| las algas | seaweed/kelp |
| el tiburón | shark |
| la cáscara | shell |
| la orilla | shore |
| los bocadillos | snacks |
| el esnórquel | snorkel |
| la piedra | stone/rock |
| la sombrilla | sun shield |
| la quemadura de sol | sunburn |
| las gafas de sol | sunglasses |
| el bronceador | sunscreen |
| la crema protectora | sunscreen |
| el protector solar | sunscreen |
| el bronceado | suntan |
| la tabla de surf | surfboard |
| el gorro de natación | swimming cap |
| la resaca | undertow |
| las vacaciones | vacation |
| el voleibol | volleyball |
| la ola | wave |
| el fin de semana | weekend |

## Las Fechas Importantes / Important Dates

| | |
|---|---|
| el día de todos los santos | All Saints' Day |
| el día de los difuntos | All Souls' Day |
| el aniversario | anniversary |
| el miércoles de ceniza | Ash Wednesday |
| el día de la Asunción | Assumption Day |

| | |
|---|---|
| el cumpleaños | birthday |
| la Navidad | Christmas |
| la Nochebuena | Christmas Eve |
| la Pascua | Easter |
| el martes de carnaval | Fat Tuesday (Mardi Gras) |
| el día de los Padres | Father's Day |
| el día de la Bandera | Flag Day |
| el viernes Santo | Good Friday |
| la víspera del día de los Santos | Halloween |
| el Hanukkah | Hanukkah |
| el día de independencia | Independence Day |
| el día de los trabajadores | Labor Day |
| la Cuaresma | Lent |
| el día de las Madres | Mother's Day |
| el día de año nuevo | New Year's Day |
| el día de Nochevieja | New Year's Eve |
| la Noche Vieja | New Year's Eve |
| el día de Ramos | Palm Sunday |
| la Pascua judía | Passover |
| el Pentecostés | Pentecost |
| el día de los Presidentes | President's Day |
| el Ramadán | Ramadan |
| el día de San Patricio | Saint Patrick's Day |
| el solsticio de verano | summer solstice |
| el día de Acción de Gracias | Thanksgiving |
| el día de San Valentín | Valentine's Day |
| el solsticio de invierno | winter solstice |
| el Yom Kippur | Yom Kippur |

## Direcciones / Directions

| | |
|---|---|
| sobre | above/on top of |
| encima de | above/on top of |
| a través de | across from |
| delante de | ahead of |

| | |
|---|---|
| en | at/in |
| detrás de | behind |
| debajo de | below |
| al lado de | beside |
| entre | between |
| abajo | downstairs |
| el este | east |
| lejos de | far from |
| aquí | here |
| en | in |
| enfrente de | in front of |
| en el medio de | in the middle of |
| adentro | inside |
| dentro de | inside of |
| cerca de | near |
| al lado de | next to |
| el norte | north |
| el noreste | northeast |
| el noroeste | northwest |
| afuera | outside |
| fuera de | outside of |
| allá | over there |
| acá | right here |
| el sur | south |
| el sureste | southeast |
| el suroeste | southwest |
| allí | there |
| al este | to the east |
| a la izquierda de | to the left of |
| al norte | to the north |
| a la derecha de | to the right of |
| al sur | to the south |
| al oeste | to the west |
| debajo de | under |
| arriba | upstairs |
| a través de/por | vía/through |

| | |
|---|---|
| el oeste | west |
| con | with |

## Las Calles — Streets

| | |
|---|---|
| el callejón | alley |
| la avenida | avenue |
| la carretera de circunvalación | beltway |
| el puente | bridge |
| el cruce | crossing |
| el cruce de carreteras | crossroad |
| la calle sin salida | culdesac |
| la curva | curve/bend |
| la barrera central | divider |
| la entrada | entrance ramp |
| el acceso | entrance ramp |
| la salida | exit ramp |
| el carril de acceso | frontage road |
| la autopista | highway/freeway |
| el carril interior | inside lane |
| el cruce/la intersección | intersection |
| el cruce | junction |
| el carril | lane |
| el paso a nivel | level crossing |
| la calle principal | main street |
| la mediana | median |
| la calle de dirección única | one way street |
| el carril exterior | outside lane |
| el apartadero | passing lane |
| el/la peatón/a | pedestrian |
| el badén | pothole |
| el bache | pothole |
| la glorieta | roundabout/rotary |
| la rotonda | roundabout/rotary |
| el arcén | shoulder (on the road) |

| | |
|---|---|
| la calle lateral | side street |
| la acera | sidewalk |
| el badén | speed bump |
| la plaza | square |
| la esquina | street corner |
| la raya blanca | white line |
| la raya amarilla | yellow line |

## Lista de Países / List of Countries

| Lista de Países | List of Countries |
|---|---|
| Afganistán | Afghanistan |
| Albania | Albania |
| Argelia | Algeria |
| Andorra | Andorra |
| Angola | Angola |
| Antigua y Barbuda | Antigua and Barbuda |
| Argentina | Argentina |
| Armenia | Armenia |
| Australia | Australia |
| Austria | Austria |
| Azerbaiyán | Azerbaijan |
| Bahamas | Bahamas |
| Baréin | Bahrain |
| Bangladesh | Bangladesh |
| Barbados | Barbados |
| Bielorrusia | Belarus |
| Bélgica | Belgium |
| Belice | Belize |
| Benín | Benin |
| Bután | Bhutan |
| Bolivia | Bolivia |
| Bosnia y Herzegovina | Bosnia and Herzegovina |
| Botsuana | Botswana |
| Brasil | Brazil |
| Brunéi | Brunei |

| | |
|---|---|
| Bulgaria | Bulgaria |
| Burkina Faso | Burkina Faso |
| Birmania | Burma |
| Burundi | Burundi |
| Camboya | Cambodia |
| Camerún | Cameroon |
| Canadá | Canada |
| Cabo Verde | Cape Verde |
| República Centroafricana | Central African Republic |
| Chad | Chad |
| Chile | Chile |
| Porcelana | China |
| Comoras | Comoros |
| Dem. representante de la Congo | Dem. Rep. of the Congo |
| Rep. del Congo | Congo, Rep of the |
| Costa Rica | Costa Rica |
| Costa de Marfil | Côte d'Ivoire |
| Croacia | Croatia |
| Cuba | Cuba |
| Chipre | Cyprus |
| República Checa | Czech Republic |
| Dinamarca | Denmark |
| Yibuti | Djibouti |
| Dominica | Dominica |
| República Dominicana | Dominican Republic |
| Timor Oriental | East Timor |
| Ecuador | Ecuador |
| Egipto | Egypt |
| El Salvador | El Salvador |
| Guinea Ecuatorial | Equatorial Guinea |
| Eritrea | Eritrea |
| Estonia | Estonia |
| Esuatini | Eswatini |
| Etiopía | Ethiopia |
| Fiyi | Fiji |

| | |
|---|---|
| Finlandia | Finland |
| Francia | France |
| Gabón | Gabon |
| Georgia | Georgia |
| Alemania | Germany |
| Ghana | Ghana |
| Grecia | Greece |
| Granada | Grenada |
| Guatemala | Guatemala |
| Guinea | Guinea |
| Guinea-Bissau | Guinea-Bissau |
| Guayana | Guyana |
| Haití | Haiti |
| Honduras | Honduras |
| Hungría | Hungary |
| Islandia | Iceland |
| India | India |
| Indonesia | Indonesia |
| Irán | Iran |
| Irak | Iraq |
| Irlanda | Ireland |
| Israel | Israel |
| Italia | Italy |
| Jamaica | Jamaica |
| Japón | Japan |
| Jordán | Jordan |
| Kazajistán | Kazakhstan |
| Kenia | Kenya |
| Kiribati | Kiribati |
| Corea del Norte | Korea, North |
| Corea del Sur | Korea, South |
| Kuwait | Kuwait |
| Kirguistán | Kyrgyzstan |
| Laos | Laos |
| letonia | Latvia |
| Líbano | Lebanon |

| | |
|---|---|
| Lesoto | Lesotho |
| Liberia | Liberia |
| Libia | Libya |
| Liechtenstein | Liechtenstein |
| Lituania | Lithuania |
| Luxemburgo | Luxembourg |
| Macedonia | Macedonia |
| Madagascar | Madagascar |
| Malaui | Malawi |
| Malasia | Malaysia |
| Maldivas | Maldives |
| Malí | Mali |
| Malta | Malta |
| Islas Marshall | Marshall Islands |
| Mauritania | Mauritania |
| Mauricio | Mauritius |
| México | Mexico |
| Micronesia | Micronesia |
| Moldavia | Moldova |
| Mónaco | Monaco |
| Mongolia | Mongolia |
| Montenegro | Montenegro |
| Marruecos | Morocco |
| Mozambique | Mozambique |
| Namibia | Namibia |
| Nauru | Nauru |
| Nepal | Nepal |
| Países Bajos | Netherlands |
| Nueva Zelanda | New Zealand |
| Nicaragua | Nicaragua |
| Níger | Niger |
| Nigeria | Nigeria |
| Noruega | Norway |
| Omán | Oman |
| Pakistán | Pakistan |
| palaos | Palau |

| | |
|---|---|
| Panamá | Panama |
| Papúa Nueva Guinea | Papua New Guinea |
| Paraguay | Paraguay |
| Perú | Peru |
| Filipinas | Philippines |
| Polonia | Poland |
| Portugal | Portugal |
| Katar | Qatar |
| Rumania | Romania |
| Rusia | Russia |
| Ruanda | Rwanda |
| San Cristóbal y Nieves | Saint Kitts and Nevis |
| Santa Lucía | Saint Lucia |
| San Vicente y las Granadinas | Saint Vincent and the Grenadines |
| Samoa | Samoa |
| San Marino | San Marino |
| Arabia Saudita | Saudi Arabia |
| Santo Tomé y Príncipe | São Tomé and Príncipe |
| Senegal | Senegal |
| Serbia | Serbia |
| Seychelles | Seychelles |
| Sierra Leona | Sierra Leone |
| Singapur | Singapore |
| Eslovaquia | Slovakia |
| Eslovenia | Slovenia |
| Islas Salomón | Solomon Islands |
| Somalia | Somalia |
| Sudáfrica | South Africa |
| España | Spain |
| Sri Lanka | Sri Lanka |
| Sudán | Sudan |
| Surinam | Suriname |
| Suecia | Sweden |
| Suiza | Switzerland |
| Siria | Syria |

| | |
|---|---|
| Tayikistán | Tajikistan |
| Tanzania | Tanzania |
| Tailandia | Thailand |
| Gambia | The Gambia |
| Togo | Togo |
| Tonga | Tonga |
| Trinidad y Tobago | Trinidad and Tobago |
| Túnez | Tunisia |
| Pavo | Turkey |
| turkmenistán | Turkmenistan |
| Tuvalu | Tuvalu |
| Uganda | Uganda |
| Ucrania | Ukraine |
| Emiratos Árabes Unidos | United Arab Emirates |
| Reino Unido | United Kingdom |
| Estados Unidos de América | United States of America |
| Uruguay | Uruguay |
| Uzbekistán | Uzbekistan |
| Vanuatu | Vanuatu |
| Ciudad del Vaticano | Vatican City |
| Venezuela | Venezuela |
| Vietnam | Vietnam |
| Yemen | Yemen |
| Zambia | Zambia |
| Zimbabue | Zimbabwe |

## Verbos

## Verbs

| | |
|---|---|
| acelerar | to accelerate |
| alojarse | to stay |
| alquilar | to rent |
| broncearse | to get a tan |
| bucear | to dive |
| cambiar las toallas | to change the towels |
| cancelar | to cancel |

| | |
|---|---|
| cancelar una reserva | to cancel a reservation |
| cobrar efectivo | to cash a check |
| coger | to take (train, bus, or flight) |
| colocar | to locate/place |
| comprar un billete | to buy a ticket |
| confirmar una reserva | to confirm a reservation |
| cruzar | to cross |
| dar la bienvenida | to welcome |
| dar la vuelta | to turn |
| dar la vuelta al mundo | to go around the world |
| darse un baño | to take a bath |
| dejar | to leave something |
| dejar la habitación | to check out of the room |
| deshacer la maleta | to unpack one's suitcase |
| escalar | to climb |
| estar en ruta | to be en route |
| estar retrasado | to be delayed |
| extraviar el equipaje | to misplace luggage |
| facturarse | to be billed/check in |
| firmar | to sign |
| girar | to turn |
| hacer efectivo | to cash a check |
| hacer esquí acuático | to water ski |
| hacer la cama | to make a bed |
| hacer la maleta | to pack one's suitcase |
| hacer surf | to go surfing |
| hacer una reclamación | to make a complaint |
| hacer una reserva | to make a reservation |
| ida sólo/a | one way only |
| limpiar la habitación | to clean a room |
| llegar a | to arrive at |
| llevar | to carry/take |
| nadar | to swim |
| navegar | to sail |
| pagar | to pay |
| parar | to stop |

| | |
|---|---|
| pasear por la orilla | to walk along the shore |
| pedir ayuda | to ask for assistance |
| pedir información | to inquire |
| perder | to miss (train, bus, or flight) |
| pescar | to fish |
| poner una reclamación | to make a complaint |
| preguntar | to inquire |
| quedarse | to stay |
| quejarse | to complain |
| recorrer | to travel/tour |
| reducir la velocidad | to slow down |
| registrarse | to check in |
| regresar | to return |
| rellenar un formulario | to fill out a form |
| reservar | to book/reserve a room |
| retirarse | to check out |
| salir | to depart |
| salir de | to leave/depart from a place |
| salir para | to leave/depart for a place |
| tener retraso | to be delayed |
| tener vistas | to have a view |
| tomar el sol | to sunbathe |
| viajar | to travel |
| volver | to return |

## Frases

¿Hay algún salvavidas?
¿Es seguro para los niños nadar aquí?
¿Podemos nadar aquí?
¿Hay una corriente fuerte?

Echarme crema en la espalda.
Te has quemado.
Me voy a dar un baño.

## Phrases

Are there any lifeboats?

Is it safe for kids to swim here?
May we swim here?
Is there a strong current?
Can you put cream on my back?
You got burned.
I'm going for a swim.

El agua está buena.

The water is nice.

El agua está muy fría.

The water is very cold.

El agua está templada.

The water is warm.

Hace mucho viento.

It's very windy.

Me ha picado una medusa.

I got stung by a jellyfish.

¿Puede recomendarme un hotel barato?

Can you recommend a cheap hotel?

¿Cuánto cuesta la noche?

How much does it cost per night?

¿Cuánto cuesta por semana?

How much does it cost per week?

¿Hay algo más barato?

Is there anything cheaper?

¿Tiene habitaciones libres?

Do you have any rooms available?

Quería una habitación individual.

I would like a single room.

Puedo ver la habitación?

May I see the room?

No hay agua caliente.

There is no hot water

No me gusta esta habitación, es muy pequeña.

I don't like this room, it's very small.

¿Están las comidas incluidas?

Are the meals included?

¿Es pensión completa o solo desayuno?

Is it full board or just breakfast?

No molestar.

Do not disturb.

Bienvenido/a!

Welcome!

# Quiz - Chapter VIII
# Travel, Tourism & Holidays

| | | | |
|---|---|---|---|
| 1. gratis | A. | aquarium |
| 2. útil | B. | blanket |
| 3. la luna de miel | C. | bridge |
| 4. perdido | D. | flip flops |
| 5. el billete de ida y vuelta | E. | free |
| 6. escalar | F. | helpful |
| 7. el acuario | G. | honeymoon |
| 8. el puente | H. | lost |
| 9. la torre | I. | noisy |
| 10. las sabanas | J. | parking lot |
| 11. la manta | K. | receipt |
| 12. volver | L. | round trip ticket |
| 13. ruidoso | M. | sand |
| 14. el estacionamiento | N. | sheets (bed) |
| 15. el recibo | O. | shore |
| 16. las chancletas | P. | to climb |
| 17. la arena | Q. | to dive |
| 18. la orilla | R. | to return |
| 19. la ola | S. | tower |
| 20. bucear | T. | wave |

21. Debo ir al _____ porque me torcí el tobillo.
a. maletín                           c. el flotador
b. temprano                          d. puesto de socorro

22. El _____ de Airbnb destruyó el nuevo apartamento.
a. anuncio                           c. asequible
b. crédito                           d. huésped

23. La _____ solía estar llena de visitantes los fines de semana.
a. posada                            c. algas
b. el trasbordo                      d. aniversario

24. ¿Cuál es el _____ del tour de avistamiento de ballenas?
a. callejón                          c. horario
b. Países Bajos                      d. cumpleaños

25. No olvides abrocharte el _____ de seguridad.
a. cinturón                          c. el anfiteatro
b. bandera de la playa               d. la capilla

26. La _____ del barco era estimulante.
a. pagar                             c. sur
b. velocidad                         d. Navidad

27. La _____ estaba encerrada en vidrio, enorme y lujosa.
a. Suiza                             c. ducha
b. miércoles de ceniza               d. voleibol

28. Asegúrate de lavar la arena de tu _____ antes de empacarla.
a. puente                            c. tarifa
b.  salida                           d. toalla de playa

29. La aerolínea perdió mis _____.
a. piedra                            c. agua salada
b. maletas                           d. debajo de

30. El complejo de lujo era _____, pero todo lo demás era barato.
a. costoso                           c. badén
b. la calle de dirección única       d. la quemadura de sol

# Answer Key

1. E
2. F
3. G
4. H
5. L
6. P
7. A
8. C
9. S
10. N
11. B
12. R
13. I
14. J
15. K
16. D
17. M
18. O
19. T
20. Q
21. D
22. D
23. A
24. C
25. A
26. B
27. C
28. D
29. B
30. A

# Chapter IX
# Nature & Camping

## Naturaleza / Nature

| Naturaleza | Nature |
|---|---|
| el aire | air |
| el animal | animal |
| el archipiélago | archipelago |
| el área | area |
| la zona | area |
| el paisaje árido | arid landscape |
| la bahía | bay |
| la playa | beach |
| el pájaro | bird |
| el ave | bird |
| la frontera | border |
| el fondo | bottom |
| el ramo de flores | bouquet of flowers |
| la rama | branch |
| el matorral | brush |
| el arbusto | bush |
| el cañón | canyon |
| el cabo | cape |
| la ciudad | city |
| limpio | clean |
| el acantilado | cliff |
| el precipicio | cliff |
| la costa | coast |
| el litoral | coastline |
| el cometa | comet |
| el continente | continent |
| el soto | copse/thicket |
| los corales | corals |
| el país | country |

| | |
|---|---|
| el campesino | country person/farmer |
| la carretera secundaria | country road |
| el caminito | country road |
| el campo | countryside |
| la riachuelo | creek |
| el arroyo | creek/stream |
| peligroso | dangerous |
| profundo | deep |
| el delta | delta |
| el desierto | desert |
| la duna | dune |
| el polvo | dust |
| la tierra | earth |
| el terremoto | earthquake |
| el ecuador | equator |
| ecuatorial | equatorial |
| la erupción | eruption |
| la escarpa | escarpment |
| el estuario | estuary |
| la excursión | excursion |
| la granja | farm |
| el granjero | farmer |
| las tierras de labranza | farmland |
| le hembra | female |
| el campo | field |
| el fuego | fire |
| el incendio | fire |
| el fiordo | fjord |
| la llama | flame |
| llano | flat |
| plano | flat |
| el rebaño | flock |
| la flor | flower |
| el pie de una montaña | foot of a mountain |
| las estribaciones | foothills |
| el bosque | forest/woodland |

| | |
|---|---|
| el agua dulce | freshwater |
| el agua limpia | freshwater |
| el fruto | fruit |
| la luna llena | full moon |
| geográfico | geographical |
| el géiser | geyser |
| el glaciar | glacier |
| el globo terráqueo | globe |
| el globo terrestre | globe |
| la hierba | grass |
| el bosquecillo | grove |
| media luna | half moon |
| la aldea | hamlet |
| el puerto | harbor |
| perjudicial | harmful |
| saludable | healthy/beneficial |
| el hemisferio | hemisphere |
| alto | high/tall |
| elevado | high/tall |
| la colina | hill |
| la loma | hill |
| el cazador | hunter |
| la inclinación | incline/gradient/slope |
| la pendiente | incline/gradient/slope |
| el/la habitante | inhabitant |
| el insecto | insect |
| internacional | international |
| la isla | island |
| la selva | jungle |
| la jungla | jungle |
| la laguna | lagoon |
| el lago | lake |
| la tierra | land |
| el paisaje | landscape |
| la lava | lava |
| la hoja | leaf |

| | |
|---|---|
| frondoso | leafy |
| el relámpago | lightning |
| el ganado | livestock |
| la ubicación | location |
| bajo | low |
| el macho | male |
| el mapa | map |
| el pantano | marsh/bog |
| la ciénaga | marsh/bog |
| pantanoso | marshy |
| el meridiano | meridian |
| la montaña | mountain |
| el monte | mountain |
| la cordillera | mountain range |
| la sierra | mountain range |
| montañoso | mountainous |
| la ladera | mountainside/slope |
| la desembocadura | mouth/estuary |
| el barro | mud |
| el parque nacional | national park |
| la naturaleza | nature |
| el nido | nest |
| el polo Norte | North pole |
| el oasis | oasis |
| el océano | ocean |
| el fondo del mar | ocean floor |
| el sendero | path |
| tranquilo | peaceful |
| el pico | peak |
| la península | peninsula |
| el corral | peninsula |
| la planta | plant |
| la meseta | plateau |
| el altiplano | plateau |
| venenoso | poisonous |
| la posición | position |

| | |
|---|---|
| la provincia | province |
| la selva tropical | rain forest |
| el arrecife | reef |
| la región | region |
| regional | regional |
| la cresta | ridge |
| el río | river |
| la orilla del río | river shore |
| la ribera del río | riverbank |
| el cauce | riverbed |
| el lecho del río | riverbed |
| la roca | rock |
| la charca entre rocas | rock pool |
| la raíz | root |
| la marisma | salt marsh |
| el agua salada | salt water |
| la arena | sand |
| el mar | sea |
| la orilla del mar | sea shore |
| el agua de mar | sea water |
| el borde del mar | seaside |
| el alga | seaweed |
| la semilla | seed |
| poco profundo | shallow |
| el pastor | shepherd |
| la estrella fugaz | shooting star |
| la orilla | shore |
| el nacimiento de un río | source of a river |
| el polo Sur | South pole |
| el manantial | spring |
| la fuente | spring |
| el establo | stall |
| la estrella | star |
| escarpado | steep |
| empinado | steep |
| la estepa | steppe |

| | |
|---|---|
| la piedra | stone |
| el temporal | storm |
| la corriente | stream |
| la cima | summit/peak |
| la cumbre | summit/peak |
| la superficie | surface |
| el pantano | swamp |
| el territorio | territory |
| el trueno | thunder |
| la marea | tide |
| el árbol | tree |
| los trópicos | tropics |
| el tronco | trunk |
| la tundra | tundra |
| el valle | valley |
| la vegetación | vegetation |
| la vista | view/scenery |
| el volcán | volcano |
| la cascada | waterfall |
| la catarata | waterfall |
| el salto de agua | waterfall |
| la seta | wild mushroom |
| la región boscosa | woodland |
| el zenit | zenith |
| la zona | zone |

## Cámping / Camping

| | |
|---|---|
| el colchón inflable | air mattress |
| solo | alone |
| las comodidades | amenities |
| la hormiga | ant |
| la crema antihistamínica | antihistamine cream |
| la llegada | arrival |
| la barbacoa | barbecue |

| | |
|---|---|
| la pila | battery |
| la cámara | camera |
| el/la campista | camper |
| el camping | camping |
| la zona de camping | campsite |
| la canoa | canoe |
| el viaje en canoa | canoeing |
| limpio | clean |
| el clima | climate |
| cerrado | closed |
| el confort | comfort |
| la comodidad | comfort |
| confortable | comfortable |
| cómodo | comfortable |
| congestionado | congested |
| el costo | cost |
| el precio | cost |
| el campo | countryside |
| el ciclismo | cycling |
| dañado | damaged |
| sucio | dirty |
| la desventaja | disadvantage |
| desorganizado | disorganized |
| el agua potable | drinking water |
| la extensión | extension cord |
| el fuego | fire (in a fireplace) |
| el incendio | fire (out of control) |
| la pesca | fishing |
| la linterna | flashlight |
| la silla plegable | folding chair |
| la mesa plegable | folding table |
| gratis | free |
| lleno | full |
| completo | full |
| el grupo | group |
| el viaje en grupo | group travel |

| | |
|---|---|
| el/la guía | guide |
| la guía | guidebook |
| el viaje con guía | guided tour |
| la visita con guía | guided tour |
| la luna de miel | honeymoon |
| la caza | hunting |
| el viaje | journey |
| la mochila | knapsack |
| la tierra | land |
| el paisaje | landscape |
| el mapa | map |
| el botiquín | medicine kit |
| templado | mild weather |
| el dinero | money |
| el mosquito | mosquito |
| la picadura de mosquito | mosquito bite |
| la red contra los mosquitos | mosquito net |
| el mosquitero | mosquito net |
| el montañismo | mountain climbing |
| abierto | open |
| organizado | organized |
| portátil | portable |
| la escalada en rocas | rock climbing |
| en ruinas | ruined |
| la navegación | sailing |
| el mar | sea |
| el paisaje marino | seascape |
| el punto de veraneo en la playa | seaside resort |
| de autoservicio | self service |
| las compras | shopping |
| el espectáculo | show |
| la vista | sight/view |
| el excursionismo | sightseeing |
| el saco de dormir | sleeping bag |
| las llaves de repuesto | spare keys |

| | |
|---|---|
| estropeado | spoiled |
| el sol | sun |
| soleado | sunny |
| bronceado | tan |
| la tienda de campaña | tent |
| la estancia | the stay (in a hotel, etc.) |
| la antorcha | torch |
| la gira | tour |
| la excursión | tour |
| el turismo | tourism |
| el/la turista | tourist |
| la oficina de turismo | tourist office |
| el pueblo | town |
| el viaje | trip |
| las vacaciones | vacation |
| las horas de visita | visiting hours |
| el/la visitante | visitor |
| la botella de agua | water bottle |
| el filtro de agua | water filter |
| bienvenida | welcome |
| el pozo | well (water) |
| la cata de vinos | wine tasting |
| la fogata | wood fire/bonfire |
| vista recomendada | worth seeing |

## Verbos / Verbs

| | |
|---|---|
| acampar | to camp |
| arder | to burn |
| broncearse | to tan |
| caer un chaparrón | to take a shower |
| cazar | to hunt |
| cuidar | to care for |
| desembocar | to flow |
| deshacer una maleta | to unpack |

| | |
|---|---|
| granizar | to hail |
| hacer una maleta | to pack a suitcase |
| helar | to freeze |
| ir de excursión | to hike/go on an excursion |
| ir de vacaciones | to go on vacation |
| montar a caballo | to ride a horse |
| morder | to bite |
| nacer | to begin |
| organizar | to organize |
| pasar tiempo | to spend time |
| picar | to bite |
| plantar | to plant |
| poner una tienda de campaña | to pitch a tent |
| el atardecer | sunset |
| quedarse | to stay (in a hotel, etc.) |
| quitar la tienda de campaña | to take down a tent |
| el amanecer | sunrise |
| sembrar | to sow |
| soplar | to blow (the wind) |
| tomar el sol | to sunbathe |
| armar | to assemble/put together |
| caminar | to walk |

## Frases

¿Quieres ir a acampar el fin de semana?

Yo llevaré mi saco de dormir. Podemos ir a caminar por el sendero.
Ten cuidado porque hay plantas venenosas.
¿Quieres ir a la colina a ver el amanecer?
Creo que hay muchos mosquitos aquí.

## Phrases

Do you want to go camping for the weekend?

I will take my sleeping bag.

We can go for a walk on the path.
Be careful because there are poisonous plants.
Do you want to go to the hill to see the sunrise?
I think there are a lot of mosquitoes here.

Me gusta visitar el campo los fines de semana.

I like to visit the countryside on weekends.

Voy al arrecife a ver corales de colores.

I go to the reef to see colored corals.

El viaje en canoa fue estupendo.

The canoe trip was great.

Quiero ir a la laguna y ver el atardecer.

I want to go to the lagoon and watch the sunset.

¡Hagamos una fogata en la playa!

Let's build a bonfire on the beach.

¡Me encanta montar a caballo!

I love to go horseback riding!

El pronóstico del tiempo dice que va a llover.

The weather forecast says it´s going to rain.

Es mejor llevar botiquín para acampar.

It's better to carry a medicine kit for camping.

Me encanta ir a pescar al río.

I love to go fishing in the river.

Voy a empacar mi maleta.

I´m going to pack my suitcase.

Quiero ir a la playa para mi luna de miel.

I want to go to the beach for my honeymoon.

No olvides llevar un mosquitero.

Do not forget to bring a mosquito net.

Llevaré a el paseo mi cámara.

I will take my camera on the walk.

¡No te pierdas en el bosque!

Don't get lost in the forest!

El viaje a la isla me hace muy felíz.

The trip to the island makes me happy.

Caminamos hasta la cima de la montaña.

We walked to the top of the mountain.

La navegación puede ser muy difícil a veces.

Navigation can be very difficult at times.

El pueblo es un buen lugar para los turistas.

The town is a good place for tourists.

¿Te gustaría ir a la cata de vinos el viernes?

Would you like to go wine tasting on friday?

# Quiz - Chapter IX
# Nature & Camping

| | | | |
|---|---|---|---|
| 1. el arroyo | A. | bay |
| 2. el bosque | B. | coast |
| 3. el campo | C. | countryside |
| 4. el cazador | D. | creek/stream |
| 5. el incendio | E. | deep |
| 6. el lago | F. | earthquake |
| 7. el paisaje | G. | farm |
| 8. el terremoto | H. | fire |
| 9. la arena | I. | forest |
| 10. la bahía | J. | full moon |
| 11. la cima | K. | hill |
| 12. la costa | L. | hunter |
| 13. la granja | M. | jungle |
| 14. la loma | N. | lake |
| 15. la luna llena | O. | landscape |
| 16. la naturaleza | P. | nature |
| 17. la orilla del mar | Q. | peaceful |
| 18. la selva | R. | sand |
| 19. profundo | S. | sea shore |
| 20. tranquilo | T. | summit/peak |

21. La _____ es el mejor lugar para nadar.
a. zona
c. cascada
b. ave
d. frontera

22. Disfruto comer _____ los fines de semana con mis amigos.
a. barbacoa
c. rama
b. fondo
d. matorral

23. La cámara no funciona. Tal vez la _____ se descargó.
a. campo
c. puerto
b. pila
d. aldea

24. No tener un equipo adecuado es una _____ para acampar.
a. delta
c. duna
b. excursión
d. desventaja

25. Debes traer _____ para poder salir a caminar en la noche.
a. tierra
c. linterna
b. profundo
d. loma

26. Revisa las fechas de las medicinas del _____ para actualizarlo.
a. impermeable
c. el lazo
b. botiquín
d. la cinta

27. No debes olvidar el repelente para la _____.
a. montaña
c. pantano
b. mapa
d. picadura de mosquito

28. Hoy es un día _____ perfecto para caminar al aire libre.
a. orilla
c. establo
b. estrella
d. soleado

29. Ella tiene un hermoso _____ en su piel.
a. pozo
c. zona
b. bronceado
d. volcán

30. Debo _____ porque mañana viajo al pueblo.
a. colina
c. pesca
b. montar a caballo
d. hacer una maleta

# Answer Key

1. D
2. I
3. C
4. L
5. H
6. N
7. O
8. F
9. R
10. A
11. T
12. B
13. G
14. K
15. J
16. P
17. S
18. M
19. E
20. Q
21. C
22. A
23. B
24. D
25. C
26. B
27. D
28. D
29. B
30. D

# Chapter X
# Animals

## Animales Terrestres

## Land Animals

| | |
|---|---|
| el antílope | antelope |
| el castor | beaver |
| el bisonte | bison |
| el jabalí | boar |
| el búfalo | buffalo |
| el toro | bull |
| el camello | camel |
| el chimpancé | chimpanzee |
| la vaca | cow |
| el ciervo | deer |
| el venado | deer |
| el elefante | elephant |
| el/la hurón | ferret |
| el potro | foal |
| el/la gerbo | gerbil |
| la jirafa | giraffe |
| la cabra | goat |
| el pez de colores | goldfish |
| el ganso | goose |
| el geomis | gopher |
| el gorila | gorilla |
| el oso gris | grizzly bear |
| el conejillo de indias | guinea pig |
| el cobaya | guinea pig |
| el hámster | hamster |
| el erizo | hedgehog |
| el caballo | horse |

| | |
|---|---|
| la hiena | hyena |
| el canguro | kangaroo |
| el cordero | lamb |
| el león | lion |
| la yegua | mare |
| el mono | monkey |
| el ratón | mouse |
| el buey | ox |
| el panda | panda |
| la pantera | panther |
| el cerdo | pig |
| el cerdito | piglet |
| el cochinillo | piglet |
| el oso polar | polar bear |
| el poni | pony |
| el conejo | rabbit |
| el mapache | racoon |
| la rata | rat |
| el rinoceronte | rhinoceros |
| la oveja | sheep |
| la mofeta | skunk |
| el perezoso | sloth |
| la ardilla | squirrel |
| el tigre | tiger |
| el pavo | turkey |
| el lobo | wolf |
| la cebra | zebra |

## Los Pájaros — Birds

| | |
|---|---|
| el murciélago | bat |
| el pájaro | bird |
| el pollo | chicken |
| la grúa | crane |

| | |
|---|---|
| grulla | crane |
| la paloma | dove |
| el pato | duck |
| el águila | eagle |
| el halcón | falcon |
| la gallina | hen |
| el colibrí | hummingbird |
| el ruiseñor | nightingale |
| el avestruz | ostrich |
| el búho | owl |
| el loro | parrot |
| el pavo real | peacock |
| el pelícano | pelican |
| el pingüino | penguin |
| el faisán | pheasant |
| el cuervo | raven |
| el gallo | rooster |
| la gaviota | seagull |
| el gorrión | sparrow |
| la golondrina | swallow |

## Los Reptiles / Reptiles

| | |
|---|---|
| el caimán | alligator |
| la anaconda | anaconda |
| la boa constrictor | boa constrictor |
| el camaleón | chameleon |
| la cobra | cobra |
| la cabeza de cobre | copperhead |
| el cocodrilo | crocodile |
| la serpiente de liga | garter snake |
| el geco | gecko |
| el monstruo de gila | gila monster |
| la iguana | iguana |

| | |
|---|---|
| el dragón de komodo | komodo dragon |
| el lagarto | lizard |
| la tortuga pintada | painted turtle |
| la serpiente de cascabel | rattlesnake |
| la tortuga marina | sea turtle |
| la serpiente | snake |
| la culebra | snake |
| la tortuga mordedora | snapping turtle |
| la tortuga | turtle/tortoise |
| la víbora | viper |
| el mocasín de agua | water moccasin |

## Animales Acuáticos    Water Animals

| | |
|---|---|
| la ballena barbada | baleen whale |
| la ballena azul | blue whale |
| las almejas | clams |
| el pez payaso | clown fish |
| el cangrejo | crab |
| el delfín | dolphin |
| la anguila | eel |
| la anguila eléctrica | electric eel |
| el pez | fish |
| la rana | frog |
| el tiburón martillo | hammerhead shark |
| el hipopótamo | hippopotamus |
| la ballena jorobada | humpback whale |
| la medusa | jellyfish |
| la ballena asesina | killer whale |
| la orca | killer whale |
| el manatí | manatee |
| el pulpo | octopus |
| la nutria | otter |
| la ostra | oyster |

| | |
|---|---|
| el pingüino | penguin |
| el salmón | salmon |
| animales marinos | sea animals |
| el caballito de mar | sea horse |
| la raya | sea ray |
| los caracoles | sea snails |
| la serpiente marina | sea snake |
| la tortuga marina | sea turtle |
| la foca | seal |
| el tiburón | shark |
| los camarones | shrimp |
| el caracol | snail |
| el calamar | squid |
| la estrella de mar | starfish |
| el renacuajo | tadpole |
| el tiburón tigre | tiger shark |
| el sapo | toad |
| la trucha | trout |
| la ballena | whale |
| el tiburón blanco | white shark |

## Los Bichos y Insectos

## Bugs & Insects

| | |
|---|---|
| la hormiga | ant |
| el chinche | bedbug |
| la abeja | bee |
| el escarabajo | beetle |
| la viuda negra | black widow |
| el recluto pardo | brown recluse |
| la mariposa | butterfly |
| la oruga | caterpillar |
| la cucaracha | cockroach |
| el grillo | cricket |
| la araña patuda | daddy long legs |

| | |
|---|---|
| la libélula | dragonfly |
| la pulga | flea |
| la mosca | fly |
| la araña de jardín | garden spider |
| el saltamontes | grasshopper |
| la mariquita | ladybug |
| la langosta | locust |
| el ácaro | mite |
| el mosquito | mosquito |
| la polilla | moth |
| la abeja reina | queen bee |
| el escorpión | scorpion |
| el alacrán | scorpion |
| la araña | spider |
| la tarántula | tarantula |
| la termita | termite |
| la garrapata | tick |
| la avispa | wasp |
| la araña acuática | water spider |
| la araña lobo | wolf spider |
| el gusano | worm |
| lombriz | worm |

## Partes de los Animales    Animal Parts

| | |
|---|---|
| las antenas | antennas |
| el pico | beak |
| la panza | belly |
| el pecho | chest |
| las garras | claws |
| las orejas | ears |
| los ojos | eyes |
| los colmillos | fangs |
| las plumas | feathers |

| | |
|---|---|
| las aletas | fins |
| el pelo | fur/hair |
| las agallas | guts |
| el lomo | loin |
| los pulmones | lungs |
| la nariz | nose |
| la huella | paw print |
| las patas | paws |
| el pico | peak |
| la piel | skin |
| el hocico | snout |
| la cola | tail |
| el rabo | tail |
| la lengua | tongue |
| la trompa | trunk |
| los bigotes | whiskers |
| las alas | wings |

## Las Mascotas — Pets

| | |
|---|---|
| el akita | akita |
| el gato callejero | alley cat |
| el perro ganadero australiano | australian cattle dog |
| el ladrido | bark |
| el sabueso basset | basset hound |
| el beagle | beagle |
| el pájaro | bird |
| el sabueso | bloodhound |
| el boxeador | boxer |
| la raza | breed |
| el bulldog | bulldog |
| el bullmastiff | bullmastiff |
| el calicó | calico |
| el canario | canary |
| el gato | cat |

| | |
|---|---|
| el chihuahua | chihuahua |
| el collie | collie |
| el corgi | corgi |
| el perro salchicha | dachshund |
| el dálmata | dalmatian |
| el dóberman pinscher | doberman pinscher |
| el perro | dog |
| felino | feline |
| el hurón | ferret |
| el pez | fish |
| el geco | gecko |
| el pastor alemán | german shepherd |
| el golden retriever | golden retriever |
| el gran danés | great dane |
| el galgo | greyhound |
| el hámster | hamster |
| el erizo | hedgehog |
| el husky | husky |
| el gatito | kitten |
| el labrador retriever | labrador retriever |
| el lagarto | lizard |
| la lagartija | lizard |
| el mastín | mastiff |
| el chucho | mutt |
| el loro | parrot |
| el pit bull | pit bull |
| el perro policía | police dog |
| el caniche | poodle |
| el barro amasado | pug |
| el/la cachorro/a | puppy |
| el de pura raza | purebred |
| el conejo | rabbit |
| el perro de rescate | rescue dog |
| el rottweiler | rottweiler |
| el san bernardo | saint bernard |
| el perro de búsqueda y rescate | search and rescue dog |

| | |
|---|---|
| el perro pastor | sheepdog |
| la serpiente | snake |
| la araña | spider |
| la tortuga | turtle |
| el weimaraner | weimaraner |
| el perro de trabajo | working dog |

## Artículos para Mascotas    Pet Items

| | |
|---|---|
| la pelota | ball |
| la cama | bed |
| el tazón | bowl |
| la jaula | cage |
| el collar | collar |
| huesa para un perro | dog bone |
| peluquero canino | dog groomer |
| el parque para perros | dog park |
| la comida | food |
| la placa de identificación | ID tag |
| la perrera | kennel |
| la correa | leash/lead |
| el microchip | microchip |
| el dueño | pet owner |
| la tienda de animales | pet shop |
| la tienda de mascotas | pet store |
| el tanque | tank |
| el premio | treat |
| las golosinas | treats |

## Adjetivos de Mascotas    Pet Adjectives

| | |
|---|---|
| adorable | adorable |
| alérgico | allergic |
| hermosa | beautiful |
| la raza | breed |

| | |
|---|---|
| inteligente | clever |
| exótico | exotic |
| fiel | faithful |
| rápido | fast |
| amigable | friendly |
| gracioso | funny |
| divertido | funny |
| cariñoso | loving |
| ruidoso | noisy |
| juguetón | playful |
| silencioso | quiet |
| repulsivo | repulsive |
| triste | sad |
| tímido | shy |
| lento | slow |
| pequeño | small |
| inteligente | smart |
| raro | weird |
| tierno | tender |
| desordenado | messy |
| baboso | slobbery |
| peludo | hairy |

## La Veterinaria

## The Veterinarian

| | |
|---|---|
| la cita | appointment |
| la artritis | arthritis |
| el cáncer | cancer |
| las cataratas | cataracts |
| la consulta | consult |
| la diarrea | diarrhea |
| la enfermedad | disease/illness |
| la infección de oído | ear infection |
| las pulgas | fleas |
| la pérdida de pelaje | fur loss |

| | |
|---|---|
| la enfermedad del gusano del corazón | heartworms |
| la visita a domicilio | home visit |
| la tos de las perreras | kennel cough |
| la obesidad | obesity |
| el parásito | parasite |
| la patología | pathology |
| el/la paciente | patient |
| la receta | prescription |
| la rabia | rabies |
| la recepción | reception area |
| el/la recepcionista | receptionist |
| los estornudos | sneezing |
| los síntomas | symptoms |
| las tenias | tapeworms |
| los gusanos | tapeworms |
| el comportamiento del animal | the animal's behavior |
| la vacuna | vaccine |
| la clínica del veterinario | vet clinic |
| el/la veterinario/a | veterinarian |
| los vómitos | vomiting |

## Verbos / Verbs

| | |
|---|---|
| acariciar | to pet |
| acicalarse | to groom |
| alimentar | to feed |
| buscar | to fetch |
| cambiar la jaula | to change the cage |
| caminar | to walk |
| cepillar | to brush |
| correr | to run |
| cuidar de | to take care of |
| dar agua | to give water |
| dejar entrar | to let in |
| dejar salir | to let out |

| | |
|---|---|
| deslizar | to slither |
| entrenar | to train |
| gatear | to crawl |
| ir al veterinario | to go to the vet |
| jugar | to play |
| ladrar | to bark |
| limpiar después | to clean up after |
| menear | to wag |
| morder | to bite |
| mover | to wag |
| nadar | to swim |
| pasear | to walk |
| piar | to chirp |
| saltar | to hop |

## Frases

Conozco a una chica que tiene una araña.

¿Tienes alguna mascota?

Mi pastor alemán es muy listo.

¿Cuándo vas a ir al vet?
¿Cuánto sacas a tu perro a caminar?

¿Cuánto come tu perro?
¿Qué clase de comida come tu gato?

Soy alérgico al pelo de gato.
Deberíamos denunciarlo por maltrato animal.
He tenido mascotas desde que soy un niño.

Cuidado con el perro.
Me gustan los animales pero no tengo mascotas
No puedo tener mascotas porque vivo sola.

## Phrases

I know a girl who has a spider.

Do you have a pet?
My german shepherd is very smart.

When will you go to the vet?
How often do you walk your dog?

How much does your dog eat?
What kind of food does your cat eat?

I'm allergic to cat hair.
We should report him for animal abuse.
I have had pets since I was a child.

Beware of the dog.
I like animals but I don't have any pets.
I can't have pets because I live alone.

¿Cuántos gatos tienes?

How many cats do you have?

El perro tiene mal aliento.

The dog has bad breath.

Estoy muy triste porque mi perro murió.

I´m very sad because my dog passed away.

Soy vegetariana porque amo los animales.

I am vegetarian because I love animals.

¿Tu perro está vacunado?

Is your dog vaccinated?

Tu perro es hermoso. ¿Puedo acariciarlo?

Your dog is beautiful. May I pet him?

Debes recoger la caca de tu perro.

You must pick up your dog's poop.

Esa raza de perro está prohibida aquí?

Is that breed of dog prohibited here?

No me gustan los zoológicos.

I don't like the Zoo.

Mi animal preferido es el león.

My favorite animal is the lion.

¿Te gustaría ir a un safari a África?

Would you like to go on a safari in Africa?

Tengo fobia a los insectos.

I have a phobia of insects.

# Quiz - Chapter X
# Animals

| | | | |
|---|---|---|---|
| 1. el castor | A. | bat |
| 2. el toro | B. | beaver |
| 3. el venado | C. | bull |
| 4. el pato | D. | crocodile |
| 5. la cabra | E. | deer |
| 6. el erizo | F. | duck |
| 7. el cordero | G. | eagle |
| 8. el lagarto | H. | goat |
| 9. el buey | I. | hedgehog |
| 10. el cochinillo | J. | lamb |
| 11. el mapache | K. | lizard |
| 12. la foca | L. | owl |
| 13. la oveja | M. | ox |
| 14. la ardilla | N. | piglet |
| 15. el lobo | O. | racoon |
| 16. el murciélago | P. | seagull |
| 17. el águila | Q. | seal |
| 18. el búho | R. | sheep |
| 19. la gaviota | S. | squirrel |
| 20. el cocodrilo | T. | wolf |

21. Las _____ son transparentes.
a. medusas                          c. gato
b. búfalo                           d. toro

22. Los _____ expulsan tinta para esconderse del peligro.
a. conejos                          c. pulpos
b. pony                             d. cochinillos

23. Ella disfruta ver a las _____ nadar.
a. lagarto                          c. mosca
b. abeja                            d. nutrias

24. Las _____ tienen un aguijón que usan para protegerse.
a. pájaros                          c. rayas
b. paloma                           d. águilas

25. No es seguro nadar en el mar por los _____.
a. golondrinas                      c. tiburones
b. loros                            d. arañas

26. Las _____ son los animales más trabajadores del reino animal.
a. tortugas                         c. hormigas
b. serpientes                       d. patos

27. Me encanta la miel de las _____.
a. gecos                            c. caimán
b. camaleón                         d. abejas

28. Los colores más bellos que he visto son de las _____ .
a. mofetas                          c. ovejas
b. mariposas                        d. focas

29. En los lugares sucios es común ver _____ .
a. ardillas                         c. moscas
b. tigres                           d. sapos

30. El niño tiene fobia a las _____ .
a. arañas                           c. gallo
b. paloma                           d. colibrí

# Answer Key

1. B
2. C
3. E
4. F
5. H
6. I
7. J
8. K
9. M
10. N
11. O
12. Q
13. R
14. S
15. T
16. A
17. G
18. L
19. P
20. D
21. A
22. C
23. D
24. C
25. C
26. C
27. D
28. B
29. C
30. A

# Chapter XI
# Transportation

## Los Medios de Transportación / Modes of Transportation

| Los Medios de Transportación | Modes of Transportation |
| --- | --- |
| el avión | airplane |
| la bicicleta | bicycle |
| el barco | boat |
| el autobús | bus |
| a pie | by foot |
| el auto | car |
| el coche | car |
| el carro | car |
| el coche de la empresa | company car |
| el ferry | ferry |
| la limusina | limousine |
| la motocicleta | motorcycle |
| la moto | motorcycle |
| carro alquilado | rental car |
| la vespa | scooter |
| el buque | ship |
| el patinador | skateboard |
| la nave espacial | spaceship |
| el metro | subway |
| el taxi | taxi |
| el tren | train |
| el tranvía | trolly/tram |
| el yate | yacht |

## Transporte General / General Transportation

| Transporte General | General Transportation |
| --- | --- |
| la mochila | backpack |
| el equipaje | baggage/luggage |

| | |
|---|---|
| el embarque | boarding |
| el maletín | briefcase |
| el destino | destination |
| el desembarque | disembarking |
| la distancia | distance |
| el kilómetro | kilometer |
| el metro | meter |
| el documento nacional de identidad | national ID card |
| la ida | outbound journey/one way |
| el pasaporte | passport |
| el peatón | pedestrian |
| el paso de peatones | pedestrian crossing |
| la reserva | reservation |
| la vuelta | return journey/return ticket |
| el horario | schedule/timetable |
| la acera | sidewalk |
| la calle | street directory |
| la maleta | suitcase |
| la valija | suitcase |
| el billete | ticket |
| el boleto | ticket |
| la agencia de viajes | travel agency |
| el viajero | traveller |
| el visado | visa |
| la visa | visa |

## Viajar por Avión — Air Travel

| | |
|---|---|
| aircraft | aeronave |
| la aerolínea | airline |
| la compañía aérea | airline company |
| la ventana de la línea aérea | airline counter |
| el avión | airplane/aircraft |
| el aeropuerto | airport |
| el pasillo | aisle |

| | |
|---|---|
| el asiento junto al pasillo | aisle seat |
| la llegada | arrival |
| el equipaje | baggage |
| las maletas | baggage |
| la cinta de equipaje | baggage carousel |
| la puerta de embarque | boarding gate |
| la tarjeta de embarque | boarding pass |
| el registro personal | body search |
| la requisa | body search |
| la clase de ejecutivo | business class |
| por avión | by air |
| la cabina | cabin |
| el vuelo cancelado | canceled flight |
| la cancelación | cancellation |
| cancelado | cancelled |
| el vuelo chárter | charter flight |
| el mostrador de facturación | check in desk |
| cerrado | closed |
| la clase económica | coach class |
| la cabina de mando | cockpit |
| la torre de control | control tower |
| el/la copiloto/a | copilot |
| la tripulación | crew |
| la aduana | customs |
| el retraso | delay |
| retrasado | delayed |
| la salida | departure |
| el panel de información | departures board |
| el vuelo directo | direct flight |
| el vuelo interior | domestic flight |
| el vuelo interno | domestic flight |
| durante el aterrizaje | during landing |
| durante el despegue | during takeoff |
| durante el vuelo | during the flight |
| los productos libres de impuestos | duty free goods |

| | |
|---|---|
| la salida de emergencia | emergency exit |
| el aterrizaje de emergencia | emergency landing |
| el sobrepeso | excess baggage |
| el exceso de equipaje | excess baggage |
| el vuelo | flight |
| el/la asistente de vuelo | flight attendant |
| el/la auxiliar de vuelo | flight attendant |
| la azafata | flight attendant |
| el número de vuelo | flight number |
| la aviación | flying |
| el fuselaje | fuselage |
| la puerta | gate |
| el equipaje de mano | hand luggage |
| los auriculares | headphones |
| el/la secuestrador/a | hijacker |
| el/la inmigrante | immigrant |
| las normas de inmigración | immigration rules |
| el mostrador de información | information desk |
| las instrucciones | instructions |
| el aterrizaje | landing |
| las luces de aterrizaje | landing lights |
| la última llamada | last call |
| la parada | layover |
| la escala | layover |
| el chaleco de salvavidas | lifejacket |
| encendido | lit |
| cargado | loaded |
| la señal de no fumar | no smoking sign |
| sin parada | nonstop |
| a bordo | on board |
| solo de ida | one way ticket |
| abierto | opened |
| de ultramar | overseas |
| de papel o electrónico | paper or electronic ticket |
| el paracaídas | parachute |
| el pasajero | passenger |

| | |
|---|---|
| el control de pasaportes | passport control |
| el/la piloto/a | pilot |
| los refrescos | refreshments |
| de ida y vuelta | round trip ticket |
| la pista de aterrizaje | runway |
| el asiento | seat |
| el cinturón de seguridad | seat belt |
| las medidas de seguridad | security measures |
| el personal de seguridad | security staff |
| la escala | stopover |
| el despegue | takeoff |
| la parada de taxis | taxi stand |
| la terminal | terminal |
| la bandeja | tray |
| la turbulencia | turbulence |
| descargado | unloaded |
| la vista | view |
| el panorama | view |
| la sala de espera | waiting room |
| la ventana | window |
| la ventanilla | window |
| el asiento junto a la ventana | window seat |

## Viajar en Tren          Travel by Rail

| | |
|---|---|
| el anuncio | announcement |
| la barrera | barrier |
| el vagón | carriage/coach |
| el vagón cafetería | dining car |
| el coche comedor | dining car |
| el billete económico | coach ticket |
| el tren de cercanías | commuter/suburban train |
| el compartimento | compartment |
| el/la jefe/a de tren | conductor |
| la conexión | connection |

| | |
|---|---|
| el enlace | connection |
| el vagón restaurante | dining car |
| el tren directo | direct train |
| el ferrocarril elevado | elevated railway |
| la boca de metro | entrance to the subway |
| la entrada al metro | entrance to the subway |
| el tren expreso | express train |
| el rápido | express train |
| la tarifa | fare |
| el billete de primera clase | first class ticket |
| el billete de grupo | group ticket |
| el/la inspector/a | inspector |
| el tren interurbano | intercity train |
| el paso a nivel | level crossing |
| el tren local | local train |
| el tren de largo recorrido | long distance train |
| la reja de equipaje | luggage rack |
| el menú | menu |
| la carta | menu |
| el tren nocturno | night train |
| sin devolución | non refundable |
| el compartimento de no fumadores | non smoking car |
| ocupado | occupied |
| el billete de ida | one way ticket |
| el andén | platform |
| la plataforma | platform |
| el/la portero/a | porter |
| la red ferroviaria | rail network |
| el ferrocarril | railroad |
| la estación de tren | railway station/train station |
| el tren regional | regional train |
| la reserva | reservation |
| la reservación | reservation |
| reservado | reserved |
| el coche restaurante | restaurant car |

| | |
|---|---|
| el billete de vuelta | return ticket |
| el billete de ida y vuelta | round trip ticket |
| el horario | schedule/timetable |
| los cambios de horario | schedule/timetable changes |
| el billete de segunda clase | second class ticket |
| el coche cama | sleeper car |
| el coche dormitorio | sleeper car |
| el/la formador/a | smoker |
| la velocidad | speed |
| el jefe de estación | stationmaster |
| las escaleras | steps |
| la parada | stop (location) |
| el metro | subway |
| la línea de metro | subway line |
| la estación de metro | subway station |
| el horario de verano | summer schedule/timetable |
| el billete | ticket |
| el boleto | ticket |
| el/la revisor/a de billetes | ticket collector |
| la oficina de billetes | ticket office |
| la taquilla | ticket office |
| la vía | tracks |
| el tren | train |
| la estación de tren | train station |
| el rail | train track |
| la vía férrea | train track |
| el transbordo | transfer |
| el/la viajero/a | traveler |
| la sala de espera | waiting room |
| el aviso | warning |
| el horario de invierno | winter schedule/timetable |

## Viajar por Barco

## Travel by Ship

| | |
|---|---|
| el barco | boat |

| | |
|---|---|
| el puente | bridge |
| calmado | calm |
| tranquilo | calm |
| el mar en calma | calm sea |
| el capitán | captain |
| el comandante | captain |
| el mar picado | choppy sea |
| el mar agitado | choppy sea |
| la costa | coast |
| la tripulación | crew |
| el crucero | cruise |
| la cubierta | deck |
| la butaca de cubierta | deck chair |
| el destino | destination |
| el muelle | dock/pier |
| la tarjeta de embarque | embarcation card |
| el ferry | ferry |
| el puerto | harbor |
| el mar grueso | heavy sea |
| la alta mar | high seas |
| el bote salvavidas | lifeboat |
| el chaleco salvavidas | life jacket |
| el bote de salvamento | lifeboat/raft |
| el chaleco salvavidas | lifejacket |
| la sala | lounge |
| la cubierta inferior | lower deck |
| la sirena | mermaid |
| el océano | ocean |
| a bordo | on board |
| el mar abierto | open sea |
| por la borda | overboard |
| el puerto | port |
| el puerto de escala | port of call |
| babor | port side |
| el asiento reclinable | reclining chair |
| la vela | sail |

| | |
|---|---|
| el barco de vela | sailboat |
| la navegación | sailing |
| de vela | sailing |
| el/la marinero/a | sailor/seaman |
| el/la marino/a | sailor/seaman |
| mareado | seasick |
| el mareo | seasickness |
| el buque | ship |
| el barco | ship/boat |
| el pronóstico del mar | shipping forecast |
| el astillero | shipyard |
| la barca | small boat |
| el mar en calma | smooth sea |
| a estribor | starboard side |
| la tormenta | storm |
| borrascoso | stormy |
| tormentoso | stormy |
| la marea | tide |
| la cubierta superior | upper deck |
| la ola | wave |
| el pronóstico del tiempo | weather forecast |
| el viento | wind |
| ventoso | windy |
| el yate | yacht |
| la navegación en yate | yachting |

## Verbos

## Verbs

| | |
|---|---|
| ajustarse el cinturón de seguridad | to fasten one's seat belt |
| asomarse la ventana | to lean out the window |
| aterrizar | to land |
| bajarse del tren | to get off the train |
| cambiar los trenes | to change trains |
| cancelar | to cancel |
| coger un tren | to take a train |

| | |
|---|---|
| comprar el billete | to buy the ticket |
| cancelar un vuelo | to cancel a flight |
| desembarcar | to get off/to disembark |
| despegar | to take off |
| embarcar | to embark/get on board |
| embarcarse | to board a plane or boat |
| entrar a bordo | to get on board |
| estar a bordo | to be on board |
| estar mareado | to be dizzy/air/seasick |
| facturar el equipaje | to check in one's baggage |
| facturarse | to check oneself in |
| guardar | to stow |
| hacer escala en un aeropuerto | to have a stopover in an airport |
| hacer transbordo | to transfer |
| hacer un crucero | to take a cruise |
| hundirse | to sink |
| ir a pie | to go on foot |
| llegar a | to arrive at |
| navegar | to sail |
| no pegar ojo | to not sleep |
| pagar el billete | to pay for the ticket |
| perder el tren | to miss the train |
| perder el vuelo | to miss one's flight |
| perforar el billete | to punch the ticket |
| reservar | to reserve |
| retrasarse | to be delayed |
| salir de | to leave from |
| subir a bordo de un avión | to board an airplane |
| subirse al tren | to get on the train |
| tomar un tren | to take a train |
| viajar | to travel |
| viajar a | to travel to |
| viajar en | to travel by |
| viajar por ferrocarril | to travel by train |
| volar | to fly |

| | |
|---|---|
| volar a | to fly to |
| volar a una altura de | to fly at an altitude of |
| vomitar | to vomit |

## Frases

## Phrases

| | |
|---|---|
| ¿Lleva equipaje de mano? | Do you have any hand luggage? |
| ¿Cuántas maletas desea facturar? | How many suitcases do you want to check in? |
| ¿Con qué compañía aérea vuela usted? | What airline are you flying with? |
| ¿Qué asiento prefiere? | What seat do you prefer? |
| ¿Ventanilla o pasillo? | Window or aisle? |
| ¿Cuánto dura tu vuelo? | How long is your flight? |
| El presidente viaja en limusina. | The president travels by limousine. |
| ¿Cuál es su destino final? | ¿What is your final destination? |
| ¿Tiene su tiquete de vuelta? | ¿Do you have a return ticket? |
| La acera es muy amplia. | The sidewalk is very wide. |
| Hoy compraré el tiquete para ir a visitarte. | Today I will buy a ticket to visit you. |
| Yo siempre viajo en clase económica. | I always travel in coach class. |
| La compañía aérea se declaró en huelga. | The airline company went on strike. |
| Quisiera un asiento de pasillo. | I would like an aisle seat. |
| ¿Dónde está la puerta de embarque? | ¿Where is the boarding gate? |
| Desafortunadamente el vuelo fue cancelado. | Unfortunately the flight was canceled. |
| No quiero perder el vuelo de conexión. | I don't want to miss the connecting flight. |
| La tarifa es muy costosa. | The fare is very expensive. |
| Viajaré en el tren nocturno. | I will travel on the night train. |
| Quisiera una copia de mi reservación. | I would like a copy of my reservation. |
| La estación de metro está muy concurrida. | The subway station is very crowded. |
| El vuelo acaba de aterrizar. | The flight just landed. |

Ten cuidado cuando te bajes del tren.

Be careful when you get off the train.

Necesito guardar el equipaje en el aeropuerto.

I need to stow luggage at the airport.

Mi amigo ya está a bordo del avión.

My friend is already on board the plane.

Espero no vomitar sobre ti.

I hope I don't vomit on you.

# Quiz - Chapter XI
# Transportation

| | | | |
|---|---|---|---|
| 1. vomitar | A. | arrival |
| 2. la moto | B. | backpack |
| 3. la nave espacial | C. | closed |
| 4. el yate | D. | conductor |
| 5. la mochila | E. | customs |
| 6. el peatón | F. | delayed |
| 7. la acera | G. | during landing |
| 8. el boleto | H. | elevated railway |
| 9. el viajero | I. | hand luggage |
| 10. la llegada | J. | motorcycle |
| 11. cerrado | K. | nonstop |
| 12. la aduana | L. | overseas |
| 13. retrasado | M. | pedestrian |
| 14. durante el aterrizaje | N. | seat |
| 15. el equipaje de mano | O. | sidewalk |
| 16. sin parada | P. | spaceship |
| 17. de ultramar | Q. | ticket |
| 18. el asiento | R. | to vomit |
| 19. el jefe de tren | S. | traveler |
| 20. el ferrocarril elevado | T. | yacht |

21.    Tomaré el _____ para llegar más rápido al trabajo.
a.    tren directo          c. autobús
b.    bicicleta             d. a pie

22.    Hice el reclamo pero el boleto es _____ .
a.    desembarque        c. pasaporte
b.    sin devolución       d. chaleco salvavidas

23.    Estas de acuerdo si nos encontramos en la _____ .
a.    tarifa              c. estación del tren
b.    maletín             d. valija

24.    En algunas ciudades pequeñas no hay _____ .
a.    cabina              c. tripulación
b.    sobrepeso          d. metro

25.    En la _____ puedes comprar el boleto.
a.    taquilla            c. fuselaje
b.    puerta              d. pasillo

26.    Debes hacer _____ y luego tomar la línea B del metro.
a.    mochila            c. embarque
b.    transbordo        d. distancia

27.    El _____ no es bueno para los marineros del barco .
a.    carro alquilado      c. acera
b.    calle               d. mar agitado

28.    La _____ ya está lista para el vuelo .
a.    tripulación         c. salida
b.    aduana             d. aterrizaje

29.    Puedes ir a caminar al _____ .
a.    muelle             c. asiento
b.    escala             d. bandeja

30.    El _____ está ubicado en la parte de abajo del asiento del avión.
a.    despeje           c. chaleco salvavidas
b.    ventanilla        d. panorama

# Answer Key

1. R
2. J
3. P
4. T
5. B
6. M
7. O
8. Q
9. S
10. A
11. C
12. E
13. F
14. G
15. I
16. K
17. L
18. N
19. D
20. H
21. A
22. B
23. C
24. D
25. A
26. B
27. D
28. A
29. A
30. C

# Chapter XII
# Cars & Driving

## Conduciendo

## Driving

| | |
|---|---|
| el acceso | access |
| el accidente | accident |
| el callejón | alley |
| el camino arterial | arterial road |
| la exposición de coches | auto show |
| la exposición de automóviles | auto show |
| automático | automatic |
| la avenida | avenue |
| la copia de seguridad | back up |
| la curva | bend/curve |
| el hielo invisible en la carretera | black ice |
| bloqueado | blocked/jammed |
| el embotellamiento | bottleneck |
| el boulevard | boulevard |
| el freno | brake |
| la avería | breakdown |
| el alcoholímetro | breathalyzer |
| la prueba de alcoholemia | breathalyzer test |
| roto | broken |
| el autobús | bus |
| el bus | bus |
| la tarifa del autobús | bus fare |
| la parada del autobús | bus stop |
| el camper | camper |
| el automóvil | car |
| el auto | car |
| el carro | car |
| el coche | car |
| el túnel de lavado | car wash |

| | |
|---|---|
| el autolavado | car wash |
| el viaje compartido | carpool |
| la calzada | causeway |
| la prudencia | caution |
| el chofer | chauffeur |
| el control | check |
| el círculo | circle |
| el mapa de la ciudad | city map |
| el tráfico urbano | city traffic |
| el adoquín | cobblestone |
| la colisión | collision |
| el compartimento | compartment |
| competente | competent |
| el seguro a todo riesgo | comprehensive insurance |
| el tribunal | court |
| el choque | crash |
| el cruce | crossing/crossroad |
| el callejón sin salida | cul-de-sac |
| la curva | curve |
| el peligro | danger |
| peligroso | dangerous |
| el callejón sin salida | dead end |
| la conducción defensiva | defensive driving |
| la abolladura | dent |
| la desviación | detour |
| el diesel | diesel |
| el camino de tierra | dirt road |
| la señal de no entrar | do not enter sign |
| estacionado en doble fila | double parked |
| el/la conductor/a | driver |
| la educación del conductor | driver's education |
| el carnet de conducir | driver's license |
| el pase de conducción | driver's license |
| la licencia de conducir | driver's license |
| el carné de conducir | driver's license |
| el camino de entrada | driveway |

| | |
|---|---|
| la conducción | driving |
| el/la profesor/a de conducir | driving instructor |
| la lección de conducir | driving lesson |
| la autoescuela | driving school |
| el examen de conducir | driving test |
| la conducción bajo los efectos del alcohol | drunk driving |
| el coche eléctrico | electric car |
| vacío | empty |
| el problema del motor | engine trouble |
| la rampa de salida | exit ramp |
| la autopista | expressway |
| el carril rápido | fast lane |
| la multa | fine |
| el camión de plataforma | flatbed truck |
| el pinchazo | flat tire/puncture |
| el neumático desinflado | flat tire |
| la llanta desinflada | flat tire |
| en alquiler | for rent |
| para alquilar | for rent |
| se alquila | for rent |
| la eficiencia del combustible | fuel efficiency |
| lleno | full |
| el garaje | garage/shop |
| la gasolina | gas |
| el surtidor de gasolina | gas pump |
| la gasolinera | gas station |
| el camino de grava | gravel road |
| la luz verde | green light |
| el estancamiento | gridlock |
| la curva de horquilla | hairpin curve |
| el casco | helmet |
| las vigas altas | high beams |
| el carril de vehículos de alta ocupación | high occupancy vehicle lane |
| la autovía | highway |

| | |
|---|---|
| la carretera | highway |
| la autopista | highway |
| la policía de carreteras | highway police |
| el/la autoestopista | hitchhiker |
| el autoestop | hitchhiking |
| el carril hov | HOV lane |
| de marcha en vacío | idling |
| el impacto | impact |
| en primera marcha | in first gear |
| en marcha | in gear |
| en punto muerto | in neutral |
| en neutro | in neutral |
| en reversa | in reverse |
| en marcha atrás | in reverse |
| el seguro | insurance |
| la póliza de seguros | insurance policy |
| la intersección | intersection |
| la carretera interestatal | interstate highway |
| el trailer del tractor jackknifed | jackknifed tractor trailer |
| el trayecto | journey |
| la llave | key |
| el llavero | key ring |
| el carril | lane |
| la gasolina con plomo | leaded gas |
| el número de matrícula | license plate number |
| el número de la placa | license plate number |
| las luces | lights |
| la limusina | limousine |
| la fila de coches | line of cars |
| la marca de coche | make of car |
| el transporte masivo | mass transit |
| el mecánico | mechanic |
| mecánico | mechanical |
| la mecánica | mechanics |
| el marcador de la milla | mile marker |
| las millas por galón | miles per gallon |

| | |
|---|---|
| el motel | motel |
| el motor caravana | motor home |
| el motorista | motorcyclist |
| no estacionar | no parking |
| el tráfico que se aproxima | oncoming traffic |
| la dirección única | one way |
| el sentido único | one way |
| estacionamiento en paralelo | parallel parking |
| la prohibición de aparcar | parking ban |
| el aparcamiento | parking lot |
| el estacionamiento | parking lot |
| el parqueadero | parking lot |
| los parquímetros | parking meters |
| el contador de aparcamiento | parking meter |
| el espacio para aparcar | parking space |
| el ticket para aparcar | parking ticket |
| la multa de estacionamiento | parking ticket |
| el/la pasajero/a | passenger |
| el adelantamiento | passing |
| el/la peatón/a | pedestrian |
| la zona de picnic | picnic area |
| la policía | police |
| el policía | police officer |
| la comisaría | police station |
| la estación de policía | police station |
| el policía | policeman |
| la mujer policía | policewoman |
| el bache | pothole |
| la gasolina súper | premium gas |
| el coche particular | private car |
| prohibido | prohibited |
| el transporte público | public transportation |
| el cruce de ferrocarril | railroad crossing |
| la rampa | ramp |
| la luz roja | red light |
| los papeles de inscripción | registration papers |

| | |
|---|---|
| la gasolina normal | regular gas |
| el alquiler | rental |
| el arriendo | rental |
| el coche alquilado | rental car |
| el precio de alquiler | rental charge |
| el arreglo | repair |
| la reparación | repair |
| el taller | repair shop/garage |
| la reserva | reservation |
| el área de descanso | rest area |
| la preferencia | right of way |
| la carretera | road |
| el camino | road |
| carretera cerrada | road closed |
| la loca del volante | road hog |
| la rabia del camino | road rage |
| la señal de tráfico | road sign |
| el bloqueamiento de la carretera | roadblock |
| el servicio de avería | roadside service/repair |
| las obras en la carretera | roadwork |
| el mapa de carreteras | road map |
| la rotonda | roundabout |
| la ruta | route |
| la hora pico | rush hour |
| la hora punta | rush hour |
| la ruta escénica | scenic route |
| el autoservicio | self service |
| el área de servicio | service area |
| el arcén | shoulder (of the road) |
| la acera | sidewalk |
| el poste indicador | signpost |
| resbaladizo | slippery |
| lento | slow |
| el arado de nieve | snow plow |
| el neumático de recambio | spare tire |

| | |
|---|---|
| el neumático de repuesto | spare tire |
| la llanta de recambio | spare tire |
| la llanta de repuesto | spare tire |
| la rueda de repuesto | spare wheel |
| la velocidad | speed |
| el golpe de velocidad | speed bump |
| el límite de velocidad | speed limit |
| la parada | stop |
| la recta | straight stretch |
| el callejero | street directory |
| el/la conductor/a novato/a | student driver |
| el taxi | taxi |
| el/la taxista | taxi driver |
| la parada de taxis | taxi stand |
| la prueba de manejo | test drive |
| el neumático | tire |
| la llanta | tire |
| el peaje | toll/toll booth |
| la grúa | tow truck |
| el código de la circulación | traffic code |
| el guardia de tráfico | traffic cop |
| la multa | traffic fine |
| el atasco | traffic jam |
| el atasco de tráfico | traffic jam |
| el semáforo | traffic light |
| la policía de tráfico | traffic police |
| el informe del tráfico | traffic report |
| la señal de tráfico | traffic sign |
| la caravana | trailer |
| el camión | truck |
| el/la camionero/a | truck driver |
| la parada del camión | truck stop |
| el tunel | tunnel |
| las direccionales | turn signals/blinkers |
| el giro en U | U-turn |
| la vuelta en U | U-turn |

| | |
|---|---|
| subterráneo | underground |
| el paso subterráneo | underpass |
| la gasolina sin plomo | unleaded gas |
| el coche de segunda mano | used car |
| el vehículo | vehicle |
| la documentación del coche | vehicle papers |
| el permiso de circulación | vehicle registration |
| los documentos del coche | vehicle registration |
| el chaleco | vest |
| el aviso | warning |
| la carga ancha | wide load |
| el/la testigo | witness |
| la luz amarilla | yellow light |

## Partes del Coche

## Car Parts

| | |
|---|---|
| un espacio | a space (parking) |
| el acelerador | accelerator |
| la bolsa de aire | air bag |
| el aire acondicionado | air conditioning |
| el filtro de aire | air filter |
| la ventilación de aire | air vent |
| el airbag | airbag |
| la alarma | alarm |
| la tracción total | all-wheel drive |
| la luz de advertencia del alternador | alternator warning light |
| la antena | antenna |
| el antibloqueo se rompe | anti-lock brakes |
| el reposabrazos | armrest |
| la transmisión automática | automatic transmission |
| el eje | axle |
| el asiento de bebe | baby seat |
| las luces de marcha atrás | back-up lights |
| la batería | battery |
| la banda | belt |

| | |
|---|---|
| el cinturón | belt |
| las luces de freno | brake lights |
| el pedal de freno | brake pedal |
| los frenos | brakes |
| los asientos de cubo | bucket seats |
| el parachoque | bumper |
| el árbol de levas | camshaft |
| las piezas del coche | car parts |
| el carburador | carburetor |
| el convertidor catalítico | catalytic converter |
| el chasis | chassis |
| el borde cromado | chrome trim |
| el clutch | clutch |
| el embrague | clutch |
| la bobina | coil |
| la cámara de combustión | combustion chamber |
| la consola | console |
| el cigüeñal | crankshaft |
| el control de crucero | cruise control |
| los cilindros | cylinders |
| el tablero | dashboard |
| el descongelador | defroster |
| el motor diesel | diesel engine |
| el palo de inmersión | dipstick |
| las manijas de las puertas | door handles |
| la puerta se maneja | door handles |
| las puertas | doors |
| el eje de transmisión | drive shaft |
| el freno de emergencia | emergency brake |
| las luces de emergencia | emergency lights |
| el motor | engine |
| el tubo de escape | exhaust pipe |
| la válvula de escape | exhaust valve |
| el filtro | filter |
| las esteras de piso | floor mats |
| las luces antiniebla | fog lights |

| | |
|---|---|
| la tracción en las cuatro ruedas | four-wheel drive |
| el marco | frame |
| las defensas delantera y trasera | front and back fenders |
| el combustible | fuel |
| la tapa de combustible | fuel cap |
| el calibre de combustible | fuel gauge |
| los fusibles | fuses |
| el medidor de la gasolina | gas gauge |
| la bomba de gasolina | gas pump |
| el tanque de gasolina | gas tank |
| la junta | gasket |
| las marchas | gears |
| la palanca de cambios | gearshift/gear stick |
| la guantera | glove compartment |
| la parrilla | grill |
| el freno de mano | handbrake |
| los faros | headlights |
| los faros delanteros | headlights |
| el reposacabezas | headrest |
| la calefacción | heating |
| el capó | hood |
| la capucha | hood |
| el claxon | horn |
| la bocina | horn |
| los rines | hubcaps |
| el cubo | hubcap |
| el híbrido | hybrid |
| la ignición | ignition |
| las direccionales | indicator lights |
| el seguro | insurance |
| el interior de la luz | interior light |
| el gato | jack |
| la llave | key |
| las placas | license plate |
| la placa | license plate |
| las tuercas | lug nuts |

| | |
|---|---|
| el colector | manifold |
| los tapetes | mats |
| los retrovisores | mirrors |
| el techo de luna | moon roof |
| las aletas de barro | mud flaps |
| el silenciador | muffler |
| el odómetro | odometer |
| el aceite | oil |
| el filtro de aceite | oil filter |
| los espejos laterales | side view mirrors |
| el freno de mano | parking brake |
| el asiento del pasajero | passenger seat |
| el pedal | pedal |
| los peatones | pedestrians |
| la biela | piston rod |
| las ventanas eléctricas | power windows |
| la polea | pulley |
| el radiador | radiator |
| la radio | radio |
| la parte superior de trapo | rag top |
| el espejo retrovisor | rearview mirror |
| el revés | reverse |
| las llantas | rims |
| el techo | roof |
| la rejilla del techo | roof rack |
| el cinturón de seguridad | seat belt |
| el cinturón | seatbelt |
| los asientos | seats |
| los choques | shocks |
| las cadenas para el coche | snow chains |
| la rueda de repuesto | spare tire |
| la bujía | spark plug |
| los altavoces | speakers |
| el velocímetro | speedometer |
| el spoiler | spoiler |
| el iniciador | starter |

| | |
|---|---|
| la columna de dirección | steering column |
| la dirección asistida | steering power |
| el volante | steering wheel |
| las viseras del sol | sun visors |
| el quemacocos | sunroof |
| ventana del techo | sunroof |
| la suspensión | suspension |
| la luz trasera | tail light |
| el portón trasero | tailgate |
| el termostato | thermostat |
| el acelerador | throttle |
| el neumático | tire |
| las llantas | tires |
| el semáforo | traffic light |
| la señal de tráfico | traffic signal |
| el enganche del tráiler | trailer hitch |
| la transmisión | transmission |
| el borde | trim |
| la cajuela | trunk |
| el maletero | trunk |
| el cargador turbo | turbocharger |
| la direccional | turn signal indicator |
| la válvula | valve |
| el voltaje | voltage |
| las luces de advertencia | warning lights |
| la rueda | wheel |
| las llantas | wheels |
| la ventanilla | window |
| las ventanas | windows |
| el parabrisas | windshield |
| el limpiaparabrisas | windshield wipers |

## Verbos

## Verbs

| | |
|---|---|
| abrocharse el cinturón de seguridad | to put on one's seat belt |

| | |
|---|---|
| acelerar | to accelerate/speed up |
| adelantar | to pass/overtake |
| ajustarse | to fasten seatbelt |
| alinear las ruedas (llantas) | to align the wheels (rims) |
| alquilar un coche | to rent a car |
| apagar el motor | to turn off the engine |
| aparcar | to park |
| arrancar | to start |
| arreglar | to fix/repair |
| arrendar un auto | to rent a car |
| atropellar | to run over |
| bombear | to pump gas |
| cambiar | to shift |
| cambiar de marcha | to change gear |
| cambiar una rueda | to change a tire |
| chocar con | to collide with |
| chocar contra algo | to crash into something |
| conducir | to drive |
| cruzar | to cross |
| dar a paso a | to yield to |
| dar la vuelta | to turn around |
| dar marcha atrás | to back up/reverse |
| detenerse | to stop |
| dirigir el tráfico | to direct traffic |
| doblar a la derecha | to turn right |
| doblar a la izquierda | to turn left |
| encender el motor | to turn on the engine |
| encender las luces | to turn on the headlights |
| engranar | to put in gear |
| está en ámbar | to be amber |
| está en rojo | to be red |
| está en verde | to be green |
| estacionar | to park |
| estar asegurado | to be insured |
| estar para alquilar | to be for rent |
| estrellarse con | to collide with |

| | |
|---|---|
| frenar | to brake |
| girar a la derecha | to turn right |
| girar a la izquierda | to turn left |
| guardar la distancia | to keep one's distance |
| hacer autostop | to hitchhike |
| llenar con gasolina | to fill up with gasoline |
| llenar el depósito | to fill the tank |
| manejar | to drive |
| meterse en el carril | to get in the lane |
| mirar atrás en los espejos | to look back in mirrors |
| montar en una moto | to ride a motorcycle |
| montarse en | to get in |
| multar | to fine |
| pagar el peaje | to pay the toll |
| para ceder | yield |
| dirigir | to steer |
| parar | to stop |
| parquear | to park |
| pasar | to pass |
| perderse | to get lost |
| pincharse una rueda | to get a flat tire |
| quitar remolcando | to tow away |
| reparar | to fix/repair |
| repostar | to refuel |
| resbalar | to skid |
| sacarse el carné de conducir | to get driver's license |
| salir | to get out of |
| salirse de la carretera | to drive off the road |
| seguir todo recto | to go straight ahead |
| subir a | to get in |
| subir la ventanilla | to roll up the window |
| tener avería | to have a breakdown |
| tocar el claxon | to honk the horn |
| tocar la bocina | to honk the horn |

# Frases

Me han puesto una multa.

¿A qué hora pasa el autobús?

Toca la bocina cuando llegues.

Los frenos del auto estaban dañado.

Ese cruce es peligroso.

El conductor no tenía licencia de conducción.

El coche tiene problemas de motor.

¿Qué mala suerte? El neumático está pinchado.

La policía emitió una multa.

Odio conducir en hora punta.

Los cascos salvan vidas.

Su póliza de seguro es horrible.

Olvidé la llave dentro del auto.

El testigo escribió el número de la placa.

El espacio de estacionamiento es estrecho.

Los peatones deben ser siempre respetados.

Mire en el espejo retrovisor al estacionar.

Los cinturones de seguridad salvan sus vidas.

¡Vamos rápido! Pisa el acelerador.

Pon tus maletas en el maletero.

Mi hotel está adelante a la derecha.

Mi oficina está a la izquierda.

Arranca tu motor antes de que yo llegue.

Choqué contra una pared.

Revisa tus espejos.

# Phrases

I got a fine.

What time does the bus come?

Honk the horn when you arrive.

The brakes of the car were damaged.

That crossroad is dangerous.

The driver did not have a driver´s license.

The car has engine trouble.

What bad luck? The tire is flat.

The police issued a fine.

I hate driving during rush hour.

Helmets save lives.

Your insurance policy is awful.

I forgot the key inside the car.

The witness wrote the license plate number.

The parking space is tight.

Pedestrians must always be respected.

Look in the rear view mirror when parking.

Seatbelts save your lives.
Let's go fast! Step on the accelerator.

Put your bags in the trunk.

My hotel is ahead to the right.

My office is to the left.

Start your engine before I arrive.

I crashed into a wall.

Check your mirrors.

# Quiz - Chapter XII
# Cars & Driving

| | | | |
|---|---|---|---|
| 1. apagar | A. | detour |
| 2. arrancar | B. | driver |
| 3. conducir | C. | driving lesson |
| 4. el atasco | D. | fine |
| 5. el bache | E. | flat tire |
| 6. el conductor | F. | garage/workshop |
| 7. el desvia | G. | heating |
| 8. el espacio para aparcar | H. | lights |
| 9. el límite de velocidad | I. | parking space |
| 10. el neumático desinflado | J. | pedestrians |
| 11. el pinchazo | K. | pothole |
| 12. el taller | L. | puncture |
| 13. el testigo | M. | speed limit |
| 14. el volante | N. | steering wheel |
| 15. frenar | O. | to brake/slow down |
| 16. la calefacción | P. | to drive |
| 17. la lección de conducir | Q. | to start/turn on |
| 18. la multa | R. | to turn off |
| 19. las luces | S. | traffic jam |
| 20. los peatones | T. | witness |

21.     Creo que al auto se le descargo la _____ .
a.     batería                    c. freno
b.     accidente                  d. gasolina

22.     Al conducir debes estar atento a tocar la _____ si alguien se atraviesa.
a.     puerta                     c. bocina
b.     chassis                    d. tablero

23.     La carretera puede estar _____ porque llovió.
a.     autolavado                 c. calzada
b.     resbaladiza                d. prudencia

24.     La _____ es muy congestionada en la ciudad.
a.     choque                     c. peligroso
b.     colisión                   d. hora pico

25.     No debes ser la _____ al conducir.
a.     pinchazo                   c. multa
b.     autoestop                  d. loca del volante
26.     Si el _____ esta en amarillo debes frenar.
a.     semáforo                   c. ticket
b.     aparcamiento               d. zona de picnic

27.     Si el _____ está pinchado debes cambiar la llanta.
a.     neumático                  c. policía
b.     bache                      d. comisaría
28.     Enciende el _____ por qué la lluvia no me deja ver claramente.
a.     limpiaparabrisas           c. motor
b.      combustible               d. fusibles
29.     Hoy llevaré el auto al _____ por que está sucio.
a.     radiador                   c. parqueadero
b.     autolavado                 d. volante

30.     Los _____ del auto estaban dañados cuando tuvo el accidente.
a.     mecánico                   c. motel
b.     frenos                     d. matricula

# Answer Key

1. R
2. Q
3. P
4. S
5. K
6. B
7. A
8. I
9. M
10. E
11. L
12. F
13. T
14. N
15. O
16. G
17. C
18. D
19. H
20. J
21. A
22. C
23. B
24. D
25. D
26. A
27. A
28. A
29. B
30. B

# Chapter XIII
# Entertainment

## El Teatro y las Películas — Theatre & Movies

| | |
|---|---|
| la escuela de teatro | acting school |
| el aplauso | applause |
| el autógrafo | autograph |
| el premio | award |
| la taquilla | box office |
| el palco | box seat |
| el cabaret | cabaret |
| el camafeo | cameo |
| la cámara | camera |
| los operadores de cámara | camera crew |
| el/la camarógrafo/a | cameraman/camerawoman |
| los dibujos animados | cartoons |
| el coreógrafo | choreographer |
| la galería | circle seating |
| el circo | circus |
| el guardarropa | coatroom |
| el actor cómico | comedian |
| la actriz cómica | comedian (female) |
| el comediante | comedian (male) |
| el disfraz | costume |
| el/la crítico/a | critic |
| el telón | curtain |
| la exhibición | display |
| el ensayo general | dress rehearsal |
| doblado | dubbed |
| el doblaje | dubbing |
| el efecto | effect |
| la farsa | farce |
| ridículo | ridiculous |

| | |
|---|---|
| absurdo | absurd |
| el largometraje | feature film |
| el espectáculo de variedades | floor show |
| el fracaso | flop |
| el/la iluminista | gaffer |
| en fila | in a row |
| en candelero | in the limelight |
| el intervalo | intermission |
| el descanso | intermission |
| las luces | lights |
| los focos | lights |
| el pasillo | lobby |
| el vestíbulo | lobby |
| los exteriores | location work |
| el rodaje fuera del estudio | location work |
| la obra maestra | masterpiece |
| la función de tarde | matinée |
| el melodrama | melodrama |
| el/la mimo/a | mime |
| el cinéfilo | movie buff |
| el/la productor/a de cine | movie producer |
| el/la estrella de cine | movie star |
| el cine | movie theater |
| el/la cineasta | moviemaker/filmmaker |
| la sala de fiestas la ovación | music hall |
| entre bastidores | offstage |
| la ovación | ovation |
| la pantomima | pantomime |
| la actuación | performance |
| el estreno | premier/opening night |
| la obra de teatro | play |
| el/la dramaturgo/a | playwright |
| el estreno | premiere |
| la producción | production |
| la representación | representation |
| la retrospectiva | retrospective |

| | |
|---|---|
| la revista | review |
| el repaso | review |
| el papel | role |
| la fila | row |
| la escena | scene |
| la pantalla | screen |
| la prueba de proyección | screen test |
| la toma | screen test |
| la proyección | screening |
| el guión | script |
| el/la guionista | scriptwriter |
| la butaca | seat |
| la secuela | sequel |
| la continuación | sequel |
| la secuencia | sequence |
| la farándula | show business |
| la película muda | silent film |
| vendido | sold out |
| la banda sonora | soundtrack |
| los efectos especiales | special effects |
| el escenario | stage |
| la acotación | stage directions |
| los efectos escenográficos | stage effects |
| el miedo al público | stage fright |
| el/la doble que realiza las escenas peligrosas | stunt person |
| la película sonora | talking film |
| el boleto | ticket |
| la entrada | ticket |
| el tráiler | trailer/preview |
| el avance | trailer/preview |
| el/la doble | understudy in movie |
| el/la suplente | understudy in theater |
| el/la acomodador/a | usher |
| el papel de figurante | walk on part |

## La Televisión y el Radio — Television & Radio

| | |
|---|---|
| el/la presentador/a | anchorman/anchorwoman |
| el/la locutor/a | announcer |
| la antena | antenna |
| la caja boba | boob tube |
| la emisora | broadcasting station |
| la televisión por cable | cable TV |
| los dibujos animados | cartoons |
| el canal | channel |
| el programa infantil | children's program |
| la comedia | comedy |
| el anuncio | commercial |
| el haragán del sofá | couch potato |
| la actualidad | current affairs |
| el documentario | documentary film |
| el documental | documentary film |
| el videodisco digital | DVD |
| los auriculares | earphones |
| los audífonos | earphones |
| el programa científico | educational broadcasting |
| el episodio | episode |
| la alta frecuencia | high frequency |
| el/la periodista | journalist |
| el/la oyente | listener |
| la emisión en directo | live broadcast |
| el reportaje en directo | live coverage |
| la altavoz | loudspeaker |
| la baja frecuencia | low frequency |
| el micrófono | microphone |
| las noticias | news |
| el estudio de producción | production studio |
| el programa | program |
| el programa concurso | quiz/contest show |
| el radio | radio (object) |
| la emisora | radio station |

| | |
|---|---|
| la televisión de la realidad | reality TV |
| las noticias regionales | regional news |
| el control remoto | remote control |
| el mando a distancia | remote control |
| el/la reportero/a | reporter |
| la antena parabólica | satellite dish |
| la televisión por satélite | satellite TV |
| la señal | signal |
| la telenovela | soap opera |
| el programa deportivo | sports program |
| los subtítulos | subtitles |
| la tele | TV |
| el público | TV audience |
| la audiencia | TV audience |
| la pantalla | TV screen |
| el aparato de televisión | TV set |
| la estación | TV station |
| el estudio de televisión | TV studio |
| el programa de variedades | variety show |
| el videoclip | video clip |
| el videojuego | video game |
| la videoteca | video library |
| el aparato de video | video recorder |
| el/la telespectador/a | viewer |
| el/la televidente | viewer |
| el pronóstico del tiempo | weather forecast |
| el hombre del tiempo | weatherman |
| la mujer del tiempo | weather woman |

## La Música — Music

| | |
|---|---|
| la acústica | acoustics |
| el álbum | album |
| el amplificador | amplifier |
| el público | audience |

| | |
|---|---|
| la audiencia | audience |
| el auditorio | auditorium |
| el director de la banda | bandleader |
| la clave de fa | bass clef |
| la banda | band |
| la cinta de casete | cassette tape |
| la música de cámara | chamber music |
| el coro | choir/chorus |
| el coro | chorus |
| el disco compacto | compact disc |
| el/la compositor/a | composer |
| el concierto | concert |
| la sala de conciertos | concert hall |
| el director de orquesta | conductor |
| la música de danza | dance music |
| el/la disc jockey | disc jockey |
| la discoteca | discotheque |
| la batería | drummer |
| el dúo | duet |
| el dueto | duet |
| el conjunto | ensemble |
| la agrupación | ensemble |
| la música folk | folk music |
| la actuación | gig |
| el grupo | group |
| la armonía | harmony |
| la canción de éxito | hit song |
| la lista de éxitos | list of hits |
| el jazz | jazz |
| la máquina de música | jukebox |
| la clave | musical key |
| el micrófono | microphone |
| la nota | note |
| la orquesta | orchestra |
| la obertura | overture |
| la representación | performance |

| | |
|---|---|
| el/la ejecutor/a | performer |
| la pieza musical | musical piece |
| el/la músico/a | music player |
| el recital | recital |
| el disco | record |
| la grabación | recording |
| el estudio de grabación | recording studio |
| el estribillo | refrain |
| el ensayo | rehearsal |
| el repertorio | repertoire |
| el ritmo | rhythm |
| el espectáculo | show |
| el autor de canciones | songwriter |
| la orquesta de instrumentos de cuerda | string orchestra |
| el instrumento de cuerda | stringed instrument |
| la sinfonía | symphony |
| el tiempo | tempo |
| la gira | tour |
| la clave de sol | treble clef |
| la tonada | tune |
| la melodia | tune |
| el afinador de instrumentos | tuner of instruments |
| el diapasón | tuning fork |
| la voz | voice |
| el silbido | whistling |
| el instrumento de viento | wind instrument |

## Los Instrumentos Musicales

## Musical Instruments

| | |
|---|---|
| el acordeón | accordion |
| la guitarra acústica | acoustic guitar |
| la gaita | bagpipe |
| el banjo | banjo |

| | |
|---|---|
| la bajo | bass guitar |
| la campana | bell |
| el bongo | bongo drum |
| la corneta | bugle |
| el violoncelo | cello |
| el clarinete | clarinet |
| el clavicordio | clavichord |
| las baquetas | drumsticks |
| los tambores | drums |
| la guitarra eléctrica | electric guitar |
| el violín | fiddle |
| la flauta | flute |
| la guitarra | guitar |
| la armónica | harmonica |
| el clavicémbalo | harpsichord |
| el teclado | keyboard |
| el oboe | oboe |
| el órgano | organ |
| el piano | piano |
| el saxofón | saxophone |
| el triángulo | triangle |
| la trompeta | trumpet |
| la tuba | tuba |
| el ukelele | ukulele |
| el vibráfono | vibraphone |
| el violín | violin |
| los instrumentos de viento | wind instruments |

## Tiempo Libre y Pasatiempos

## Free Time & Hobbies

| | |
|---|---|
| las artes y oficios | arts and crafts |
| la astronomía | astronomy |
| los audiolibros y podcasts | audiobooks and podcasts |
| el horneado | baking |

| | |
|---|---|
| la observación de aves | bird watching |
| los juegos de mesa | board games |
| el boliche | bowling |
| los modelos de construcción | building models |
| la cámara | camera |
| el carnaval | carnival |
| las damas | checkers |
| el ajedrez | chess |
| la cocina | cooking |
| el decorado | design |
| el disfraz | disguise/costume |
| el DIY (hazlo tu mismo) | DIY (Do it Yourself) |
| la pesca | fishing |
| la jardinería | gardening |
| la genealogía | genealogy |
| el senderismo | hiking |
| el aprendizaje de un idioma | learning a language |
| el aprendizaje un instrumento | learning an instrument |
| la meditación | meditation |
| el parque | park |
| la fotografía | photography |
| las cartas de juego | playing cards |
| los naipes | playing cards |
| la lectura | reading |
| la robótica | robotics |
| la filatelia | stamp collecting |
| los videojuegos | video games |
| el diseño web | web design |
| el escrito | writing |
| el yoga | yoga |

## Verbos / Verbs

| | |
|---|---|
| afinar | to tune |

| | |
|---|---|
| apagar | to turn off |
| cancelar | to cancel |
| cantar | to sing |
| canturrear | to hum |
| captar | to zoom in |
| componer | to compose |
| dar un golpe de zoom | to zoom in |
| digitalizar | to digitize |
| dirigir | to direct |
| doblar | to dub |
| emitir | to broadcast |
| encender | to turn on |
| ensayar | to rehearse |
| entonar | to tune |
| entretenerse | to entertain |
| estar de gira | to be on tour |
| estrenarse | to premiere |
| filmar | to shoot film |
| grabar | to record |
| hacer un papel | to play a role |
| hacer una película | to make a film |
| interpretar | to interpret |
| ir al cine | to go to the movies |
| mostrar una película | to show a movie |
| pasar el rato | to hang out |
| pasárselo en grande | to have a great time |
| poner un disco compacto | to play a CD |
| recitar | to recite |
| representar | to perform |
| reservar | to reserve |
| rimar | to rhyme |
| salir de marcha | to go out |
| silbar | to whistle |
| tocar | to perform/play |

transmitir — to transmit

ver — to watch

## Frases

Me gustaría tener su autógrafo, por favor.

¿Podrías comprar las entradas para el palco?

Los niños disfrutan de los dibujos animados.

El coreógrafo hizo un excelente trabajo.

Mi madre me llevaba al circo.

¿Tienes listo el disfraz para la noche de brujas?

El doblaje de la película fue pésimo.

A menudo voy a ver largometrajes con amigos.

Mi padre es un cinéfilo.

La estrella de cine ganó un prestigioso premio.

Te invito al estreno de la película.

El papel que había tenido parecía secundario.

Detrás de escena, el actor es un idiota.

El guión de la película era fabuloso.

Compra las entradas antes de que nos vayamos.

El locutor tiene una voz increíble.

La comedia es mi entretenimiento favorito.

Me encanta aprender de los documentales.

¿Viste el último episodio?

## Phrases

I would like to have your autograph, please.

Could you buy the tickets for the box seat?

Children enjoy cartoons.

The choreographer did an excelent job.

My mom took me to the circus.

Do you have your Halloween costume ready?

The dubbing of the movie was terrible.

I often go to watch feature films with friends.

My father is a movie buff.

The movie star won a prestigious award.

I invite you to the premier of the movie.

The role he had seemed secondary.

Behind the scenes, the actor is an idiot.

The script of the movie was fabulous.

Buy the tickets before we leave.

The announcer has an amazing voice.

Comedy is my favorite entertainment.

I love to learn from documentaries.

Did you watch the last episode?

A mi abuela le encantan los concursos. — My grandmother loves quiz shows.

Es un famoso maestro de ajedrez. — He is a famous chess master.

Quiero saber mi genealogía. — I want to know my genealogy.

Practico yoga todas las mañanas. — I practice yoga every morning.

La meditación es una manera de relajarse. — Meditation is a way to relax.

Artes y manualidades es un buen pasatiempo. — Arts and crafts is a good hobby.

# Quiz - Chapter XIII
# Entertainment

| | | | |
|---|---|---|---|
| 1. absurdo | A. | cartoons |
| 2. apagar | B. | costume |
| 3. doblado | C. | couch potato |
| 4. el disfraz | D. | documentary |
| 5. el documentario | E. | dubbed |
| 6. el fracaso | F. | earphones |
| 7. el haragán del sofá | G. | absurd |
| 8. el papel | H. | flop |
| 9. el pronóstico del tiempo | I. | journalist |
| 10. el vestíbulo | J. | lobby |
| 11. encender | K. | movie star |
| 12. hacer un papel | L. | news |
| 13. la actuación | M. | performance |
| 14. la estrella de cine | N. | review |
| 15. la periodista | O. | role |
| 16. la revista | P. | soap opera |
| 17. la telenovela | Q. | to play a role |
| 18. las noticias | R. | turn off |
| 19. los auriculares | S. | turn on |
| 20. los dibujos animados | T. | weather forecast |

21. ¿Quieres ir esta noche al _____ ?
a. concierto                          c. taquilla
b. comediante                        d. el telón

22. La _____ es mi preferida a la hora de ir de fiesta.
a. música de danza                   c. farsa
b. ridículo                          d. absurdo

23. En el _____ debes guardar silencio.
a. fila                              c. descanso
b. estudio de grabación              d. luces

24. ¿Qué tipo de _____ tiene esa canción?
a. guión                             c. ritmo
b. farándula                         d. vendido

25. El árbitro hace sonar el _____ para iniciar y detener el juego.
a. secuela                           c. butaca
b. silbido                           d. toma

26. Los _____ hacen que bailemos en la playa.
a. señal                             c. público
b. tambores                          d. coro

27. La _____ de esa película ganó varios premios.
a. sinfonía                          c. clavicordio
b. musical                           d. banda sonora

28. El _____ de la película es fascinante.
a. guión                             c. la pesca
b. interpretar                       d. robótica

29. Salir al _____ me da pánico.
a. melodía                           c. tiempo
b. tonada                            d. escenario

30. Me encanta _____ con mis amigos.
a. sala de conciertos                c. salir de marcha
b. periodista                        d. audífonos

# Answer Key

1. G
2. R
3. E
4. B
5. D
6. H
7. C
8. O
9. T
10. J
11. S
12. Q
13. M
14. K
15. I
16. N
17. P
18. L
19. F
20. A
21. A
22. A
23. B
24. C
25. B
26. B
27. D
28. A
29. D
30. C

# Chapter XIV
# Theme Parks, Fairs & the Circus

## Parques Temáticos y Ferias

## Theme Parks & Fairs

| | |
|---|---|
| la diversión | amusement |
| el parque de atracciones | amusement park |
| las atracciones | attractions |
| la banda | band |
| las pancartas | banners |
| las cuentas | beads |
| la fiesta del barrio | block party |
| la cabina | booth |
| los autos chocadores | bumper cars |
| las manzanas de caramelo | candy apples |
| el carnaval | carnival/mardi gras |
| el carrusel | carousel |
| la celebración | celebration |
| alegre | cheerful |
| las concesiones | concessions |
| el concurso | contest |
| el perro de maíz | corn dog |
| la disfraz | costume |
| los trajes | costumes |
| el algodón de azúcar | cotton candy |
| la feria del país | country fair |
| el baile | dance |
| Disneylandia | Disneyland |
| el entretenimiento | entertainment |
| el evento | event |
| Emocionante | exciting |
| la exposición | exhibition |
| la extravagancia | extravaganza |

| | |
|---|---|
| la feria | fair |
| el recinto ferial | fairground |
| la fiesta | feast/party |
| la rueda de la fortuna | ferris wheel |
| el festival | festival |
| Festivo | festive |
| la festividad | festivity |
| el flotador | float |
| la comida | food |
| la masa frita | fried dough |
| la diversión | fun |
| la casa de la diversión | fun house |
| los pasteles de embudo | funnel cakes |
| la gala | gala |
| los juegos | games |
| la reunión | gathering |
| Jubiloso | gleeful |
| la juerga | good time/revelry |
| la casa embrujada | haunted house |
| las vacaciones | holiday |
| el perrito caliente | hot dog |
| la casa de los espejos | house of mirrors |
| el helado | ice cream |
| el malabarista | juggler |
| la limonada | lemonade |
| el canal de troncos | log flume |
| la banda de marcha | marching band |
| la máscara | mask |
| la mascarada | masquerade |
| el laberinto | maze |
| el tiovivo | merry-go-round |
| jolgorio | merrymaking/good time |
| la música | music |
| la ocasión | occasion |
| el desfile | parade |
| la fiesta | party |

| | |
|---|---|
| las actuaciones | performances |
| el zoológico de mascotas | petting zoo |
| el pícnic | picnic |
| las palomitas | popcorn |
| los premios | prizes |
| la procesión | procession |
| los paseos | rides |
| la montaña rusa | roller coaster |
| el espectáculo | show/spectacle |
| el espectáculo secundario | sideshow |
| Six Flags Great Adventure | Six Flags Great Adventure |
| el cono de nieve | snowcone |
| la feria estatal | state fair |
| los animales de peluche | stuffed animals |
| los viajes emocionantes | thrill ride |
| la entrada | ticket |
| el parque acuático | water park |
| la feria mundial | world's fair |

## El Circo

## The Circus

| | |
|---|---|
| el/la acróbata | acrobat |
| la admisión | admission |
| los animales | animals |
| el aplauso | applause |
| la audiencia | audience |
| el acto de equilibrio | balancing act |
| la pelota o la bola | ball |
| los globos | balloons |
| los osos | bears |
| la bicicleta | bicycle |
| el top grande | big top |
| la cabina | booth |
| las cajas | boxes |
| el hombre bala | bullet man |

| | |
|---|---|
| el látigo | bullwhip |
| la caja | cage |
| las jaulas | cages |
| el caramelo | candy |
| el cañón | cannon |
| la capa | cape |
| el cajero | cashier |
| la cadena | chain |
| la motosierra | chainsaw |
| el/la payaso/a de circo | circus clown |
| la carpa de circo | circus tent |
| el/la contorsionista | contortionist |
| la costumbre | costume |
| el algodón de azúcar | cotton candy |
| el elefante | elephant |
| el animador | entertainer |
| el/la escapista | escapist |
| la exposición | exhibition |
| el fuego | fire |
| el respiradero de fuego | fire breather |
| el devorador de fuego | fire eater |
| el/la tragafuego | fire eater |
| las banderas | flags |
| los juegos | games |
| el gigante | giant |
| comer vidrio | glass eating |
| caminar sobre vidrio | glass walking |
| el gran final | grand finale |
| gradería | grandstand |
| los ganchos | hooks |
| la bocina | horn |
| los caballos | horses |
| la bala de cañón humana | human cannonball |
| los chistes | jokes |
| el/la malabarista | juggler |
| el lanzador de cuchillos | knife thrower |

| | |
|---|---|
| el leotardo | leotard |
| el domador de leones | lion tamer |
| los leones | lions |
| la magia | magic |
| el truco de magia | magic trick |
| la varita mágica | magic wand |
| el mago | magician |
| el maquillaje | make up |
| el micrófono | microphone |
| el mimo | mime |
| el mono | monkey |
| el acto introductorio | opening act |
| los candados | padlocks |
| el artista | performer |
| los artículos de utilería | props |
| el titiritero | puppeteer |
| los títeres | puppets |
| los refrigeradores | refrigerators |
| el anillo | ring |
| el aro | ring/hoop |
| el maestro de ceremonias | ringmaster |
| las sogas | ropes |
| el sable | saber |
| la red de seguridad | safety net |
| la foca | seal |
| los asientos | seats |
| el espectáculo | show |
| el show | show |
| el presentador | showman |
| el encantador de serpientes | snake charmer |
| el salto mortal | somersault |
| el espectador | spectator |
| las placas giratorias | spinning plates |
| el escenario | stage |
| la estrella | star |
| el/la zanquero/a | stilt man |

| | |
|---|---|
| el espectáculo con zancos | stilt show |
| los pilotes | stilts |
| los zancos | stilts |
| la camisa de fuerza | straitjacket |
| el hombre fuerte | strong man |
| los trajes | suits |
| la espada | sword |
| el/la tragasables | sword swallower |
| el/la tragaespadas | sword swallower |
| el/la domador/a | tamer |
| la tienda de campaña | tent |
| la entrada | ticket |
| el tiquete | ticket |
| la taquilla | ticket booth |
| el tigre | tiger |
| la cuerda floja | tightrope |
| el acto en la cuerda floja | tightrope act |
| el caminante de la cuerda floja | tightrope walker |
| el sombrero de copa | top hat |
| el entrenador | trainer |
| el trampolín | trampoline |
| el trapecio | trapeze |
| el/la trapecista | trapeze artist |
| los trucos | tricks |
| los camiones | trucks |
| el monociclo | unicycle |
| el/la monociclista | unicyclist |
| el acto de desaparición | vanishing act |
| el/la ventríluoco | ventriloquist |
| el látigo | whip |

## Verbos   Verbs

| | |
|---|---|
| abrir | to open |
| acostarse | to lie down/go to bed |
| asistir | to attend |

| | |
|---|---|
| asustarse | to get scared |
| bailar | to dance |
| beber | to drink |
| cabriolar | to cavort |
| caminar | to walk |
| celebrar | to celebrate |
| cerrar | to close |
| comenzar | to begin |
| comer | to eat |
| cortar | to cut |
| deleitarse | to revel/delight |
| desaparecer | to disappear |
| divertirse | to have fun |
| dividir | to divide |
| domar | to tame |
| empezar | to begin |
| entretener | to entertain |
| escupir | to spit |
| escupir fuego | to spit fire |
| ganar premios | to win prizes |
| hacer cabriolas | to prance |
| hacer malabares | to juggle |
| ir a paseos emocionantes | to go on thrill rides |
| partir | to split |
| reír | to laugh |
| reparar | to repair |
| respirar fuego | to breathe fire |
| retozar | to romp |
| romper | to break |
| separar | to split |
| soplar | to blow |
| terminar | to finish |
| tirar | to throw |
| tragar espadas | to sword swallow |
| unirse | to join |

# Frases

¡Vamos al circo a ver payasos!

Compramos unos bocadillos.

¡Me encanta el algodón de azúcar!

El mago no tiene ninguna varita.

Quiero comer un perro caliente.

¡Quiero ver al trapecista ya!

¡Ese tragasable es increíble!

La pizza en el circo no sabe muy bien.

Me encantan los parques de diversiones.

A los niños les gusta montar en carrusel.

El malabarista es muy hábil.

¿Quieres ir al parque acuático?

El acróbata casi pierde el equilibrio.

Nadie aplaudió al mago.

¿Papá, me compras un globo, por favor?

La carpa de circo es enorme.

El elefante intentó escapar.

El escapista lo logró en menos de un minuto.

El lanzador de cuchillos es impresionante.

Me gustaría ser domador de leones.

Los mimos me dan miedo.

Es el mejor espectáculo del mundo.

Los títeres les gustan a los niños.

Es muy difícil ser domador de animales.

El trapecista cayó a gran altura.

# Phrases

Let's go to the circus and see clowns.

Let's buy some snacks.

I love cotton candy!

The magician has no wand.

I want to eat a hot dog.

I want to see the trapeze artist now!

That sword eater is amazing!

Pizza at the circus doesn't taste very good.

I love amusement parks.

Children like to ride on the carousel.

The juggler is very skilled.

¿Do you want to go to the water park?

The acrobat nearly lost his balance.

Nobody applauded the magician.

¿Dad, buy me a balloon, please?

The circus tent is huge.

The elephant tried to escape.

The escapist made it in less than a minute.

The knife thrower is awesome.

I would like to be a lion tamer.

The mimes scare me.

It's the best show in the world.

Children like puppets.

It is very difficult to be an animal tamer.

The trapeze artist fell from a great height.

# Quiz - Chapter XIV
# Theme Parks, Fairs & the Circus

| | | | |
|---|---|---|---|
| 1. desaparecer | A. | amusement park |
| 2. el acto de equilibrio | B. | balancing act |
| 3. el desfile | C. | balloons |
| 4. el domador de leones | D. | chainsaw |
| 5. el elefante | E. | clown |
| 6. el mago | F. | costume |
| 7. el malabarista | G. | elephant |
| 8. el parque de | H. | fair |
| atracciones | I. | fire breather |
| 9. el payaso | J. | haunted house |
| 10. el respiradero de fuego | K. | juggler |
| 11. entretener | L. | lion tamer |
| 12. la casa embrujada | M. | magician |
| 13. la disfraz | N. | parade |
| 14. la feria | O. | performances |
| 15. la motosierra | P. | prizes |
| 16. las actuaciones | Q. | stuffed animals |
| 17. los animales de peluche | R. | to disappear |
| 18. los globos | S. | to entertain |
| 19. los premios | T. | to throw |
| 20. tirar | | |

21. Ese león del circo me _____ .
a. asusto          c. soplar
b. domar           d. tirar

22. El _____ fue muy travieso durante la función.
a. desfile         c. mono
b. juerga          d. carnaval

23. El _____ hizo de la noche un espectáculo fabuloso.
a. aplauso         c. maestro de ceremonias
b. banda           d. pancartas

24. No sé cómo lo hace el _____.
a. carnaval        c. osos
b. cajero          d. tragaespadas

25. El _____ me impresionó mucho por lo riesgoso que puede ser.
a. bicicleta       c. acto en la cuerda floja
b. comida          d. flotador

26. Debes _____ las velas de tu pastel de cumpleaños.
a. diversión       c. cabina
b. soplar          d. fiesta de barrio

27. El mejor acto que ví fue el del _____ .
a. exposición      c. tribuna
b. aro             d. lanzador de cuchillos

28. Cuando voy al cine me gusta comer _____ durante la película.
a. palomitas       c. capa
b. payaso          d. banderas

29. Creo que el _____ debe ser muy valiente y tener antídotos contra las mordidas.
a. foca            c. encanta serpientes
b. estrella        d. salto mortal

30. Los _____ que hace el mago son increíbles.
a. zancos          c. trajes
b. trucos          d. monociclo

# Answer Key

1. R
2. B
3. N
4. L
5. G
6. M
7. K
8. A
9. E
10. I
11. S
12. J
13. F
14. H
15. D
16. O
17. Q
18. C
19. P
20. T
21. A
22. C
23. C
24. D
25. C
26. B
27. D
28. A
29. C
30. B

# Chapter XV
# Sports

| Deportes | Sports |
|---|---|
| los ejercicios aeróbicos | aerobics |
| el tiro con arco | archery |
| la arena | arena |
| el atletismo | athletics |
| el bádminton | badminton |
| el baloncesto | basketball |
| el básquetbol | basketball |
| la cancha de baloncesto | basketball court |
| la apuesta | bet |
| la quiniela | betting pools |
| el biatlón | biathlon |
| el bobsleigh | bobsleigh |
| la petanca | bocce |
| los bolos | bowling |
| el boxeo | boxing |
| la medalla de bronce | bronze medal |
| la canoa | canoe |
| el automovilismo | car racing |
| el telesilla | chair lift |
| el campeonato | championship |
| el vestuario | changing room |
| el circuito | circuit |
| el entrenador | coach |
| la competición | competition |
| la competitividad | competitiveness |
| el córner | corner |
| la cancha | court |
| el deporte de remo | crew |
| el críquet | cricket |

| | |
|---|---|
| el croquet | croquet |
| la carrera a campo traviesa | cross country running |
| el esquí nórdico | cross country skiing |
| el rizado | curling |
| el ciclismo | cycling |
| el decatlón | decathlon |
| la derrota | defeat |
| el defensa | defender |
| el dodgeball | dodgeball |
| el dopaje | doping |
| el esquí alpino | downhill skiing |
| el encuentro | encounter |
| el ecuestre | equestrian |
| el equipamiento | equipment |
| los ejercicios | exercising |
| el piloto de fórmula 1 | F1 driver |
| la afición | fan |
| la cuota | fee |
| la esgrima | fencing |
| el combate | fight |
| el patinaje artístico | figure skating |
| la pesquería | fishing |
| el fútbol americano | football |
| el campo de fútbol | football field |
| el delantero | forward |
| la falta | foul |
| el juego | game |
| la portería | goal |
| el gol | goal |
| la medalla de oro | gold medal |
| el golf | golf |
| el gimnasio | gym |
| la gimnasia | gymnastics |
| la gimnástica | gymnastics |
| el medio tiempo | halftime |
| el balonmano | handball |

| | |
|---|---|
| el senderismo | hiking |
| el hockey | hockey |
| el hoyo en uno | hole-in-one |
| las carreras de caballos | horse racing |
| la equitación | horse riding |
| el corrillo | huddle |
| la caza | hunting |
| la cacería | hunting |
| el hockey (sobre hielo) | ice hockey |
| la pista de hielo | ice rink |
| el patinaje sobre hielo | ice skating |
| el fútbol sala | indoor football |
| el monitor | instructor |
| el jogging | jogging |
| el judo | judo |
| el juego de manos | juggling |
| el karate | karate |
| el kayak | kayaking |
| el kung fu | kung fu |
| el luge | luge |
| el maratón | marathon |
| las artes marciales | martial arts |
| el partido | match |
| la medalla | medal |
| el socio | member |
| el centrocampista | midfielder |
| el automovilismo | motor racing |
| las carreras de coches | motor racing |
| la moto | motorcycle |
| el motociclismo | motorcycling |
| el motorista | motorcyclist |
| el montañismo | mountain climbing |
| el alpinismo | mountain climbing |
| los Juegos Olímpicos | Olympic Games |
| el pádel | paddle/paddleball |
| el penalti | penalty |

| | |
|---|---|
| el pepinillo | pickleball |
| el ping pong | ping pong |
| el salto con pértiga | pole vault |
| el polo | polo |
| el billar | pool |
| el levantamiento de potencia | powerlifting |
| la carrera | race |
| el hipódromo | race course |
| las carreras de caballos | racing |
| el raquetbol | racquetball |
| el/la plusmarquista | record holder |
| el árbitro | referee |
| la resistencia | resistance |
| el resultado | result |
| los deportes de riesgo | risk/extreme sports |
| la escalada en roca | rock climbing |
| el patinaje sobre ruedas | roller skating |
| el rugby | rugby |
| el barco de vela | sailboat |
| la vela | sailing |
| la navegación | sailing |
| el marcador | scoreboard |
| el submarinismo | scuba diving |
| el buceo en aguas profundas | scuba diving |
| la medalla de plata | silver medal |
| el monopatín | skateboard |
| el patinaje | skating |
| la pista de esquí | ski slope |
| el esquí | skiing |
| el snowboard | snowboarding |
| el fútbol | soccer |
| el softbol | softball |
| el patinaje de velocidad | speed skating |
| el deporte | sport |
| el polideportivo | sports center |
| el club deportivo | sports club |

| | |
|---|---|
| el estadio | stadium |
| la grada | stands |
| la salida | start |
| la lucha de sumo | sumo wrestling |
| la natación | swimming |
| la piscina | swimming pool |
| la natación sincronizada | synchronized swimming |
| el ping-pong | table tennis |
| el tenis de mesa | table tennis |
| el taekwondo | taekwondo |
| el tai-chi | tai-chi |
| el equipo | team |
| el tenis | tennis |
| el cinturón | the belt |
| el kimono | the kimono |
| la taquilla | ticket office |
| el empate | tie/draw |
| el torneo | tournament |
| la pista y el campo | track and field |
| el entrenador | trainer/coach |
| el entrenamiento | training |
| el triatlón | triathlon |
| la ultramaratón | ultramarathon |
| el uniforme | uniform |
| la victoria | victory |
| el voleibol | volleyball |
| el calentamiento | warm up |
| el waterpolo | water polo |
| el polo acuático | water polo |
| el esquí acuático | water skiing |
| el entrenamiento con pesas | weight training |
| el silbato | whistle |
| el windsurf | windsurfing |
| el campeonato mundial | world championship |
| la Copa Mundial | World Cup |
| el récord mundial | world record |

| | |
|---|---|
| la lucha libre | wrestling |

## Fútbol — Soccer

| | |
|---|---|
| el partido que se juega fuera de casa | away game |
| el equipo visitante | away team |
| el balón | ball |
| el banco | bench |
| el capitán | captain |
| el campeonato | championship |
| el director técnico | coach |
| el comentarista deportivo | commentator |
| la esquina | corner |
| la defensa | defence |
| el defensor | defender |
| el vestidor | dressing room |
| la expulsión | ejection |
| el tiempo extra | extra time |
| la hincha | fan |
| el segundo poste | far post |
| el resultado final | final score |
| el primer tiempo | first half |
| la banderilla | flag |
| el delantero | forward |
| la falta | foul |
| el tiro libre | free kick |
| el partido amistoso | friendly game |
| el partido | game |
| la portería | goal |
| el arco | goal |
| el área de gol | goal area |
| el saque de meta | goal kick |
| la línea de gol | goal line |
| el goleador | goal scorer |
| el portero | goalkeeper |

| | |
|---|---|
| el arquero | goalkeeper |
| el guardameta | goalkeeper |
| el medio tiempo | half time |
| la línea de medio campo | halfway line |
| el mano | handball |
| el remate de cabeza | header |
| el gamberro | hooligan |
| el jugador lesionado | injured player |
| la patada | kick |
| la patada inicial | kick-off |
| el árbitro asistente | lineman |
| la alineación | lineup |
| la plantilla | lineup |
| el mediocampo | midfield |
| el mediocampista | midfielder |
| el primer poste | near post |
| la red | net |
| el fuera de juego | offside |
| el equipo contrario | opposing team |
| el autogol | own goal |
| el pase | pass |
| el tiro de penal | penalty |
| el área de penalti | penalty area |
| el jugador | player |
| el poste | post |
| el rebote | rebound |
| la tarjeta roja | red card |
| el árbitro | referee |
| la repetición | replay |
| el empate a cero | score draw |
| el marcador | scoreboard |
| el segundo tiempo | second half |
| la espinillera | shinguard |
| la camiseta | shirt |
| los pantalones cortos | shorts |
| el remate | shot |

| | |
|---|---|
| el disparo | shot |
| la línea de banda | sideline |
| el futbolista | soccer player |
| las medias | socks |
| los espectadores | spectators |
| el estadio | stadium |
| el banquillo de reservas | substitute bench |
| la sustitución | substitution |
| el aficionado | supporter |
| los aficiones | supporters |
| La Copa Mundial de Fútbol | The FIFA World Cup |
| el saque de banda | throw in |
| el entrenador | trainer |
| el uniforme | uniform |
| la amonestación | warning |
| el silbato | whistle |
| el extremo | winger |
| la tarjeta amarilla | yellow card |

## El Béisbol     Baseball

| | |
|---|---|
| la liga americana | american league |
| al bate | at bat |
| la pelota | ball |
| el béisbol | baseball |
| el bate de béisbol | baseball bat |
| la tarjeta de béisbol | baseball card |
| el guante de béisbol | baseball glove |
| el corredor de bases | baserunning |
| las bases cargadas | bases loaded |
| el bate | bat |
| el chico bate | batboy |
| el bateador | batter |
| el bullpen | bullpen |
| el toque | bunt |

| | |
|---|---|
| la captura | catch |
| el receptor | catcher |
| el campo central | center field |
| la bola curva | curveball |
| el bateador designado | designated hitter |
| el doble encabezado | double header |
| la recta | fastball |
| el primero | first |
| la falta | foul |
| la bola de tierra | ground ball |
| el duro | hardball |
| el casco | helmet |
| los golpes | hits |
| el hogar | home |
| el equipo de casa | home team |
| el campo interior | infield |
| la entrada | inning |
| la bola de nudillos | knuckleball |
| la liga | league |
| el campo izquierdo | left field |
| el zurdo | left hander |
| la línea de conducción | line drive |
| la alineación | lineup |
| la liga mayor | major league |
| la liga menor | minor league |
| el guante | mitt |
| el jugador más valioso | most valuable player |
| el montículo | mound |
| la liga nacional | national league |
| el no hitter | no hitter |
| la salida | out |
| los jardines | outfield |
| el parque | park |
| el bateador emergente | pinch hitter |
| el tono | pitch |
| el lanzador | pitcher |

| | |
|---|---|
| el montículo del lanzador | pitcher's mound |
| el campo derecho | right field |
| la carrera | run |
| el marcador | score/scoreboard |
| el campocorto | shortstop |
| la diapositiva | slide |
| el toletero | slugger |
| el softbol | softball |
| el entrenamiento de primavera | spring training |
| el estadio | stadium |
| el robo | steal |
| el robado | stolen |
| la huelga | strike |
| la etiqueta | tag |
| el juego triple | triple play |
| el árbitro | umpire |
| el uniforme | uniform |
| el equipo visitante | visiting team |
| la caminata | walk |
| la victoria | win |

## Las Atletas      Athletes

| | |
|---|---|
| el/la atleta | athlete |
| el/la deportista | athlete |
| el/la beisbolista | baseball player |
| el/la jugador/a de baloncesto | basketball player |
| el/la bateador/a | batter |
| el/la carrocero/a | bodybuilder |
| el/la boxeador/a | boxer |
| el/la receptor | catcher |
| el/la campeón/a | champion |
| el/la animador/a | cheerleader |
| el/la escalador/a | climber |
| el/la entrenador/a | coach |

| | |
|---|---|
| el/la ciclista | cyclist |
| el/la defensor/a | defender |
| el/la buceador/a | diver |
| el/la luchador/a | fighter |
| el/la futbolista | football player |
| el/la delantero/a | forward |
| el/la portero/a | goalkeeper |
| el/la golfista | golfer |
| el/la gimnasta | gymnast |
| el/la caminante | hiker |
| el/la jinete | jockey (horse) |
| el/la liniero/a | lineman |
| el/la perdedor/a | loser |
| el/la gerente | manager |
| el/la oponente | opponent |
| el/la jardinero/a | outfielder |
| el/la dueño/a | owner |
| el/la tirador/a | pitcher |
| el/la lanzador/a | pitcher/quarterback |
| el/la jugador/a | player |
| el/la árbitro/a | referee |
| el/la corredor/a | runner |
| el/la esquiador/a | skier |
| el/la nadadora | swimmer |
| el equipo | team |
| el/la compañero/a de equipo | teammate |
| el/la tenista | tennis player |
| el/la entrenador/a | trainer |
| el/la amaestrador/a | trainer |
| el/la árbitro/a | umpire/referee |
| el/la ganador/a | winner |

## El Equipo Atlético

## Athletic Equipment

| | |
|---|---|
| la flecha | arrow |

| | |
|---|---|
| la pelota | ball (small) |
| el balón | ball (large) |
| el guante de beisbol | baseball glove |
| la canasta | basket |
| el bate | bat |
| la bicicleta | bicycle |
| los prismáticos | binoculars |
| el arco | bow |
| los guantes de boxeo | boxing gloves |
| el guante del cachear | catcher's mitt |
| los tacos | cleats |
| la bicicleta de ejercicio | exercise bike |
| la bicicleta estática | exercise bike |
| la caña de pescar | fishing rod |
| la pelota de golf | golf ball |
| el palo de golf | golf club |
| el casco | helmet |
| el palo de hockey | hockey stick |
| la jabalina | javelin |
| el colchoneta | mat |
| la red | net |
| las almohadillas | pads |
| el disco | puck |
| el puck | puck |
| la raqueta | raquet |
| la lanzamiento de peso | shot put |
| los patines | skates |
| las botas de esquí | ski boots |
| los bastones de esquí | ski poles |
| los esquís | skis |
| el balon de futbol | soccer ball |
| la tabla de surf | surfboard |
| la pelota de tenis | tennis ball |
| la cancha de tenis | tennis court |
| la raqueta de tenis | tennis racket |
| las pesas | weights |

la tabla de windsurf — windsurfing board

## Verbos / Verbs

| Verbos | Verbs |
|---|---|
| animar a un equipo | to cheer on a team |
| aplaudir | to clap |
| apostar | to bet |
| atajar | to catch |
| boxear | to box |
| bucear | to scuba dive |
| cabecear | to head the ball |
| calentar | to warm up |
| clasificarse | to qualify |
| cometer una falta | to commit a foul |
| correr | to run |
| defender | to defend |
| derrotar | to beat |
| echar una partida | to play a game |
| eliminar | to remove/eliminate |
| empatar | to tie |
| empujar | to push |
| enfrentarse | to meet |
| entrenar | to train |
| esquiar | to ski |
| expulsar a un jugador | to send a player off |
| fingir | to fake |
| ganar | to win |
| golpear | to hit |
| hacer aeróbicos | to do aerobics |
| hacer deporte | to do sports |
| hacer ejercicio | to exercise |
| hacer gimnasia | to do gymnastics |
| hacer pesas | to lift weights |
| hacer trampas | to cheat |
| inscribirse en | to register |

| | |
|---|---|
| ir a la piscina | to go to the pool |
| jugar | to play |
| jugar al fútbol | to play football |
| jugar contra alguien | to play against somebody |
| jugar fútbol | to play soccer |
| jugar limpio | to play fair |
| jugar sucio | to play dirty |
| jugar un partido | to play a match |
| marcar un gol | to score a goal |
| meter un gol | to score a goal |
| meter una canasta | to score a basket |
| montar a caballo | to ride a horse |
| montar en bici | to ride a bike |
| nadar | to swim |
| navegar a vela | to sail |
| participar | to participate |
| pasar | to pass |
| patear | to shoot |
| patinar | to skate |
| perder | to lose |
| pitar | to blow one's whistle |
| poner una zancadilla a alguien | to trip somebody up |
| practicar artes marciales | to practice martial arts |
| practicar deporte | to do sports |
| practicar windsurf | to windsurf |
| quitar la pelota | to take away the ball |
| saltar | to jump |
| saltarse las reglas del juego | to break the rules of the game |
| tirar a la portería | to shoot at the goal |
| trotar | to jog |
| vencer | to beat |

# Frases

¿Cuál es el puntaje?

# Phrases

What's the score?

| | |
|---|---|
| Le di a mi hijo un guante de béisbol. | I gave my son a baseball glove. |
| ¿Cuál es tu deporte preferido? | Which is your favorite sport? |
| Yo amo el ping pong. | I love table tennis. |
| ¿Practicas algún deporte? | Do you practice any sport? |
| Me gusta ir de excursión. | I like to go hiking. |
| Te apuesto a que mi equipo va a ganar. | I bet my team will win. |
| No me gusta el boxeo porque es violento. | I don´t like boxing because it is violent. |
| Disfruto ver en televisión automovilismo. | I enjoy watching car racing on televisión. |
| ¿Quieres ver el partido de campeonato? | Do you want to see the championship game? |
| El campo de fútbol está perfecto. | This football field is perfect. |
| La caza puede ser peligrosa. | Hunting can be dangerous. |
| El partido estuvo buenisimo. | The game was great! |
| Mucha gente mira los Juegos Olímpicos. | Many people watch the Olympic Games. |
| El atleta ganó la medalla de plata. | The athlete won the silver medal. |
| El es un excelente portero. | He is an excellent goalie. |
| La animadora hizo muy bien su rutina. | The cheerleader did her routine very well. |
| La gimnasta entrena todos los días. | The gymnast trains every day. |
| Compré una bicicleta estática. | I bought an exercise bike. |
| Mi amiga tiene unos patines increíbles. | My friend has incredible skates. |
| Le regalaré a mi sobrino un balón de fútbol. | I will give my nephew a soccer ball. |
| El tenis es un gran deporte para cualquier edad. | Tennis is a great sport for any age. |
| El luchador levanta pesas todos los días. | The fighter lifts weights every day. |
| ¿Qué equipo ganó el juego? | Which team won the game? |

# Quiz - Chapter XV
# Sports

| | | | |
|---|---|---|---|
| 1. la apuesta | A. | athlete |
| 2. el ganador | B. | bet |
| 3. el campeón | C. | champion |
| 4. bucear | D. | coach |
| 5. el entrenador | E. | defender |
| 6. el defensor | F. | football field |
| 7. el campo de fútbol | G. | hiking |
| 8. calentar | H. | loser |
| 9. el senderismo | I. | midfielder |
| 10. el centrocampista | J. | motorcycle |
| 11. la moto | K. | player |
| 12. el jugador | L. | race |
| 13. entrenar | M. | referee |
| 14. la carrera | N. | skier |
| 15. el perdedor | O. | to dive |
| 16. el árbitro | P. | to lift weights |
| 17. hacer pesas | Q. | to train |
| 18. el atleta | R. | to warm up |
| 19. el esquiador | S. | to win |
| 20. ganar | T. | winner |

21. El _____ debe ser específico para el deporte que practicas.
a. equipamiento    c. combate
b. cuota       d. juego

22. La _____ de energía influye en tu rendimiento como deportista.
a. falta       c. gimnasio
b. golf       d. casa

23. _____ es mi deporte favorito y me ayuda a desestresarme.
a. monitor     c. patinar
b. medalla     d. socio

24. La máxima meta en el fútbol es marcar un _____ .
a. béisbol     c. gol
b. surdo      d. liga

25. Durante el partido de fútbol el _____ estaba repleto.
a. estadio     c. toque
b. tenis de mesa   d. recta

26. El _____ hizo su mejor esfuerzo durante la competencia .
a. nadador     c. bate
b. guante      d. triatlón

27. La atleta _____ a su oponente con una gran ventaja.
a. uniforme     c. diapositiva
b. victoria     d. venció

28. A mis amigos les gusta ir a ver _____ los viernes en la noche.
a. jinete      c. dueño
b. lucha libre    d. arco

29. El _____ fue de los más divertidos de la temporada.
a. vencer     c. saltar
b. torneo      d. socio

30. Nunca olvidaré el _____ de la copa mundial de 2010.
a. monopatín    c. monitor
b. deporte     d. partido

# Answer Key

1. B
2. T
3. C
4. O
5. D
6. E
7. F
8. R
9. G
10. I
11. J
12. K
13. Q
14. L
15. H
16. M
17. P
18. A
19. N
20. S
21. A
22. A
23. C
24. C
25. A
26. A
27. D
28. B
29. B
30. D

# Chapter XVI
# Triathlons

## El Correr

los corredores descalzos
latidos por minuto
la milla de la cerveza
las uñas negras
el clasificador de boston
la cadencia
el roce
el enfriamiento
el estiramiento dinámico
la carrera fácil
la élite
el golpe de pie
la forma
la media maratón
la colina corre
los intervalos
el maratón
el sobre entrenamiento
la sobrepronación
el paso
la raza
la carrera de recuperación
los días de descanso
el ritmo
la carrera de ruta
el alto del corredor
la rodilla del corredor
el trabajo de velocidad
las divisiones

## Running

barefoot runners
beats per minute
beer mile
black toenails
boston qualifier
cadence
chafing
cool down
dynamic stretching
easy run
elite
foot strike
form
half marathon
hill sprints
intervals
marathon
over training
overpronation
pace
race
recovery run
rest days
rhythm
road race
runner's high
runner's knee
speedwork
splits

| | |
|---|---|
| el estiramiento estático | static stretching |
| el entrenamiento de fuerza | strength training |
| la zancada | stride |
| el sendero corre | trail runs |
| la caminadora | treadmill |
| el ultramaratonista | ultramarathon runner |
| el calentamiento | warm up |

## Natación — Swimming

| | |
|---|---|
| ágil | agile |
| acuático/a | aquatic |
| el estilo dorso | backstroke |
| el estilo espalda | backstroke |
| la línea del fondo de la piscina | bottom line |
| el estilo pecho | breaststroke |
| la inhalación | breathing in |
| la exhalación | breathing out |
| el estilo mariposa | butterfly stroke |
| el jefe de cronometradores | chief timekeeper |
| frío | cold |
| el crol | crawl stroke |
| la corriente | current |
| profundo/a | deep |
| la profundidad | depth |
| seco/a | dry |
| la pared de fondo | end wall |
| rápido/a | fast |
| la vuelta de campana | flip turn |
| el estilo libre | freestyle stroke |
| el lago | lake |
| la calle | lane |
| el carril | lane |
| el número de calle | lane number |
| la corderas | lane rope |

| | |
|---|---|
| el/la salvavidas | lifeguard |
| el/la socorrista | lifeguard |
| el océano | ocean |
| la piscina olímpica | olympic pool |
| la natación en aguas abiertas | open water swimming |
| el estanque | pond |
| la piscina | pool |
| poderoso/a | powerful |
| el árbitro | referee |
| el río | river |
| el mar | sea |
| superficial | shallow |
| la marinera | side stroke |
| la pared lateral | sidewall |
| lento/a | slow |
| la línea de salida | start wall |
| el podio de salida | starting block |
| el salto de salida | starting dive |
| la brazada | stroke |
| fuerte | strong |
| el/la nadador/a | swimmer |
| la natación | swimming |
| las clases de natación | swimming lessons |
| la marea | tide |
| la bicicleta | treading water |
| la pared de viraje | turning wall |
| los estilos de natación | types of strokes |
| caliente | warm |
| la ola | wave |
| débil | weak |
| mojado/a | wet |

# El Ciclismo

# Cycling

| | |
|---|---|
| asombroso/a | awesome |

| | |
|---|---|
| el equilibrio | balance |
| la ciclovía | bicycle path/cycle lane |
| el carril bici | bicycle path/cycle lane |
| la cadencia | cadence |
| la fibra de carbono | carbon fiber |
| el campeón | champion |
| barata | cheap |
| el ascenso | climb |
| el escalador | climber |
| cómoda | comfortable |
| la bicicleta de paseo | cruiser bicycle |
| el ciclista | cyclist |
| peligroso | dangerous |
| el descenso | descent |
| difícil | difficult |
| la bicicleta eléctrica | electric bicycle |
| elegante | elegant |
| rápido | fast |
| la bicicleta plegable | foldable bicycle |
| el estilo libre | freestyle |
| la meta | goal |
| el agarre | grip |
| pesada | heavy |
| el rey de la montaña | king of the mountain (**KOM**) |
| el líder | leader |
| ligera | light |
| moderna | modern |
| la bicicleta de montaña | mountain bike |
| el ciclismo de montaña | mountain biking |
| nuevo/a | new |
| viejo/a | old |
| el candado | padlock |
| la alforja | pannier/saddlebags |
| la bomba (de aire) | pump |
| la ponchadura | puncture |
| el pinchazo | puncture |

| | |
|---|---|
| la reina de la montaña | queen of the mountain (QOM) |
| la carrera | race |
| la bicicleta de carreras | race bicycle |
| la bicicleta de ruta | road bicycle |
| oxidado/a | rusty |
| brillante | shining |
| el sendero angosto | singletrack |
| la cuesta | slope |
| lento | slow |
| despacio | slow |
| espectacular | spectacular |
| la velocidad | speed/gear |
| el sprinter | sprinter |
| la etapa | stage |
| la clasificación general | standings |
| la cumbre | summit (of a hill) |
| la horquilla de suspensión | suspension fork |
| el equipo | team |
| el capitán del equipo | team captain |
| la contrarreloj | time trial |
| la bicicleta de pista | track bicycle |
| el entrenador | trainer |
| el entrenamiento | training |
| fea | ugly |
| la válvula | valve |
| el velódromo | velodrome |
| el caballito | wheelie |
| el jersey amarillo | yellow jersey |

## Los Triatlones / Triathlons

| | |
|---|---|
| la habilidad | ability |
| la edad | age |
| los puestos de socorro | aid stations |
| atlético/a | athletic |

| | |
|---|---|
| la playa | beach |
| la marca del cuerpo | body marking |
| el sin aliento | breathless |
| el ladrillo | brick |
| la camaradería | camaraderie |
| el roce | chafing |
| el reto | challenge |
| el campeón | champion |
| los aplausos | cheering |
| el entrenador | coach |
| el colapso | collapse |
| la competencia | competition |
| los calcetines de compresión | compression socks |
| el condicionamiento | conditioning |
| el enfriamiento | cool down |
| la coordinación | coordination |
| el coraje | courage |
| el registro del curso | course record |
| el choque | crash |
| el entrenamiento cruzado | cross training |
| las multitudes | crowds |
| no terminó | did not finish |
| no empezó | did not start |
| la dieta | diet |
| la decepción | disappointment |
| el malestar | discomfort |
| la distancia | distance |
| el médico | doctor |
| el conducido | driven |
| el aliento | encouragement |
| la resistencia | endurance |
| la energía | energy |
| el agotamiento | exhaustion |
| la aptitud | fitness |
| la flexibilidad | flexibility |
| el rodillo de espuma | foam roller |

| | |
|---|---|
| el cinturón de combustible | fuel belt |
| la gloria | glory |
| la meta | goal |
| el gimnasio | gym |
| la salud | health |
| hipóxico | hypoxic |
| la lesión | injury |
| el hombre de hierro | ironman |
| el jogging | jogging |
| las millas basura | junk miles |
| el masaje | massage |
| la medicación | medication |
| la ropa que absorbe la humedad | moisture wicking clothing |
| el monitor | monitor |
| la motivación | motivation |
| las náuseas | nausea |
| la nutrición | nutrition |
| nadar en aguas abiertas | open water swim |
| el optimismo | optimism |
| sobresaliente | outstanding |
| el sobreentrenamiento | overtraining |
| el paso | pace |
| lo mejor personal | personal best |
| el registro personal | personal record |
| el podio | podium |
| la preparación | preparation |
| el castigo | punishment |
| la búsqueda | quest |
| el cinturón con el número de carrera | race number belt |
| el rango | rank |
| la recuperación | recovery |
| la rehabilitación | rehabilitation |
| resiliente | resilient |
| el riesgo | risk |
| la calzada | roadway |

| | |
|---|---|
| las mallas para correr | running tights |
| la arena | sand |
| el segmento | segment |
| las espinillas | shin splints |
| la deportividad | sportsmanship |
| la resistencia | stamina |
| la tensión | strain |
| la fuerza | strength |
| la zancada | stride |
| el apoyo | support |
| el sudor | sweat |
| el objetivo | target |
| el chip de tiempo | timing chip |
| el tono | tone |
| el entrenador | trainer |
| la transición | transition |
| el triatleta | triathlete |
| la victoria | victory |
| las vitaminas | vitamins |
| el VO2 máx. | VO2 max |

## El Engranaje      Gear

| | |
|---|---|
| la bicicleta | bike |
| el bikini | bikini |
| los zapatos de ciclismo | cycling shoes |
| el reloj deportivo | fitness watch |
| el kit de reparacion plana | flat repair kit |
| las aletas de buceo | flippers/fins |
| los flotadores | floaties |
| las gafas de natación | goggles |
| el pulsómetro | heart rate monitor |
| el casco | helmet |
| la hidratación | hydration |
| la balsa inflable | inflatable raft |

| | |
|---|---|
| la tabla de pateo | kick board |
| el chaleco salvavidas | life jacket |
| el lubricante | lubricant |
| la pinza nasal | nose clip |
| la nutrición | nutrition |
| el cinturón con el número de carrera | race number belt |
| el sombrero para correr | running hat |
| los zapatos para correr | running shoes |
| las gafas de sol | sunglasses |
| el protector solar | sunscreen |
| el bloqueador | sunscreen |
| el gorro de natación | swim cap |
| el traje de baño | swimsuit |
| el bañador | swimsuit |
| la toalla | towel |
| la bolsa de transición | transition bag |
| la ropa de triatlón | triathlon clothing |
| el traje de neopreno | wetsuit |

## Partes de Bici     Bike Parts

| | |
|---|---|
| el marco de aluminio | aluminum frame |
| la canasta | basket |
| la campaña | bell |
| la luz de stop | brake light/red light in rear |
| los frenos | brakes |
| el marco de fibra de carbon | carbon fiber frame |
| la cadena | chain |
| los frenos discos | disc brakes |
| el tenedor | forks |
| los cambios | gear changer |
| los guantes | gloves |
| la manija | hand grips |
| los mangos | handgrips |
| el manubrio | handlebars |

| | |
|---|---|
| el casco | helmet |
| el gato | kickstand |
| la luz | light |
| la grasa | oil |
| los pedales | pedals |
| reflectivos | reflectors |
| el sillon | seat |
| la transmisión | shifter |
| la suspensión | shocks |
| los amortiguadores | shocks |
| las llantas | tires |
| los neumáticos | tires |
| el termo | water bottle |
| las ruedas | wheels |
| los rines | wheels/rims |

## Verbos / Verbs

| Verbos | Verbs |
|---|---|
| acelerar | to speed up |
| aflojar | to loosen |
| apretar | to tighten |
| atacar | to attack |
| caerse | to fall (oneself) |
| cambiar | to change (gears) |
| chapotear | to splash |
| competir | to race |
| dar un clavado | to dive into the water |
| dejar caer el martillo | to drop the hammer |
| descender | to descend |
| engrasar | to lubricate |
| escalar | to climb |
| flotar | to float |
| frenar | to brake/slow down |
| fugarse | to breakaway |
| inflar | to blow up (the tire) |

| | |
|---|---|
| lubricar | to lubricate |
| medir | to measure |
| mojarse | to get wet |
| montar | to ride |
| nadar | to swim |
| participar | to participate |
| patear | to kick |
| pedalear | to pedal |
| perseguir | to chase |
| remar | to paddle |
| respirar | to breathe |
| saltar | to jump |
| secarse | to dry off |
| tirarse al agua | to dive into the water |
| transpirar | to perspire |

## Frases

¿Vas a correr en la media maratón?

El va a participar en la carrera de ruta.

Debes hacer calentamiento antes de ejercitarte.

Yo sé nadar en estilo mariposa.

El frío me dio un calambre.

Nadar en estilo libre es muy común.

¿Quieres ir a nadar al estanque?

Ella usa la ciclovía todos los domingos.

Él es el líder del equipo.

¿Quién ganó la carrera?

Subir la cuesta requiere esfuerzo.

El entrenador es muy exigente.

## Phrases

¿Are you going to run in the half marathon?

He is going to participate in the road race.

You should warm up before exercising.

I know how to swim butterfly style.

The cold gave me a cramp.

Freestyle stroke is very common.

¿Do you want to go swimming in the pond?

She uses the bicycle path every sunday.

He is the team leader.

¿Who won the race?

Climbing the slope requires effort.

The trainer is demanding.

El campeón del mundo es él.  
He is the world champion.

El deportista sufrió un colapso.  
The athlete collapsed.

Se necesita coraje para ganar.  
It takes courage to win.

El choque fue fuerte.  
The crash was strong.

Debo hacer dieta para la competencia.  
I must diet for the competition.

Mi sueño es bucear con delfines.  
My dream is to dive with dolphins.

Yo no tengo músculos flexibles.  
I don't have flexible muscles.

Mi meta es ganar la carrera.  
My goal is to win the race.

Su motivación es baja porque perdió.  
His motivation is low because he lost.

Debes mantenerte hidratada.  
You must stay hydrated.

Los frenos necesitan mantenimiento.  
Brakes need maintenance.

La silla de la cicla es incómoda.  
The bike seat is uncomfortable.

Patea la pelota fuerte.  
Kick the ball hard.

# Quiz - Chapter XVI
# Triathlon

| | | | |
|---|---|---|---|
| 1. el bloqueador | A. | awesome |
| 2. latidos por minuto | B. | beats per minute |
| 3. los días de descanso | C. | challenge |
| 4. profundo | D. | deep |
| 5. perseguir | E. | disappointment |
| 6. la carrera de ruta | F. | exhaustion |
| 7. el carril | G. | helmet |
| 8. la ola | H. | lane |
| 9. asombroso | I. | puncture |
| 10. el pinchazo | J. | rest days |
| 11. lubricar | K. | road race |
| 12. la caminadora | L. | sunscreen |
| 13. el entrenamiento | M. | sweat |
| 14. el reto | N. | to chase |
| 15. la decepción | O. | to loosen |
| 16. el agotamiento | P. | to lubricate |
| 17. el sudor | Q. | training |
| 18. aflojar | R. | treadmill |
| 19. la victoria | S. | victory |
| 20. el casco | T. | wave |

21.   El _____ es necesario si navegas en un bote.
a.    enfriamiento              c. chaleco salvavidas
b.    carrera fácil             d. patada

22.   Ayer cuando iba en mi bicicleta me caí por que la _____ se salió
de su lugar.
a.    cadena                    c. gimnasio
b.    golf                      d. casa

23.   Los _____ son importantes para no sentir el impacto de los
huecos.
a.    raza                      c. paso
b.    amortiguadores            d. divisiones

24.   Debes _____ los tornillos de la bicicleta.
a.    zancada                   c. apretar
b.    caminadora                d. calentamiento

25.   Debes asegurarte que _____ estén infladas .
a.    frío                      c. carril
b.    calle                     d. las llantas

26.   La _____ de cada brazada hizo que ganara la competencia .
a.    fuerza                    c. océano
b.    rio                       d. marea

27.   El deportista tuvo un _____ que lo agotó para la carrera.
a.    sobreentrenamiento        c. ligera
b.    pesada                    d. moderna

28.   El _____ rápidamente.
a.    caballito                 c. aplausos
b.    playa                     d. dejó caer el martillo

29.   El _____ hizo que no pudiera cumplir con la meta.
a.    malestar                  c. cadena
b.    gimnasio                  d. optimismo

30.   La deportista obtuvo un rendimiento _____ en la carrera.
a.    casco                     c. gato
**b.**    sobresaliente          d. atacar

# Answer Key

1. L
2. B
3. J
4. D
5. N
6. K
7. H
8. T
9. A
10. I
11. P
12. R
13. Q
14. C
15. E
16. F
17. M
18. O
19. S
20. G
21. C
22. A
23. B
24. C
25. D
26. A
27. A
28. D
29. A
30. B

# Chapter XVII
# Health & Fitness

| El Gimnasio | The Gym |
|---|---|
| la rueda para el abdomen | ab wheel |
| el equilibrio | balance |
| las barras | bars |
| volverse más rápido/a | become faster |
| volverse más fuerte | become stronger |
| la banca | bench |
| los huesos | bones |
| el ring de boxeo | boxing ring |
| las calorías quemadas | calories burned |
| el área de cardio | cardio area |
| los vestidores | changing room |
| el estudio de ciclismo | cycling studio |
| las mancuernas | dumbells |
| el esfuerzo | effort |
| la elasticidad | elasticity |
| la máquina elíptica | elliptical machine |
| la resistencia | endurance |
| la energía | energy |
| el ejercicio | exercise/workout |
| las pelotas para ejercicio | exercise balls |
| sentirse mejor | feel better |
| el estado físico | fitness |
| la flexibilidad | flexibility |
| por estética | for aesthetics |
| por diversión | for fun |
| por salud | for health |
| el área de pesas | free weights area |
| el HIIT | HIIT (High intensity interval training) |

| | |
|---|---|
| el entrenamiento de alta intensidad | HIIT (High intensity interval training) |
| la zona de kickboxing | kickboxing zone |
| los ligamentos | ligaments |
| el cuarto de los casilleros | locker room |
| el salón | lounge |
| la sala principal | lounge |
| el estudio principal | main studio |
| el movimiento | movement |
| los músculos | muscles |
| para no estresarme | not to stress |
| el área de juegos | playground |
| el patio de juegos | playground |
| la piscina | pool |
| las bandas de resistencia | power bands |
| el estante de poder | power rack |
| los sacos de boxeo | punching bags |
| la recepción | reception |
| la zona de recuperación | recovery zone |
| las repeticiones | repetitions |
| la máquina para remar | rowing machine |
| el sauna | sauna |
| los sets | sets |
| las series | sets |
| las duchas | showers |
| la máquina para subir escaleras | stair climber |
| el aguante | stamina |
| la bicicleta estacionaria | stationary bicycle |
| la fuerza | strength |
| los estiramientos | stretches |
| los tendones | tendons |
| la caminadora | treadmill |
| el peso | weight |
| las pesas | weights |
| el bienestar | well being |

| | |
|---|---|
| el entrenamiento | workout |
| la colchoneta de yoga | yoga mat |
| el estudio de yoga | yoga studio |

## Los Ejercicios

## Exercises

| | |
|---|---|
| la sentadilla con barra | barbell back squat |
| el press de banca | bench press |
| las flexiones de bíceps | bicep curls |
| los burpees | burpees |
| el cable vuela | cable flys |
| las elevaciones de pantorrillas | calf raise |
| las abdominales | crunches |
| el peso muerto | deadlift |
| encogimiento de hombros con mancuernas | dumbbell shrugs |
| los rizos con mancuernas | dumbbell curls |
| la prensa inclinada | incline press |
| las sentadillas con salto | jumping squats |
| la cuerda de saltar | jumprope |
| elevaciones laterales con mancuernas | lateral shoulder raises |
| la pierna se enrosca | leg curls |
| las extensiones de piernas | leg extensions |
| la prensa de piernas | leg press |
| los fondos | lunges |
| la prensa de la máquina | machine press |
| la prensa militar | military press |
| el press de hombros | overhead press |
| la plancha | plank |
| las dominadas | pull ups |
| los desplegables | pulldowns |
| las flexiones | push-ups |
| despechadas | push-ups |
| lagartijas | push-ups |
| los empujones | pushdowns |

| | |
|---|---|
| las extensiones de cuádriceps | quadriceps leg extensions |
| la fila sentada | seated row |
| las sentadillas | squats |
| los fondos de tríceps | tricep dips |
| las extensiones de tríceps | tricep extensions |

## La Ropa del Gimnasio  Gym Clothes

| | |
|---|---|
| los guantes de boxeo | boxing gloves |
| los lentes de agua | goggles |
| los lentes de natación | goggles |
| la banda para la cabeza | headband |
| el sudadero | hoodie |
| los leggins | leggings |
| la licra | leggings |
| el protector bucal | mouthpiece |
| las espinilleras | shin protectors |
| los shorts | shorts |
| la pantaloneta | shorts |
| los pantaloncillos | shorts |
| los pantalones cortos | shorts |
| zapatillas deportivas | sneakers |
| la gorra de natación | swim cap |
| el traje de baño | swimsuit |
| la playera | t-shirt |
| la camiseta | t-shirt |
| la camiseta sin mangas | tank top |
| los zapatos tenis | tennis shoes/sneakers |
| los guantes para levantar pesas | weight lifting gloves |

## Los Grupos Musculares  Muscle Groups

| | |
|---|---|
| el abdomen | abs |
| la espalda | back |

| | |
|---|---|
| el bíceps | bicep |
| las pantorrillas | calves |
| el pecho | chest |
| el core | core |
| el núcleo | core |
| el tronco | core |
| el centro | core |
| el antebrazo | forearm |
| los deltoides: frontales, laterales, traseros | front, side, rear delts |
| los glúteos | glutes |
| los músculos posteriores de la pierna | hamstrings |
| los laterales | lats |
| las piernas | legs |
| el músculo | muscle |
| el cuello | neck |
| los oblicuos | obliques |
| los pectorales | pecs |
| el cuádriceps | quadriceps |
| los hombros | shoulders |
| el trapecio | traps |
| el tríceps | tricep |

## Las Clases de gimnasia — Gym Classes

| | |
|---|---|
| el boxeo | boxing |
| la calistenia | calisthenics |
| el entrenamiento funcional | functional training |
| el kickboxing | kickboxing |
| el muay thai | muay thai |
| boxeo tailandés | muay thai |
| la salsa | salsa |
| la natación | swimming |
| el yoga | yoga |
| la zumba | zumba |

| | |
|---|---|
| clase de baile | dance class |
| clase de abdominales | abs class |
| pilates | pilates |

## Dieta y Nutrición
## Diet & Nutrition

| | |
|---|---|
| nutrición balanceada | balanced nutrition |
| el calcio | calcium |
| las calorías | calories |
| los carbohidratos | carbohydrates |
| celíaca/o | celiac |
| la dieta | diet |
| las grasas | fats |
| la fibra | fibre |
| la comida | food |
| los alimentos | foods |
| libre de gluten | gluten free |
| la salud | health |
| sano | healthy |
| saludable | healthy |
| alto en grasa | high in fat |
| alto en azúcar | high in sugar |
| el hambre | hunger |
| la comida chatarra | junk food |
| bajo en grasa | low fat |
| los minerales | minerals |
| los nutrientes | nutrients |
| la nutrición | nutrition |
| la porción | portion |
| la proteína | protein |
| la ración | ration |
| el sodio | sodium |
| libre de azúcar | sugar free |
| la sed | thirst |
| las grasas trans | trans fats |

| | |
|---|---|
| vegano/a | vegan |
| vegetariano/a | vegetarian |
| las vitaminas | vitamins |
| el aumento de peso | weight gain |
| la pérdida de peso | weight loss |

## Verbos / Verbs

| | |
|---|---|
| agacharse | to crouch |
| aumentar | to increase |
| bailar | to dance |
| bajar | to put down/lower |
| calentar | to warm up |
| caminar | to walk |
| cansarse | to get tired |
| comer una dieta balanceada | to eat a balanced diet |
| comer una dieta sana | to eat a healthy diet |
| contraer | to contract/tighten |
| correr | to run |
| dejar de fumar | to quit smoking |
| descansar | to rest |
| doblar | to bend/turn |
| dormir suficiente | to get enough sleep |
| ducharse | to take a shower |
| eliminar el estrés | to eliminate stress |
| enfriarse | to cool down |
| entrenar para | to train for |
| escalar | to climb |
| estar en buena forma | to be in good shape |
| estirar | to stretch |
| estirarse | to stretch oneself |
| evitar los dulces | to avoid sweets |
| flexionar | to flex/bend |
| fortalecer | to strengthen |
| ganar músculo | to gain muscle |

| | |
|---|---|
| girar | to turn |
| hacer ejercicio | to exercise |
| ir de caminata | to go hiking |
| levantar | to lift/raise |
| levantar pesas | to lift weights |
| mantenerse en forma | to stay in shape |
| mejorar | to improve |
| mover | to move |
| perder grasa | to lose fat |
| perder peso | to lose weight |
| ponerse en forma | to get fit |
| ponerse en mejor forma | to get in better shape |
| reducir | to decrease |
| relajar | to relax |
| relajarse | to chill out |
| repetir | to repeat |
| respirar | to breathe |
| saltar | to skip/jump |
| seguir una dieta | to be on/follow a diet |
| ser consciente de lo que come | to watch what you eat |
| subir de peso | to gain weight |
| sudar | to sweat |
| tomar agua | to drink water |
| tonificar | to tone up |
| tumbarse | to lie down |

## Frases

¿Cuántas series te quedan?

Una dieta saludable no incluye mucha azúcar.

Vanessa está en buena forma.

Yo camino con mi vecino.

Yo hago actividad física cada día.

## Phrases

How many sets do you have left?

A healthy diet does not include a lot of sugar.

Vanessa is in good shape.

I walk with my neighbor.

I do physical activity every day.

Yo perdí peso.

I lost weight.

Mi amigo dejó de fumar el mes pasado.

My friend quit smoking last month.

Mi madre siempre sigue una dieta.

My mother is always on a diet.

Mis amigos hacen ejercicio en el gimnasio.

My friends exercise at the gym.

Me gusta practicar yoga.

I like practicing yoga.

Juan evita los dulces, a veces.

Juan tries to avoid sweets, sometimes.

Haz más ejercicio y mira menos televisión.

Exercise more and watch less TV.

Debería, pero casi nunca estirarme.

I should, but almost never stretch.

El bienestar es importante para nuestra salud.

Well being is important for our health.

El ejercicio elimina el estrés.

Exercise eliminates stress.

Él está en el gimnasio.

He's at the gym.

El hombre levanta pesas en el gimnasio.

The man lifts weights in the gym.

Él no es consciente de lo que come.

He doesn't pay attention to what he eats.

Debemos comer una dieta balanceada.

We should eat a balanced diet.

Debemos mantenernos en forma.

We should stay in shape.

Debes tomar agua cada día.

You should drink water every day.

¿Cuántas veces a la semana haces ejercicio?

How many times a week do you exercise?

A veces no duermo lo suficiente.

Sometimes I don't get enough sleep.

Ayer no fui a clase de baile.

I didn't go to dance class yesterday.

Bebe mucha agua.

Drink a lot of water.

Dormir lo suficiente.

Get enough sleep.

# Quiz - Chapter XVII
# Health & Fitness

| | | | |
|---|---|---|---|
| 1. | el equilibrio | A. | balance |
| 2. | volverme más fuerte | B. | bicep curls |
| 3. | las flexiones de bicep | C. | calories burned |
| 4. | las calorías quemadas | D. | calves |
| 5. | el área de pesas | E. | core |
| 6. | el cuarto de los casilleros | F. | free weights area |
| 7. | relajarme | G. | locker room |
| 8. | estirar | H. | mouthguard |
| 9. | las sentadillas | I. | neck |
| 10. | estar en buena forma | J. | pectoral muscles |
| 11. | el entrenamiento | K. | quadraceps |
| 12. | el protector bucal | L. | squats |
| 13. | la camiseta sin mangas | M. | tank top |
| 14. | evitar los dulces | N. | to avoid sweets |
| 15. | las pantorrillas | O. | to be in good shape |
| 16. | el tronco | P. | to become stronger |
| 17. | el cuello | Q. | to chill out |
| 18. | fortalecer | R. | to strengthen |
| 19. | los pectorales | S. | to stretch |
| 20. | el cuádriceps | T. | workout |

21.     Yo tengo que comer alimentos que sean _____ .
a.      banca                   c. libre de gluten
b.      vestidores              d. equilibrio

22.     El chico es muy fuerte y musculoso porque _____ .
a.      esfuerzo                c. diversión
b.      energía                 d. levanta pesas

23.     Ella tiene un estilo de vida _____ .
a.      movimiento              c. piscina
b.      saludable               d. recepción

24.     La _____ es mala para la salud.
a.      comida chatarra             c. series
b.      recepción               d. duchas

25.     Me gustan los chocolates pero que sean _____.
a.      plancha                 c. libres de azúcar
b.      sentadillas             d. empujones

26.     _____ es resultado de hacer ejercicio físico .
a.      sudar                   c. sauna
b.      flexiones               d. aguante

27.     El tiene mucha _____ porque estuvo trotando dos horas.
a.      movimiento              c. sed
b.      ligamentos              d. área de juegos

28.     La chica tuvo un _____ notable en el último año.
a.      repeticiones            c. aumento de peso
b.      duchas                  d. sets

29.     _____ pausadamente es importante para el manejo del estrés.
a.      respirar                    c. entrenamiento
b.      bienestar                   d. burpees

30.     El jóven tuvo una _____ que lo ayudó a ser más rápido en la carrera.
a.      pérdida de peso         c. prensa militar
b.      desplegables            d. flexiones

# Answer Key

1. A
2. P
3. B
4. C
5. F
6. G
7. Q
8. S
9. L
10. O
11. T
12. H
13. M
14. N
15. D
16. E
17. I
18. R
19. J
20. K
21. C
22. D
23. B
24. A
25. C
26. A
27. C
28. C
29. A
30. A

# Chapter XVIII
# The Human Body

| Los Partes Exteriores | Exterior Parts |
|---|---|
| el abdomen | abdomen |
| el tobillo | ankle |
| en ano | anus |
| el brazo | arm |
| la axila | armpit |
| el sobaco | armpit |
| la espalda | back |
| la nuca | back of the neck |
| el ombligo | belly button |
| el cuerpo | body |
| el seno | breast |
| el pecho | breast/chest |
| el culo | butt |
| las nalgas | buttocks |
| la pantorrilla | calf |
| la mejilla | cheek |
| el mentón | chin |
| la oreja | ear (exterior) |
| el codo | elbow |
| el ojo | eye |
| la ceja | eyebrow |
| la pestaña | eyelash |
| el párpado | eyelid |
| la cara | face |
| el dedo | finger |
| la uña | fingernail |
| el pie | foot |
| la frente | forehead |
| los genitales | genitalia |

| | |
|---|---|
| las encías | gums |
| el pelo | hair |
| el cabello | hair |
| la mano | hand |
| la cabeza | head |
| el talón | heel |
| la cadera | hip |
| el dedo índice | index finger |
| la mandíbula | jaw |
| la quijada | jaw |
| la rodilla | knee |
| la rótula | kneecap |
| el nudillo | knuckle |
| la pierna | leg |
| el labio | lip |
| la boca | mouth |
| el cuello | neck |
| la nariz | nose |
| la ventana de la nariz | nostril |
| el pene | penis |
| la espinilla | shin |
| el hombro | shoulder |
| la piel | skin |
| el muslo | thigh |
| la garganta | throat |
| el pulgar | thumb |
| la yema del dedo | tip of the finger |
| la yema de la lengua | tip of the tongue |
| el dedo del pie | toe |
| la uña del dedo del pie | toenail |
| la lengua | tongue |
| el diente | tooth |
| la vagina | vagina |
| la cintura | waist |
| la muñeca | wrist |

# Interior Parts

| | |
|---|---|
| la aorta | aorta |
| el apéndice | appendix |
| la arteria | artery |
| la columna vertebral | backbone/spine |
| la vejiga | bladder |
| la sangre | blood |
| la presión arterial | blood pressure |
| el hueso | bone |
| los intestinos | bowels |
| el cerebro | brain |
| el colon | colon |
| el oído | ear (inner) |
| el esofago | esophagus |
| la grasa | fat |
| la glándula | gland |
| el corazón | heart |
| la hormona | hormone |
| los intestinos | intenstines |
| la articulación | joint |
| el riñón | kidney |
| el hígado | liver |
| el pulmón | lung |
| el músculo | muscle |
| el nervio | nerve |
| los órganos | organs |
| el páncreas | pancreas |
| el recto | rectum |
| la costilla | rib |
| la saliva | saliva |
| los órganos sexuales | sex organs |
| la columna | spine |
| el bazo | spleen |
| el esplín | spleen |
| el estómago | stomach |

# Las Partes Interiores

| el sudor | sweat |
| la lágrima | tear |
| el tendón | tendon |
| la tiroides | thyroid |
| la tráquea | trachea |
| el útero | uterus |
| la vena | vein |
| la matriz | womb |

## Las Condiciones Físicas / Physical Conditions

| dolorido | achy/sore |
| alerta | alert/wide awake |
| vivo | alive |
| arreglado | arranged/fixed up |
| mal | bad |
| roto | broken |
| quemado | burned |
| limpio | clean |
| torpe | clumsy |
| frío | cold |
| completo | completed |
| cocido | cooked |
| loco/a | crazy |
| muerto | dead |
| sucio | dirty |
| vertiginoso | dizzy |
| mareado | dizzy |
| borracho | drunk |
| seco | dry |
| vacío | empty |
| envidioso | envious |
| reparado | fixed/repaired |
| llano | flat |
| lleno | full |

| | |
|---|---|
| canoso/a | gray-haired |
| sano | healthy |
| caliente | hot |
| dañado | injured |
| sarnoso | itchy |
| de rodilla | kneeling |
| miserable | miserable |
| mohoso | moldy |
| cochino | nasty/dirty |
| agobiado/a | overwhelmed |
| plantado | planted |
| listo | ready |
| relajado | relaxed |
| oxidado | rusty |
| mareado | seasick |
| sentado | seated |
| enfermo | sick |
| así así | so-so |
| regular | so-so |
| sobrio | sober |
| de pie | standing |
| cansado | tired |
| estar animado/a | to be animated |
| torcido | twisted |
| lavado | washed |
| bien | well/fine |
| mojado | wet |
| arrugado | wrinkled |

## Las Apariencias Físicas

## Physical Appearances

| | |
|---|---|
| albino/a | albino |
| asiático | asian |
| ojos asiáticos | asian eyes |
| atractivo/a | attractive |

| | |
|---|---|
| promedio/a | average |
| calvo | bald |
| la barba | beard |
| barbudo/a | bearded |
| hermoso/a | beautiful |
| labios grandes | big lips |
| orejas grandes | big ears |
| ojos grandes | big eyes |
| nariz grande | big nose |
| grande | big/large |
| marca de nacimiento | birthmark |
| cabello negro | black hair |
| piel oscura | black skin |
| raza negra | black skin |
| cabello rubio | blonde hair |
| cabello con trenzas | braided hair |
| moreno/a | brown skin |
| limpio/a | clean |
| cabello rizado | curly hair |
| adorable | cute |
| oscuro/a | dark |
| sucio/a | dirty |
| cabello con rastas | dreadlocks hair |
| polvoriento | dusty |
| el enano | dwarf |
| cabello teñido | dyed hair |
| de la tercera edad | elderly |
| entrado de años | elderly |
| gordo/a | fat |
| en forma | fit |
| pecoso/a | freckled |
| las pecas | freckles |
| peludo/a | furry |
| canoso/a | grey hair |
| grotesco/a | grotesque |
| guapo/a | handsome |

| | |
|---|---|
| cojo | lame |
| desgarbado/a | lanky |
| larguirucho/a | lanky |
| claro/a | light/bright |
| cabello largo | long hair |
| nariz alargada | long nose |
| cabello medio | medium hair |
| de mediana edad | middle-aged |
| lunares | moles |
| el bigote | moustache |
| musculoso/a | muscular |
| arreglado | neat/tidy |
| viejo/a | old |
| tuerto/a | one-eyed |
| manco/a | one-handed |
| pálido | pale |
| menudo/a | petite |
| poco atractivo/a | plain |
| bonito/a | pretty |
| pelirrojo | red hair |
| ridículo | ridiculous |
| cicatrices | scars |
| espantoso | scary/frightening |
| lustroso/a | shiny |
| bajo/a | short |
| cabello corto | short hair |
| las patillas | sideburns |
| flaco/a | skinny |
| esbelto/a | slender |
| orejas pequeñas | small ears |
| ojos pequeños | small eyes |
| labios pequeños | small lips |
| nariz pequeña | small nose |
| pequeño | small/little |
| bajo/a y fornido/a | stocky |
| corpulento/a | stout |

| | |
|---|---|
| cabello liso | straight hair |
| impresionante | stunning |
| bronceado | sun tanned |
| alto/a | tall |
| tatuajes | tattoos |
| delgado/a | thin/lean |
| feo/a | ugly |
| las verrugas | warts |
| cabello ondulado | wavy hair |
| blanco | white skin |
| las arrugas | wrinkles |
| arrugado/a | wrinkly |
| joven | young |
| juvenil | youthful |

## Salud e Higiene

## Health & Hygiene

| | |
|---|---|
| el alcohol | alcohol |
| el ambulatorio | ambulatory |
| el analgésico | analgesic |
| el antiinflamatorio | anti-inflammatory |
| el baño | bathroom |
| la tiña de baño | bathtub |
| la belleza | beauty |
| la reina de la belleza | beauty queen |
| el salón de belleza | beauty salon |
| el tratamiento de belleza | beauty treatment |
| beneficioso/a | beneficial |
| la ampolla | blister |
| la presión arterial | blood pressure |
| el olor a sudor | body odor |
| el forúnculo | boil |
| el cepillo | brush |
| la eructación | burp |
| el carbunclo | carbuncle |

| | |
|---|---|
| el catarro | cold |
| el peine | comb |
| la comodidad | comfort |
| el acondicionador | conditioner |
| el condón | condom |
| el preservativo | condom |
| la anticoncepción | contraception |
| las medidas anticonceptivas | contraception |
| el anticonceptivo | contraceptive |
| el algodón | cotton |
| las bolas de algodón | cotton balls |
| la cutícula | cuticle |
| la caspa | dandruff |
| la seda dental | dental floss |
| el hilo dental | dental floss |
| el desodorante | deodorant |
| el diagnóstico | diagnosis |
| el pañal | diapers |
| la dieta | diet |
| el régimen | diet |
| la ropa sucia | dirty clothes/laundry |
| la ropa por lavar | dirty clothes/laundry |
| el mareo | dizziness |
| el tratamiento facial | facial |
| la droguería | farmacy |
| el grifo | faucet |
| la llave | faucet |
| las pulgas | fleas |
| el cepillo de cabello | hairbrush |
| el corte de pelo | haircut |
| el peinado | hairdo |
| la secadora pelo | hairdryer |
| la horquilla | hairpin |
| el spray | hairspray |
| perjudicial | harmful |
| las hemorroides | hemorrhoids |

| | |
|---|---|
| las almorranas | hemorrhoids |
| el calentador de agua | hot water heater |
| la inyección | injection |
| la lavandería | laundry room |
| el laxante | laxative |
| el piojo | lice |
| el jabón líquido | liquid soap |
| la manicura | manicure |
| las toallas higiénicas | maxipad |
| el botiquín | medicine cabinet |
| los dolores de la regla | menstrual pains |
| la menstruación | menstruation |
| el espejo | mirror |
| el enjuague bucal | mouthwash |
| el cortauñas | nail clippers |
| el cepillo para las uñas | nailbrush |
| las náuseas | nausea |
| la pomada | ointment |
| las toallitas desmaquilladoras | pads to remove makeup |
| el calmante | painkiller |
| la pedicura | pedicure |
| el periodo | period (menstruation) |
| la regla | period (menstruation) |
| el grano | pimple |
| la escayola | plaster (cast) |
| el esparadrapo | plaster (cast) |
| la piedra pómez | pumice stone |
| los copitos | q-tips |
| el trapo | rag |
| la afeitadora | razor |
| la rasuradora | razor |
| la máquina de afeitar | razor |
| la navaja de afeitar | safety razor |
| el paño higiénico | sanitary napkin |
| las toallas higiénicas | sanitary napkin |
| la escala | scale |

| | |
|---|---|
| las tijeras | scissors |
| el shampoo | shampoo |
| la ducha | shower |
| la cortina de baño | shower curtain |
| el regador | shower head |
| el fregadero | sink |
| el tazón | sink |
| los protectores | small maxipad |
| el olor a sudor | smell/odor of sweat |
| el jabón | soap |
| el balneario | spa |
| el spa | spa |
| la esponja | sponge |
| el sudor | sweat |
| el síntoma | symptom |
| el talco | talc powder |
| el tampón | tampon |
| los pañuelos | tissues |
| la taza del inodoro | toilet bowl |
| el papel higiénico | toilet paper |
| el inodoro | toilet/urinal |
| el cepillo de dientes | toothbrush |
| la pasta de dientes | toothpaste |
| la crema de dientes | toothpaste |
| las toallas | towels |
| la tina | tub |
| las pinzas | tweezers |
| el vaso de copos | vase for q-tips |
| los lavamanos | washbasin |
| el paño de la cara | washcloth/face cloth |
| las toallitas húmedos | wet wipes |
| el pelo de la barba | whisker |

# Verbos

# Verbs

| | |
|---|---|
| afeitar | to shave |
| afeitarse | to shave oneself |
| apretar | to squeeze |
| arrancar | to pluck |
| bañarse | to take a bath/shower |
| bostezar | to yawn |
| caerse | to fall/fall down |
| cagar | to defecate |
| cepillarse | to brush |
| cepillarse el pelo | to brush one's hair |
| cepillarse la ropa | to brush off one's clothing |
| cepillarse los dientes | to brush one's teeth |
| coger | to pluck/take/catch |
| congelarse | to freeze |
| conocerse de vista | to meet by sight |
| cortarse | to cut oneself |
| cuidarse | to take care of oneself |
| curarse una herida | to heal a wound |
| dar a luz | to give birth |
| dar cabezadas | to nod |
| defecar | to defecate |
| ducharse | to take a shower |
| echarse | to spray oneself |
| enfermarse | to get sick |
| enjuagar | to rinse |
| envejecer | to get older |
| enyesar | to plaster (cast) |
| eructar | to burp/belch |
| escayolar | to plaster (cast) |
| estar a dieta | to be on a diet |
| estar animado/a | to be animated |
| estirarse | to strain |
| estornudar | to sneeze |
| estregar | to scrub |
| exfoliar | to exfoliate |

| | |
|---|---|
| hacer pipi | to urinate |
| hacerse cortar el pelo | to get one's hair cut |
| hacerse un empaste | to get a filling |
| hacerse un esguince | to sprain |
| hidratar | to hydrate |
| latirse | to beat (heart) |
| lavar por mano | to wash by hand |
| limpiarse | to clean oneself |
| limpiarse los dientes | to clean one's teeth |
| madurar | to mature |
| maquillarse | to put on makeup |
| masticar | to chew |
| oler | to smell/stink |
| orinar | to urinate |
| peinarse | to comb one's hair |
| pelearse | to quarrel/fight |
| perder el pelo | to lose one's hair |
| pulsar | to throb |
| quebrarse un hueso | to break a bone |
| rascarse | to scratch |
| recetar | to prescribe |
| restregar | to scrub |
| seguir un régimen | to be on a diet |
| sudar | to sweat |
| sudar | to sweat |
| tener arrugas | to have wrinkles |
| tener una cicatriz | to have a scar |
| tener una salud de hierro | to have iron health (strong) |
| tirarse un pedo | to fart |
| tomarse el pulso | to take one's own pulse |
| torcerse | to twist/sprain |
| untarse | to spray oneself |
| vacunarse | to get vaccinated |
| vendar | to bandage |
| volver loco/a | to go crazy |

## Frases

Tengo tos porque anoche hacía frío.

Tengo una ampolla en mi pie.

Necesito comprar un cepillo de dientes.

Sus ojos son grandes y expresivos.

Hoy salí a trotar y sudé mucho.

Tengo dolor de cabeza. Necesito un analgésico.

Necesito tomar una ducha.

Me mareo fácilmente cuando hay curvas.

Me torcí el tobillo esta mañana.

Cuando era niña me fracture un brazo.

Necesito urgente unos tampones.

Deberías afeitarte porque tu barba es larga.

Debo ir al supermercado a comprar jabón.

Necesito una peinilla para cepillar mi cabello.

Me dieron náuseas después de la cena.

Necesito estirar la espalda y las piernas.

Necesito un calmante para mi dolor de cabeza.

Quiero ir a un spa para exfoliar mi piel.

El diagnóstico del doctor no es bueno.

Podrías llevarme al hospital por favor.

Necesito comprar un laxante.

Siento que mi corazón late rápido.

## Phrases

I have a cough because it was cold last night.

I have a blister on my foot.

I need to buy a toothbrush.

His eyes are big and expressive.

Today I went jogging and I sweat a lot.

I have a headache. I need an analgesic.

I need to take a shower.

I get dizzy easily when there are curves.

I sprained my ankle this morning.

When I was a child I broke my arm.

I urgently need some tampons.

You should shave because your beard is long.

I need to go to the grocery store to buy soap.

I need a comb to brush my hair.

I got nauseous after dinner.

I need to stretch my back and legs.

I need a painkiller for my headache.

I want to go to a spa to exfoliate my skin.

The doctor´s diagnosis is not good.

Could you take me to the hospital please.

I need to buy a laxative.

I feel like my heart beats very fast.

Estoy resfriado y me duele la garganta.

I have a cold and my throat hurts.

Podrías prestarme tu cortauñas?

Can you lend me your nail clipper?

Él es alto, corpulento y guapo.

He is tall, stout and handsome.

# Quiz - Chapter XVIII
# The Human Body

| | | | |
|---|---|---|---|
| 1. el tobillo | A. | achy/sore |
| 2. la axila | B. | ankle |
| 3. la mejilla | C. | armpit |
| 4. el codo | D. | broken |
| 5. el dedo | E. | cheek |
| 6. las encías | F. | clumsy |
| 7. la mandíbula | G. | elbow |
| 8. la rodilla | H. | finger |
| 9. el labio | I. | gray-haired |
| 10. la nariz | J. | gums |
| 11. el muslo | K. | jaw |
| 12. la muñeca | L. | knee |
| 13. afeitarse | M. | lip |
| 14. arrugado | N. | nose |
| 15. canoso | O. | ready |
| 16. dolorido | P. | thigh |
| 17. listo | Q. | to defecate |
| 18. cagar | R. | to shave oneself |
| 19. roto | S. | wrinkled |
| 20. torpe | T. | wrist |

21. Siéntate al lado del señor _____ que está en la esquina.
a. calvo     c. axila
b. mejilla     d. roto

22. Ese señor es muy guapo y _____ .
a. esbelto     c. bigote
b. hombro     d. pierna

23. Tu debes _____ la herida para que pare de sangrar.
a. viejo     c. baño
b. apretar     d. alcohol

24. El es un hombre _____ y débil de carácter.
a. ampolla     c. menudo
b. grifo     d. mareo

25. _____ es fácil si tienes malos hábitos de alimentación.
a. pañal     c. oler
b. ducha     d. enfermarse

26. Ayer caminé tanto que me salió una _____ en el pie.
a. peludo     c. tuerto
b. ampolla     d. sucio

27. _____ en público no es de buena educación.
a. pecoso     c. eructar
b. flaco     d. bigote

28. El _____ es desagradable.
a. dolorido     c. olor a sudor
b. limpio     d. mohoso

29. No olvides usar el _____ cuando cepilles tus dientes.
a. hilo dental     c. tiroides
b. enfermo     d. cerebro

30. El _____ debe estar en el auto en caso de emergencia.
a. sangre     c. piel
b. labio     d. botiquín

# Answer Key

1. B
2. C
3. E
4. G
5. H
6. J
7. K
8. L
9. M
10. N
11. P
12. T
13. R
14. S
15. I
16. A
17. O
18. Q
19. D
20. F
21. A
22. A
23. B
24. C
25. D
26. B
27. C
28. C
29. A
30. D

# Chapter XIX
# Medical

| Palabras Médicas | Medical Words |
|---|---|
| el dolor | ache/pain |
| adolorido | aching |
| aquejado de | afflicted/suffering with |
| la alergia | allergy |
| vivo | alive |
| la alergia | allergy |
| la amputación | amputation |
| el/la imputado/a | amputee |
| la anestesia | anesthesia |
| el anestésico | anesthetic |
| la picadura de un animal | animal bite |
| la cita | appointment |
| la artritis | arthritis |
| el asma | asthma |
| autista | autistic |
| la tirita | band aid |
| la curita | band aid |
| la venda | bandage |
| el/la ciego/a | blind person |
| la sangre | blood |
| el análisis de sangre | blood test |
| el cuerpo | body |
| desalentado | breathless |
| roto | broken |
| quebrado | broken |
| la quemadura | burn |
| el cáncer | cancer |
| la cápsula | capsule |
| el yeso | cast (for broken bone) |

| | |
|---|---|
| la escayola | cast (for broken bone) |
| el reconocimiento | checkup |
| la quimioterapia | chemotherapy |
| los escalofríos | chills |
| la clínica | clinic |
| el resfriado | cold |
| el catarro | cold |
| confortable | comfortable |
| estreñido | constipated |
| el estreñimiento | constipation |
| la tos | cough |
| lisiado/a | crippled |
| las muletas | crutches |
| la cura | cure |
| el peligro | danger |
| muerto | dead |
| sordo/a | deaf |
| sordomudo/a | deaf and mute |
| la sordera | deafness |
| la depresión | depression |
| el abatimiento | depression |
| la diabetes | diabetes |
| la diagnosis | diagnosis |
| la diarrea | diarrhea |
| minusválido | disabled |
| la enfermedad | disease |
| el mal | disease |
| el mareo | dizziness |
| el vértigo | dizziness |
| mareado | dizzy/faint |
| el/la médico/a | doctor/physician |
| el/la doctor/a | doctor/physician |
| la mordedura de perro | dog bite |
| la dosis | dose/dosage |
| el vendaje | dressing |
| la gota | drop |

| | |
|---|---|
| la somnolencia | drowsiness/sleepiness |
| soñoliento | drowsy |
| drogado | drugged |
| borracho | drunk |
| disléxico/a | dyslexic |
| las urgencias | emergency room |
| el reconocimiento | examination |
| fatal | fatal |
| mortal | fatal |
| la fiebre | fever |
| febril | feverish |
| los primeros auxilios | first aid |
| la buen salud | fitness |
| el buen estado físico | fitness |
| la gripe | flu |
| la influenza | flu |
| la glándula | gland |
| las gafas | glasses |
| minusválido | handicapped |
| el/la lisiado/a | handicapped person |
| el/la mutilado/a | handicapped person |
| la fiebre del heno | hay fever |
| la cabeza | head |
| el dolor de cabeza | headache |
| la salud | health |
| bien de salud | healthy |
| el infarto | heart attack |
| el ataque al corazón | heart attack |
| la presión arterial alta | high blood pressure |
| atropellado | hit by car |
| el hipoglucemiante | hypoglycemic |
| la UCI | ICU |
| la enfermedad | illness |
| el mal | illness |
| la inyección | injection |
| herido | injured |

| | |
|---|---|
| dañado | injured/damaged |
| la picadura de insecto | insect bite |
| el insomnio | insomnia |
| asegurado | insured |
| la picazón | itch |
| el análisis de sangre | lab test |
| cojo/a | lame |
| la presión arterial baja | low blood pressure |
| el examen médico | medical examination |
| el seguro médico | medical insurance |
| la medicina | medicine |
| la enfermedad mental | mental illness |
| la comadre | midwife |
| el/la comadrona | midwife |
| la partera | midwife |
| la resonancia magnética | **MRI** |
| mudo/a | mute |
| las náusea | nausea |
| nauseabundo/a | nauseous |
| asqueroso/a | nauseous |
| el/la enfermero/a | nurse |
| las horas de consulta | office hours |
| la pomada | ointment |
| la clínica ambulatoria | outpatient clinic |
| el dolor | pain |
| doloroso | painful |
| el calmante | painkiller |
| pálido | pale |
| jadeante | panting/breathless |
| paralizado/a | paralyzed |
| parapléjico/a | paraplegic |
| las partes del cuerpo | parts of the body |
| el/la paciente | patient |
| el/la enfermo/a | patient |
| el/la farmacéutico/a | pharmacist |
| la farmacia | pharmacy |

| | |
|---|---|
| el impedimento físico | physical handicap |
| el/la fisioterapeuta | physical therapist |
| la fisioterapia | physical therapy |
| la píldora | pill |
| la pastilla | pill |
| la neumonía | pneumonia |
| embarazada | pregnant |
| la receta | prescription |
| cuadripléjico/a | quadriplegic |
| tetrapléjico/a | quadriplegic |
| mareado | quesy/seasick |
| bascoso | quesy/seasick |
| la radiación | radiation |
| el sarpullido | rash |
| la erupción | rash |
| el/la recepcionista | receptionist |
| recuperado | recovered |
| el volante para el especialista | referral note for a specialist |
| el reuma | rheumatism |
| el reumatismo | rheumatism |
| sano | safe |
| sano y salvo | safe and sound |
| la ecografía | scan |
| grave | serious |
| el enfermo | sick person |
| soñoliento | sleepy |
| el dolor de garganta | sore throat |
| el esguince | sprain |
| la resistencia | stamina |
| el aguante | stamina |
| el escozor | sting |
| el punto | stitch |
| la sutura | stitch |
| el trastorno estomacal | stomach upset |
| la barriga | stomach/belly |
| el dolor de estómago | stomachache |

| | |
|---|---|
| extraño | strange |
| la insolación | sunstroke |
| la cirugía | surgery |
| el síntoma | symptom |
| la jeringuilla | syringe |
| la jeringa | syringe |
| la tableta | tablet |
| el comprimido | tablet/pill |
| las pruebas | tests |
| el/la terapeuta | therapist |
| la terapia | therapy |
| el termómetro | thermometer |
| cansado | tired |
| el cansancio | tiredness |
| la fatiga | tiredness |
| el sueño | tiredness |
| la amigdalitis | tonsillitis |
| el tratamiento | treatment |
| incómodo | uncomfortable |
| molesto | uncomfortable |
| indispuesto | under the weather |
| no asegurado | uninsured |
| enfermo | unwell |
| indispuesto | unwell |
| de mala salud | unwell |
| el análisis de orina | urine test |
| la vacuna | vaccine |
| el bienestar | well being |
| la herida | wound |
| herido | wounded |
| el rayo x | X-ray |

## La Sala de Emergencia    The Emergency Room

| | |
|---|---|
| la abrasión | abrasion |

| | |
|---|---|
| la rozadura | abrasion |
| el accidente | accident |
| el dolor | ache |
| la ambulancia | ambulance |
| el ojo amoratado | black eye |
| la sangre | blood |
| la rotura | break |
| la ruptura | breakage |
| el rompimiento | breakage |
| el aliento | breath |
| la respiración | breath |
| la contusión | bruise |
| el moretón | bruise |
| la bala | bullet |
| la quemadura | burn |
| el herido | casualty |
| la colisión | collision |
| la concusión | concussion |
| la convalecencia | convalescence |
| el choque | crash |
| la muerte | death |
| el malestar | discomfort |
| el mareo | dizziness |
| el vértigo | dizziness |
| el/la buscador/a de drogas | drug seeker |
| el dolor de oídos | earache |
| la emergencia | emergency |
| la urgencia | emergency |
| la salida de emergencia | emergency exit |
| la salida de urgencia | emergency exit |
| la sala de emergencia | emergency room |
| la explosión | explosion |
| el estallido | explosion |
| la culpa | fault/blame |
| la fiebre | fever |
| el fuego | fire (controlled) |

| | |
|---|---|
| el incendio | fire (uncontrolled) |
| el departamento de bomberos | fire department |
| el extintor | fire extinguisher |
| el/la bombero/a | firefighter |
| la cuchillada | gash |
| la raja | gash |
| el ataque cardiaco | heart attack |
| la hipertensión | high blood pressure |
| el hospital | hospital |
| la entrevista de admisión | hospital admission interview |
| el impacto | impact |
| el incidente | incident |
| la herida | injury |
| el seguro | insurance |
| el/la asegurador/a | insurer |
| la ictericia | jaundice |
| la enfermedad mental | mental illness |
| la jaqueca | migraine |
| la náusea | nausea |
| el olor | odor |
| la sala de operaciones | operating room |
| la mesa de operaciones | operating table |
| la operación | operation |
| el oxígeno | oxygen |
| el dolor | pain |
| el parálisis | paralysis |
| el/la paramédico/a | paramedic |
| la historia del paciente | patient's history |
| la recuperación | recovery |
| el restablecimiento | recovery |
| el rescate | rescue |
| el salvamento | rescue |
| los servicios de rescate | rescue services |
| el cinturón de seguridad | seatbelt |
| la puñalada | stab/stabbing |
| la camilla | stretcher |

| | |
|---|---|
| el ataque cerebral | stroke |
| el accidente cerebrovascular | stroke |
| la tercera persona | third party |
| la víctima | victim/casualty |
| el vómito | vomit |
| la sala de espera | waiting room |
| el/la testigo | witness |
| la herida | wound |

## El Óptico — The Eye Doctor

| | |
|---|---|
| legañoso | bleary eyed |
| ciego | blind |
| tuerto | blind in one eye |
| el lado ciego | blind side |
| ojiazul | blue eyed |
| la carta | chart |
| el gráfico | chart |
| los lentes de contacto | contact lenses |
| el ojo | eye |
| el globo del ojo | eyeball |
| la ceja | eyebrow |
| el colirio | eyedrops |
| el estuche para las gafas | eyeglass case |
| la montura | eyeglass frame |
| la pestaña | eyelash |
| el párpado | eyelid |
| el parche en el ojo | eyepatch |
| el ocular | eyepiece |
| la guarda vista | eyeshade/visor |
| la visera | eyeshade/visor |
| la vista | eyesight |
| la fatiga visual | eyestrain |
| hipermétrope | farsighted |
| las gafas | glasses |

| | |
|---|---|
| los lentes | glasses |
| el glaucoma | glaucoma |
| el iris | iris |
| el lente | lens |
| miope | nearsighted |
| el/la óptico/a | optician |
| la conjuntiva | pink eye |
| la pupila | pupil |
| la retina | retina |
| las gafas del sol | sunglasses |
| los lentes de sol | sunglasses |
| la lágrima | tear |
| los lentes ahumados | tinted lenses |

## El Dentista

## The Dentist

| | |
|---|---|
| absceso | abscess |
| la halitosis | bad breath |
| la oclusión | bite |
| la tacha | blemish |
| los frenos | braces |
| las bandas de goma | braces |
| la cerda | bristle of a toothbrush |
| dentón | buck toothed |
| dentudo | buck toothed |
| el reconocimiento | checkup |
| el defecto | defect |
| la seda dental | dental floss |
| el/la higienista del dentista | dental hygienist |
| el/la dentista | dentist |
| las dentaduras | denture |
| el taladro | drill |
| el esmalte | enamel |
| el diente canino | eyetooth/canine tooth |
| el empaste | filling |

| | |
|---|---|
| el fluoruro | fluoride |
| los dientes de delante | front teeth |
| el gas | gas |
| la gingivitis | gingivitis |
| la flema absceso | gum abscess |
| las encías | gums |
| el molar | molar |
| la muela | molar |
| la novocaína | novocaine |
| la oclusión | occlusion |
| el paladar | palate |
| la placa | plaque |
| la saliva | saliva |
| la comida pegajosa | sticky food |
| el sarro | tartar |
| la lengua | tongue |
| el diente canino | tooth cavity |
| la carie | tooth cavity |
| el dolor de muelas | toothache |
| desdentado | toothless |
| el palillo | toothpick |
| la sala de espera | waiting room |
| los frenillos | dental braces |

## Especialistas de la Medicina / Medical Specialists

| | |
|---|---|
| el/la alergista | allergist |
| el/la anestesiólogo/a | anesthesiologist |
| el/la cardiólogo/a | cardiologist |
| el/la dermatólogo/a | dermatologist |
| el/la médico/a de emergencias | emergency physician |
| el/la endocrinólogo/a | endocrinologist |
| el/la gastroenterólogo/a | gastroenterologist |
| el/la médico/a de la familia | general practitioner |

| | |
|---|---|
| el/la ginecólogo/a | gynecologist |
| el/la hematólogo/a | hematologist |
| el/la médico/a de la medicina interna | internal medicine physician |
| el/la internista | internist |
| el/la nefrólogo/a | nephrologist |
| el/la neurocirujano/a | neurosurgeon |
| el/la obstétrico/a | obstetrician |
| el/la oncólogo/a | oncologist |
| el/la oftalmólogo/a | ophthalmologist |
| el/la ortopedista | orthopedist |
| el/la otolaringólogo/a | otolaryngologist (ENT) |
| el/la patólogo/a | pathologist |
| el/la pediatra | pediatrician |
| el/la cirujano/a plástico/a | plastic surgeon |
| el/la cirujano/a estético/a | plastic surgeon |
| el/la psiquiatra | psychiatrist |
| el/la pulmonologo/a | pulmonologist |
| el/la radiólogo/a | radiologist |
| el/la cirujano/a | surgeon |
| el/la urólogo/a | urologist |

## Verbos / Verbs

| | |
|---|---|
| acostarse | to lie down |
| amputar | to amputate |
| apagar | to extinguish |
| aplastar | to crush |
| apresurarse | to rush |
| apuñalar | to stab |
| asegurar | to insure |
| atacar | to attack |
| atestar | to witness |
| atropellar | to run over |
| caer | to fall/fall down |
| calmar | to calm |

| | |
|---|---|
| cegarse | to go blind |
| chocar | to crash |
| coger frío | to catch a cold |
| coger un resfriado | to catch a cold |
| colisionar | to collide |
| contagiarse | to get infected |
| controlar | to test |
| convalecer | to convalesce |
| cortarse | to cut oneself |
| curar una enfermedad | to cure an illness |
| curarse | to recover |
| desangrar | to bleed |
| desmayarse | to faint |
| diagnosticar | to diagnose |
| doler | to hurt |
| echar los dientes | to teethe |
| encasar un hueso | to set a bone |
| encenderse | to catch on fire |
| escupir | to spit |
| estallar | to explode |
| estar cansado | to be tired |
| estar de guardia | to be on duty |
| estar de servicio | to be on duty |
| estar en parto | to be in labor |
| estornudar | to sneeze |
| explosionar | to explode |
| explotar | to explode |
| extinguir | to extinguish |
| faltar a una cita | to break an appointment |
| gargarizar | to gargle |
| hacer daño a | to injure |
| hacer gárgaras | to gargle |
| hacer una cita | to make an appointment |
| herir | to injure |
| hincharse | to swell up |
| hurgarse los dientes | to pick one's teeth |

| | |
|---|---|
| implantar | to implant |
| inflamarse | to become inflamed |
| ir de prisa | to rush |
| llenar una forma | to fill out a form |
| llorar | to cry |
| magullar | to bruise |
| matar | to kill |
| medir la tensión | to measure blood pressure |
| mejorarse | to get well |
| moler | to grind |
| molerse los dientes | to grind one's teeth |
| parecer | to look a certain way |
| parecer enfermo | to look ill |
| parpadear | to blink |
| perder el conocimiento | to lose consciousness |
| picar | to sting |
| quebrarse | to break |
| quemar | to burn |
| quemarse | to burn/oneself |
| quemarse una parte del cuerpo | to burn a part of one's body |
| radiografiar | to X-ray |
| rascar | to graze/scratch |
| rascarse | to scratch oneself |
| recetar | to prescribe |
| recobrarse | to recover |
| recuperar | to recover |
| refractar | to refract |
| reponer | to improve |
| reponerse | to improve oneself |
| rescatar | to rescue/save |
| respirar | to breathe |
| restablecerse | to recover/get well |
| romperse | to break |
| sacar | to extract |
| salvar | to rescue/save |
| sangrar | to bleed |

| | |
|---|---|
| sentirse bien | to feel well |
| sentirse enfermo | to feel sick |
| sentirse mal | to feel bad |
| sentirse mareado | to feel dizzy/faint |
| ser alérgico | to be allergic |
| ser goloso | to have a sweet tooth |
| ser testigo de | to witness |
| sufrir un accidente | to have an accident |
| taladrar | to drill |
| tener dolor de muelas | to have a toothache |
| tener fiebre | to have a fever |
| tener la fatiga visual | to have eye strain |
| tener la gripe | to have the flu |
| tener sueño | to be tired |
| tener un resfriado | to have a cold |
| tener una carie | to have a cavity |
| tirar | to shoot |
| toser | to cough |
| tragar | to swallow |
| tratar | to treat |
| tratar una enfermedad | to treat an illness |
| vomitar | to vomit |

## Frases

Que te mejores!

Me duele la cabeza.

Me duelen las manos.

La picadura de insecto se me infecto.

Tengo seguro médico para el viaje.

Necesito un calmante para mi dolor de cabeza.

Sus piernas están paralizadas.

La alergia me dió un sarpullido.

## Phrases

I hope you get better!

My head hurts.

My hands hurt.

The insect bite got infected.

I have medical insurance for the trip.

I need a painkiller for my headache.

His legs are paralyzed.

The allergy gave me a rash.

¿Crees que su madre se recupere?

Do you think his mother will recover?

Tropecé y me torcí el tobillo.

I tripped and sprained my ankle.

Mi tío tuvo un accidente cerebrovascular.

My uncle had a stroke.

La herida por la puñalada fue muy grave.

The stab wound was very serious.

Mi padre quedó ciego por un glaucoma.

My father was blinded by glaucoma.

Sufro de miopía.

I suffer from nearsightedness.

Necesito lentes nuevos porque no puedo ver.

I need a new lens because I can't see.

Tengo un dolor de muelas doloroso.

I have a painful toothache.

No puedo hablar con él por su halitosis.

I can't talk to him because of his bad breath.

Compra seda dental para el viaje.

Buy dental floss for the trip.

Necesito limpieza dental porque tengo sarro.

I need dental cleaning because I have tartar.

Tengo una caries y necesito un empaste.

I have a cavity and I need a filling.

Iré al alergólogo para una cita.

I will go to the allergist for an appointment.

Necesito un cirujano para arreglar mi nariz.

I need a surgeon to fix my nose.

Fue atropellado y se encuentra en estado grave.

He was run over and is in serious condition.

Chocaron dos autos y hubo heridos.

Two cars crashed and there were injuries.

Mis ojos se hinchan debido a las alergias.

My eyes swelled up due to allergies.

# Quiz - Chapter XIX
# Medical

| | | | |
|---|---|---|---|
| 1. adolorido | A. | aching |
| 2. la tirita | B. | band aid |
| 3. el ciego | C. | blind person |
| 4. desangrar | D. | burn |
| 5. la quemadura | E. | cold (sickness) |
| 6. el catarro | F. | constipated |
| 7. estreñido | G. | deaf person |
| 8. el sordo | H. | eyeball |
| 9. la fiebre | I. | fever |
| 10. el infarto | J. | heart attack |
| 11. el mudo | K. | insurance |
| 12. la erupción | L. | mute person |
| 13. la vacuna | M. | rash |
| 14. herido | N. | rescue |
| 15. aplastar | O. | tear |
| 16. el seguro | P. | to bleed |
| 17. el rescate | Q. | to crush |
| 18. el globo del ojo | R. | to stab |
| 19. la lágrima | S. | vaccine |
| 20. apuñalar | T. | wounded |

21.	Necesito ir al odontólogo para un nuevo _____.
a.	empaste dental	c.	anestesia
b.	dolor	d.	cita

22.	Yo tengo _____ sensibles y debo usar una crema dental especial.
a.	cáncer	c.	encias
b.	yeso	d.	clínica

23.	Ella sufre de _____ desde la muerte de su padre.
a.	catarro	c.	dosis
b.	depresión	d.	vendaje

24.	_____ de la bicicleta es fácil si no tienes equilibrio.
a.	caerse	c.	drogado
b.	gota	d.	mortal

25.	Anoche tuve fiebre alta y sentí _____.
a.	influenza	c.	minusválido
b.	salud	d.	escalofríos

26.	El compró en la farmacia jarabe para la _____.
a.	mortal	c.	mutilado
b.	tos	d.	infarto

27.	Yo rezo todos los días para que mi hijo esté _____.
a.	sano	c.	insomnio
b.	medicina	d.	picazón

28.	Al _____ ella quedó inconsciente en el auto.
a.	chocar	c.	reuma
b.	grave	d.	punto

29.	Mi tía tiene programada la _____ mañana en el hospital.
a.	enfermo	c.	tiroides
b.	molesta	d.	cirugía

30.	Debes tener en tu bolso las _____ por si te sientes mal.
a.	herido	c.	sangre
b.	aliento	d.	pastillas

# Answer Key

1. A
2. B
3. C
4. P
5. D
6. E
7. F
8. G
9. I
10. J
11. L
12. M
13. S
14. T
15. Q
16. K
17. N
18. H
19. O
20. R
21. A
22. C
23. B
24. A
25. D
26. B
27. A
28. A
29. D
30. D

# Chapter XX
# News & Advertising

## La Prensa

| | |
|---|---|
| el anuncio | ad |
| el artículo | article |
| la última página | back page |
| el periódico sábana | broadsheet (newspaper format) |
| la caricatura | cartoon |
| los dibujos animados | cartoon |
| la censura | censorship |
| la circulación | circulation |
| la columna | column |
| los cómicos | comics |
| la corrección | correction |
| le/la corresponsal | correspondent |
| el crucigrama | crossword puzzle |
| las noticias de actualidad | current affairs |
| el dato | data |
| la distribución | distribution |
| la edición | edition |
| el/la editor/a | editor |
| el/la redactor/a | editor |
| el/la jefe/a de edición | editor in chief |
| el editorial | editorial |
| el artículo de fondo | feature article |
| el/la corresponsal extranjero/a | foreign correspondent |
| la primera página | front page |
| la portada | front page |
| la revista de lujo | glossy magazine |
| la prensa del corazón | gossip |
| el título | heading |

## The Press

| | |
|---|---|
| el encabezamiento | heading |
| el titular | headline |
| la ilustración | illustration |
| el/la periodista investigativo/a | investigative journalist |
| el periodismo | journalism |
| el/la periodista independiente | journalist/freelance journalist |
| el quiosco | kiosk |
| la diagramación | layout |
| el periódico local | local paper |
| la revista | magazine |
| el magazine | magazine |
| el tope de mástil | masthead |
| la revista mensual | monthly magazine |
| el periódico nacional | national newspaper |
| las noticias | news |
| el/la empleado/a de una tienda de prensa | news agent |
| las noticias breves | news in brief |
| las breves | news in brief |
| el kiosco de prensa | news stand |
| el quiosco de prensa | news stand |
| el periódico | newspaper |
| el diario | newspaper (daily) |
| la página | page |
| el panfleto | pamphlet |
| la publicación periódica | periodical |
| la prensa rosa | pink press (**LGBTQ**) |
| el poder | power |
| la agencia de prensa | press agency |
| la conferencia de prensa | press conference |
| la libertad de prensa | press freedom |
| la sala de impresión | press room |
| la imprenta | printing press |
| la prensa | printing press |
| el/la dueño/a de la casa editorial | publisher |

| | |
|---|---|
| la casa editora | publishing company |
| la prensa de calidad | quality press |
| el/la lector/a | reader |
| los lectores | readership |
| la noticia fiable | reliable news |
| el reportaje | report |
| el/la reportero/a | reporter |
| el rumor | rumor |
| la exclusiva | scoop/exclusive |
| la primicia | scoop |
| la sección | section |
| los anuncios por palabras | small ad |
| el/la corresponsal especial | special correspondent |
| la edición especial | special edition |
| la página de deportes | sports page |
| la suscripción | subscription |
| la prensa sensacionalista | tabloid |
| el tipo de letra | type face |
| el/la corresponsal de guerra | war correspondent |
| el semanario | weekly |
| la prensa amarilla | yellow journalism |

## Secciones del Periódico — Newspaper Sections

| | |
|---|---|
| el consultorio | advice column |
| los anuncios | announcements |
| las artes | arts |
| la recensión del libro | book review |
| el pie de foto | caption |
| los anuncios clasificados | classifieds |
| los avisos clasificados | classifieds |
| el/la corresponsal | correspondent |
| la portada | cover |
| la cultura | culture |
| la gastronomía | dining/restaurants |

| | |
|---|---|
| la economía | economy |
| el artículo de fondo | editorial/feature article |
| el ocio | entertainment |
| la moda | fashion |
| las finanzas | finance |
| la columna rosa | gossip column |
| el titular | headline |
| los pasatiempos | hobbies/games |
| el horóscopo | horoscope |
| casa y hogar | house and home |
| las noticias internacionales | international news |
| las cartas al director | letters to editor |
| las noticias regionales | local news |
| las noticias nacionales | national news |
| los obituarios | obituaries |
| el artículo de opinión | opinión piece |
| la propiedad | property |
| los bienes raíces | real estate |
| los deportes | sports |
| el estilo | style |
| los viajes | travel |
| la página de mujeres | women's page |

## Televisión y Noticias    Television & News

| | |
|---|---|
| el canal | channel |
| el corresponsal | correspondent |
| el documental | documentary |
| el programa de entretenimiento | entertainment program |
| el capítulo | episode |
| la entrevista | interview |
| el periodista | journalist |
| en directo | live |
| en vivo | live |
| la película | movie |

| | |
|---|---|
| los informativos | news |
| el programa | program |
| la programación apta para todos los públicos | programming suitable for all audiences |
| la programación | program |
| grabado | recorded |
| el mando a distancia | remote control |
| la control remoto | remote control |
| el reportaje | report/feature |
| el reportero | reporter |
| la serie | series |
| la telenovela | soap opera |
| la televisión | television |
| el televisor | television |
| el medio audiovisual | audiovisual medium |
| la audición | audition |
| la noticia de última hora | breaking news |
| la emisión | broadcast |
| el cámara | camera |
| el/la teleadicto/a | couch potato |
| la última hora | last hour |
| el/la reportero/a | reporter |
| el/la enviado/a especial | special envoy |
| el programa televisivo | tv show |
| el/la telespectador/a | viewer |
| el parte meteorológico | weather report |
| el espectador | viewer |
| el volumen | volume |
| la farándula | entertainment |

## La Publicidad     Advertising

| | |
|---|---|
| el lanzamiento de un producto | a product launch |
| la publicidad | advertisement/advertising |
| el anuncio | advertisement/commercial |

| | |
|---|---|
| la propaganda | advertising |
| la agencia publicitaria | advertising agency |
| la campaña publicitaria | advertising campaign |
| el espacio publicitario | advertising space |
| el atractivo | appeal |
| la cartelera | billboard |
| la valla publicitaria | billboard |
| la marca | brand |
| el folleto | brochure |
| el catálogo | catalogue |
| el anuncio comercial | commercial |
| la competencia | competition |
| el/la consumidor/a | consumer |
| la sociedad de consumo | consumer society |
| el/la escritor/a de material publicitario | copywriter |
| la demanda | demand |
| la renta concesionario | disposable income |
| el/la distribuidor/a | distributor |
| el/la concesionario/a | distributor |
| ético | ethical |
| el grupo étnico | ethnic group |
| se vende | for sale |
| el artilugio | gimmick |
| la treta | gimmick |
| los bienes | goods |
| la imagen | image |
| la propaganda de buzón | junk mail |
| el estilo de la vida | lifestyle |
| la venta de liquidación | liquidation sale |
| el buzoneo | mailing |
| el mercado | market |
| el análisis de mercados | market research |
| el estudio de mercado | market study |
| el materialismo | materialism |
| el/la modelo | model |

| | |
|---|---|
| motivado | motivated |
| la divisa | motto |
| la necesidad | need |
| la persuasión | persuasion |
| el póster | poster |
| el afiche | poster |
| el estreno | premier |
| el producto | product |
| la promoción | promotion |
| las relaciones públicas | public relations |
| la publicidad | publicity |
| el truco publicitario | publicity stunt |
| el poder adquisitivo | purchasing power |
| los anuncios de la radio | radio commercials |
| la venta de liquidación | sale |
| el eslogan | slogan |
| el lema | slogan/motto |
| el símbolo del estatus | status symbol |
| la publicidad subliminal | subliminal advertising |
| el grupo objeto | target group |
| la tendencia | trend |
| muy al día | trendy |
| verdadero | truthful |
| no ético | unethical |
| se quiere | wanted |

## Verbos

## Verbs

| | |
|---|---|
| anunciar | to advertise |
| apagar la tele | to turn off the TV |
| cambiar de canal | to change the channel |
| comercializar un producto | to market a product |
| crear una necesidad | to create a need |
| cubrir la historia | to cover the story |
| dar una rueda de prensa | to give a press conference |

| | |
|---|---|
| destacar | to highlight |
| ejecutar una campaña publicitaria | to run an advertising campaign |
| emitir | to emit/broadcast |
| encender la tele | to turn on the TV |
| enterarse de una noticia por casualidad | to learn of news by chance |
| formular una crítica | to criticize |
| grabar | to record |
| hacer propaganda | to advertise/propagandize/publicize |
| hacer zapping | to channel hop |
| leer la prensa | to read the papers |
| mantener el contacto | to keep in touch |
| mostrar | to show |
| motivar | to motivate |
| perderse un programa | to miss a show |
| persuadir | to persuade |
| promover | to promote |
| publicar | to publish/publicize |
| publicitar | to publicize |
| sembrar al voleo | to broadcast |
| subir el volumen | to turn up the volume |
| transmitir | to broadcast |
| vender | to sell |
| ver la televisión | to watch TV |

## Frases

¿Qué hay hoy en la tele?
El artículo de la revista fue una calumnia.
Ese país tiene censura de prensa.

Siempre miro la actualidad.
El titular fue absolutamente escandaloso.

## Phrases

What's on TV today?

The magazine article was a slander.

That country has press censorship.

I always watch the current affairs.
The headline was absolutely outrageous.

El periodismo es una excelente profesión.

Journalism is an excellent profession.

Voy al quiosco a comprar el diario.

I go to the kiosk to buy the newspaper.

El periódico local es terrible.

The local newspaper is terrible.

Me suscribí a esa revista mensual.

I subscribed to that monthly magazine.

La prensa rosa es mi sección favorita.

The pink press is my favorite section.

La primicia se la dieron a el mejor periodista.

The scoop was given to the best journalist.

El corresponsal especial es famoso.

The special correspondent is famous.

Los tabloides arruinaron su vida.

The tabloids ruined his life.

Buscaré pareja en los anuncios clasificados.

I will look for a partner in the classifieds.

La actriz de la portada es hermosa.

The actress on the cover is beautiful.

Ese restaurante es famoso por sus comerciales.

That restaurant is famous for its commercials.

Esa marca de ropa es popular en mi país.

That clothing brand is popular in my country.

Tenemos que hacer un estudio de mercado.

We need to do a market study.

El modelo es mundialmente famoso.

The model is world famous.

El cartel me pareció de mal gusto.

I found the poster to be in bad taste.

Esa tienda está teniendo una gran venta.

That store is having a big sale.

Creo que ese artículo no es ético.

I think that article is unethical.

Odio los comerciales.

I hate commercials.

Esa imágen es tendencia.

That image is trending.

Dará una conferencia de prensa hoy.

He will give a press conference today.

# Quiz - Chapter XX
# News & Advertising

| | | | |
|---|---|---|---|
| 1. la censura | A. | book review |
| 2. el crucigrama | B. | censorship |
| 3. las noticias de actualidad | C. | crossword puzzle |
| 4. apagar la tele | D. | current affairs |
| 5. el redactor | E. | documentary |
| 6. el titular | F. | editor |
| 7. la periodista | G. | fashion |
|    independiente | H. | freedom of the press |
| 8. la revista | I. | freelance journalist |
| 9. la libertad de prensa | J. | headline |
| 10. crear una necesidad | K. | magazine |
| 11. el lector | L. | reader |
| 12. la página de deportes | M. | real estate |
| 13. la recensión del libro | N. | soap opera |
| 14. la moda | O. | sports page |
| 15. grabar | P. | to create a need |
| 16. los bienes raíces | Q. | to motivate |
| 17. los viajes | R. | to record |
| 18. el documental | S. | travel |
| 19. motivar | T. | turn off the TV |
| 20. la telenovela | | |

21.     En el noticiero presentarán el _____ para saber que clima hará mañana.

a.      arte                            c. horóscopo
b.      titular                         d. parte meteorológico

22.     Ella miró la situación desde la perspectiva de un _____.
a.      espectador                      c. estilo
b.      deportes                        d. los artes

23.     La _____ no tuvo impacto en el mercado de compradores.
a.      propiedad                       c. campaña publicitaria
b.      obituarios                      d. control remoto

24.     Por favor _____ de la radio que me gusta esa canción.
a.      sube el volumen                 c. casa editora
b.      diario                          d. primicia

25.     La _____ es una de las causas del calentamiento global.
a.      sociedad de consumo             c. semanario
b.      rumor                           d. prensa amarilla

26.     La _____ es un problema en mi correo electrónico.
a.      propaganda de buzón             c. imprenta
b.      página                          d. agencia de prensa

27.     El niño tiene un _____ en su cuarto de su superhéroe favorito.
a.      distribución                    c. breves
b.      afiche                          d. magazine

28.     Yo quiero _____ y ver mi programa preferido de los fines de semana.
a.      editorial                       c. encender la tele
b.      portada                         d. diagramación

29.     El _____ de la campaña publicitaria me pareció agresivo.
a.      libertad de prensa              c. primicia
b.      lema                            d. edición especial

30.     El artículo de prensa que leí sobre la economía no es _____.
a.      tipo de letra                   c. semanario
b.      artes                           d. verdadero

# Answer Key

1. B
2. C
3. D
4. T
5. F
6. J
7. I
8. K
9. H
10. P
11. L
12. O
13. A
14. G
15. R
16. M
17. S
18. E
19. Q
20. N
21. D
22. A
23. C
24. A
25. A
26. A
27. B
28. C
29. B
30. D

# Chapter XXI
# Art & Literature

## Libros

la acción
la historia de aventuras
el/la esteta
la estética
la antología
la apreciación
el arte
el atlas
la autobiografía
el autógrafo
el premio
la biografía
el libro
el personaje
el carácter
la literatura infantil
el clímax
el punto culminante
el libro cómico
el comentario
el conflicto
el contrato
el contraste
el libro de cocina
la creatividad
el/la crítico/a
la crítica
el criticismo
la cultura

## Books

action
adventure story
aesthete/connoisseur
aesthetics
anthology
appreciation
art
atlas
autobiography
autograph
award
biography
book
character
character
children's literature
climax
climax
comic book
commentary
conflict
contract
contrast
cookbook
creativity
critic
criticism
criticism
culture

| | |
|---|---|
| la novela policíaca | detective story |
| el desarrollo | development |
| el diálogo | dialogue |
| el diario | diary |
| el diccionario | dictionary |
| la empatía | empathy |
| la enciclopedia | encyclopedia |
| el final | ending |
| el fin | ending |
| el entretenimiento | entertainment |
| la épica | epic |
| el poema épico | epic poem |
| el ensayo | essay |
| el acontecimiento | event |
| el suceso | event |
| el evento | event |
| la fábula | fable |
| el cuento de hadas | fairy tale |
| la fantasía | fantasy |
| la novela feminista | feminist novel |
| le ficción | fiction |
| la figura | figure |
| la tragedia griega | Greek tragedy |
| el libro de tapa dura | hardcover |
| la historia de terror | horror story |
| el cuento de terror | horror story |
| la imagen | image |
| la intriga | intrigue |
| la introducción | introduction |
| la ironía | irony |
| la cuestión | issue |
| el problema | issue |
| las memorias | memoirs |
| la atmósfera del humor | mood |
| la moralidad | morality |
| el misterio | mystery |

| | |
|---|---|
| el mito | myth |
| la narrativa | narrative |
| la naturaleza | nature |
| la literatura no novelesca | nonfiction |
| la novela | novel |
| la obscenidad | obscenity |
| el optimismo | optimism |
| la página | page |
| el libro en rústica | paperback |
| el párrafo | paragraph |
| la parodia | parody |
| el pesimismo | pessimism |
| la novela picaresca | picaresque novel |
| la trama | plot |
| el poema | poem |
| la poesía | poetry |
| el punto de vista | point of view |
| la representación | portrayal |
| el retrato | portrayal |
| la prosa | prose |
| el protagonista | protagonist |
| la cita | quote |
| el lector | reader |
| el libro de consulta | reference book |
| la reflexión | reflection |
| el pensamiento | reflection/thought |
| la relación | relationship |
| la conexión | relationship |
| la comedia de la restauración | restoration comedy |
| la revisión | review |
| el análisis | review |
| la rima | rhyme |
| la novela de romance | romance |
| el idilio amoroso | romance |
| la sátira | satire |
| el poema satírico | satirical poem |

| | |
|---|---|
| la historia de ciencia ficción | science fiction |
| el cuento corto | short story |
| la la historia de espionaje | spy story |
| el estilo | style |
| el tópico | subject |
| el contenido | subject |
| el tema | subject/theme |
| la técnica | technique |
| la literatura juvenil | teenage fiction |
| el texto | text |
| el libro de texto | textbook |
| el tesauro | thesaurus |
| el título | title |
| el tono | tone |
| la tragedia | tragedy |
| el libro de viajes | travel book |
| el verso | verse |
| la novela de guerra | war novel |
| la obra de arte | work of art |

## Tipos de Escritores     Types of Writers

| | |
|---|---|
| el/la autor/a | author |
| el/la columnista | columnist |
| el/la comentador/a | commentator |
| el/la comentarista | commentator |
| el/la editor/a | editor |
| el/la ensayista | essayist |
| el/la juglar/a | minstrel |
| el/la narrador/a | narrator |
| el/la periodista | newspaper writer |
| el/la dramaturgo/a | playwright |
| el/la poeta | poet |
| el/la publicador/a | publisher |
| el/la traductor/a | translator |

| el/la escritor/a | writer |
|---|---|

## Estilos de Arte — Art Styles

| abstracto | abstract |
|---|---|
| el art nouveau | Art Nouveau |
| azteca | Aztec |
| barroco | baroque |
| el período clásico | classical period |
| el Siglo de las Luces | Enlightenment |
| el existencialismo | existentialism |
| el/la existencialista | existentialist |
| el expresionismo | expressionism |
| federal | Federal |
| georgiano | Georgian |
| griego/greco | Greek |
| medieval | medieval |
| naturalista | naturalistic |
| normando | Norman |
| el postimpresionismo | post impressionism |
| el postmodernismo | postmodernism |
| el realismo | realism |
| el Renacimiento | Renaissance |
| rococó | rococo |
| románico | Romanesque |
| romántico | romantic |
| el estructuralismo | structuralism |
| el surrealismo | surrealism |
| el simbolismo | symbolist |
| el siglo veinte | twentieth century |
| victoriano | Victorian |

## Las Clases de Arte — Art Classes

| la pintura acrílica | acrylic paint |
|---|---|

| | |
|---|---|
| el aerógrafo | airbrush |
| la animación | animation |
| la galería de Arte | art gallery |
| el artefacto | artifact |
| el artista | artist |
| artístico | artistic |
| la subasta | auction |
| el/la subastador/a | auctioneer |
| el equilibrio | balance |
| el pincel | brush |
| los pinceles | brushes |
| el busto | bust |
| el lienzo | canvas |
| tallar | carve |
| la cerámica | ceramics |
| la tiza | chalk |
| el carbón | charcoal |
| el carboncillo | charcoal |
| el cincel | chisel |
| la arcilla | clay |
| el collage | collage |
| los lápices de colores | colored pencils |
| el contraste | contrast |
| la nave | craft |
| el crayón | crayon |
| el diseño | design |
| el dibujo | drawing |
| el caballete | easel |
| el esmalte | enamel |
| el grabado | engraving |
| el borrador | eraser |
| el aguafuerte | etching |
| la exposición | exhibition/exhibit |
| la figura | figure |
| la figurilla | figurine |
| la filigrana | filigree |

| | |
|---|---|
| el cuadro | frame |
| el fresco | fresco |
| el frisco | frieze |
| la galería | gallery |
| el género | genre |
| el cristal | glass |
| soplado de vidrio | glassblowing |
| el esmalte | glaze |
| el grafiti | graffiti |
| el diseño gráfico | graphic design |
| el martillo | hammer |
| el ológrafo | holograph |
| el holograma | holograph |
| la ilustración | illustration |
| la tinta | ink |
| el horno | kiln |
| el paisaje | landscape |
| el mármol | marble |
| la obra maestra | masterpiece |
| el modelo | model |
| el mosaico | mosaic |
| el mural | mural |
| el museo | museum |
| la pintura al óleo | oil painting |
| el pintor | painter |
| la paleta | palette |
| el pastel | pastel |
| la perspectiva | perspective |
| la fotografía | photograph |
| el pigmento | pigment |
| la porcelana | porcelain |
| el portafolio | portfolio |
| la cerámica | pottery |
| los colores primarios | primary colors |
| el escultor | sculptor |
| la escultura | sculpture |

| | |
|---|---|
| el paisaje marino | seascape |
| la sombra | shade/shadow |
| el boceto | sketch |
| el esbozo | sketch |
| el cuaderno de bocetos | sketchbook |
| el solvente | solvent |
| la vidriera | stained glass |
| la estatua | statue |
| la plantilla | stencil |
| el bodegón | still life |
| la naturaleza muerta | still life |
| la piedra | stone |
| el corte de piedra | stone cutting |
| el estudio | studio |
| el estilo | style |
| el tapiz | tapestry |
| la plantilla | template |
| el tono | tone |
| el tubo | tube |
| el barniz | varnish |
| la acuarela | watercolor |
| la cera | wax |
| la talla de madera | wood carving |
| la incisión | woodcut |

## Verbos / Verbs

| | |
|---|---|
| analizar | to review |
| apreciar | to appreciate |
| crear | to create |
| dar forma | to shape |
| decorar | to decorate |
| desarrollar | to develop |
| dibujar | to draw |
| diseñar | to design |

| | |
|---|---|
| esculpir | to sculpt/carve |
| explicar | to explain |
| explorar | to explore |
| expresar | to express |
| finalizar | to end |
| grabar | to engrave/record |
| grabar al aguafuerte | to etch |
| inspirar | to inspire |
| pintar | to paint |
| representar | to portray |
| restaurar | to restore |
| revisar | to review |
| satirizar | to satirize |
| tallar | to carve |
| terminar | to end |
| tratar de | to deal with |

## Frases

## Phrases

| | |
|---|---|
| ¿Qué tipo de literatura te gusta? | What kind of literature do you like? |
| Me gusta leer autobiografías. | I like to read autobiographies. |
| ¿Quién ganó el premio a mejor actor? | Who won the award for best actor? |
| El personaje del libro tenía un conflicto. | The character in the book had a conflict. |
| Escribí para la clase de hoy un ensayo. | I wrote an essay for today´s class. |
| De niña me gustaban las fábulas. | As a child, I liked fables. |
| El tipo de literatura que disfruto es ficción. | The kind of literature I enjoy is fiction. |
| Leí la introducción y decidí comprarlo. | I read the introduction and decided to buy it. |
| El libro trata sobre el problema de las parejas. | The book deals with the problems of couples. |
| Los mitos a menudo tienen algo de verdad. | Myths often have some truth. |
| ¿En qué página leíste eso? | What page did you read that on? |

Las novelas feministas son importantes. — Feminist novels are important.

Me encanta leer tragedias griegas. — I love reading Greek Tragedies.

El dramaturgo es muy nostálgico. — The playwright is very nostalgic.

Rousseau era del Siglo de las Luces. — Rousseau was from the Enlightenment.

Me encanta el arte del Renacimiento. — I love art from the Renaissance.

El simbolismo en la pintura es impresionante. — The symbolism in the painting is impressive.

Creo que la época victoriana es muy romántica. — I think the Victorian era is very romantic.

El barroco no es mi estilo preferido. — Baroque is not my favorite style.

La cerámica es muy fina. — The ceramic is very fine.

Algunos artistas prefieren usar carbón. — Some artists prefer using charcoal.

Los frescos tienen imágenes de paisajes. — The frescos have images of landscapes.

Yo aprecio la escultura más que la pintura. — I appreciate sculpture more than painting.

En mis pinturas siempre uso acuarelas. — In my paintings I always use watercolor.

Realmente aprecio las bellas artes. — I really appreciate fine art.

# Quiz - Chapter XXI
# Art & Literature

| | | | |
|---|---|---|---|
| 1. el premio | A. | author |
| 2. decorar | B. | award |
| 3. el personaje | C. | character |
| 4. el punto culminante | D. | climax |
| 5. el entretenimiento | E. | design |
| 6. el acontecimiento | F. | entertainment |
| 7. dibujar | G. | event |
| 8. el cuento de hadas | H. | fairy tale |
| 9. el misterio | I. | genre |
| 10. el lector | J. | landscape |
| 11. revisar | K. | mystery |
| 12. el tema | L. | newspaper writer |
| 13. el tesauro | M. | reader |
| 14. el autor | N. | subject/theme |
| 15. la periodista | O. | thesaurus |
| 16. el traductor | P. | to deal with |
| 17. tratar de | Q. | to decorate |
| 18. el diseño | R. | to draw |
| 19. el género | S. | to review |
| 20. el paisaje | T. | translator |

21.   ¿Cuál es tu _____ preferida del museo?
a.    escultura                 c. antología
b.    atlas                     d. clímax

22.   Me gusta leer _____ antes de irme a la cama.
a.    conflicto                 c. desarrollo
b.    diálogo                   d. historia de aventuras

23.   Debes aprender a _____ el arte.
a.    problema                  c. apreciar
b.    figura                    d. imágen

24.   Hay un _____ de intereses entre las dos editoriales.
a.    conflicto                 c. retrato
b.    párrafo                   d. prosa

25.   ¿Dónde está la sección de _____ ?
a.    literatura infantil       c. suceso
b.    evento                    d. subasta

26.   El _____ es fundamental para tener buenas relaciones sociales.
a.    pesimismo                 c. diálogo
b.    cita                      d. relación

27.   Me gusta leer literatura de _____.
a.    columnista                c. abstracto
b.    ficción                   d. tesauro

28.   El estudiante prefiere leer _____.
a.    carbón                    c. literatura no novelesca
b.    personaje                 d. clímax

29.   En la librería puedes encontrar el _____.
a.    libro en rústica          c. empatía
b.    cultura                   d. creatividad

30.   El _____ del libro fue la parte que más me gustó.
a.    misterio                  c. tragedia griega
b.    fin                       d. azteca

# Answer Key

1. B
2. Q
3. C
4. D
5. F
6. G
7. R
8. H
9. K
10. M
11. S
12. N
13. O
14. A
15. L
16. T
17. P
18. E
19. I
20. J
21. A
22. D
23. C
24. A
25. A
26. C
27. B
28. C
29. A
30. B

# Chapter XXII
# School

## Las Etapas de la Escuela
## The Stages of the School

| | |
|---|---|
| el aprendiz | apprenticeship/internship |
| el internado | boarding school |
| la escuela elemental | elementary school |
| la formación profesional | further education |
| la escuela secundaria | high school |
| la escuela preparatoria | high school |
| el bachillerato | high school |
| el kinder de infancia | kindergarten |
| el jardín de infancia | kindergarten |
| la escuela media | middle school |
| el preescolar | nursery school |
| la guardería | nursery/daycare center |
| el grupo de juego | play group |
| el colegio | primary school |
| la escuela técnica | technical school |
| el colegio técnica | technical school |
| la universidad | university |

## Los Suministros de la Aula
## School Supplies

| | |
|---|---|
| el atlas | atlas |
| la mochila | backpack/school bag |
| el aglutinante | binder |
| el libro | book |
| el calculador | calculator |
| la silla | chair |
| la tiza | chalk |

| | |
|---|---|
| la pizarra | chalkboard |
| el reloj | clock |
| la brújula | compass |
| la computadora | computer |
| el papel de construcción | construction paper |
| los crayones | crayons |
| el escritorio | desk |
| el pupitre | desk |
| el diccionario | dictionary |
| la enciclopedia | encyclopedia |
| el borrador | eraser |
| la goma de borrar | eraser |
| las tarjetas flash | flash cards |
| la pluma | fountain pen/ballpoint pen |
| el globo | globe |
| el mundo | globe |
| la cola | glue |
| el pegamento | glue |
| el resaltador | highlighter |
| la tinta | ink |
| el ropero | locker |
| el papel de hojas sueltas | loose leaf paper |
| la lonchera | lunch box |
| el mapa | map |
| el rotulador | marker |
| el cuaderno | notebook |
| el tablón | noticeboard |
| el papel | paper |
| el clip de papel | paper clip |
| el perforador de papel | paper punch |
| el pegamento | paste |
| el bolígrafo | pen |
| la pluma | pen |
| el esfero | pen |
| el lápiz | pencil |
| el lapicero | pencil case |

| | |
|---|---|
| el estuche | pencil case |
| el sacapuntas | pencil sharpener |
| el transportador | protractor |
| las bandas de goma | rubber bands |
| la regla | ruler |
| las tijeras | scissors |
| la hoja | sheet of paper |
| el cuaderno de espiral | spiral notebook |
| el quitagrapas | staple remover |
| la engrapadora | stapler |
| la cinta | tape |
| la cinta métrica | tape measure |
| el diccionario de sinónimos | thesaurus |
| el tesauro | thesaurus |
| la tachuela | thumb tack |
| el mapa del mundo | world map |
| la vara de medir | yardstick |

## Materias Escolares — School Subjects

| | |
|---|---|
| la arquitectura | architecture |
| el arte | art |
| la biología | biology |
| los negocios | business |
| la química | chemistry |
| la asignatura obligatoria | compulsory subject |
| la informática | computer science |
| la odontología | dentistry |
| las ciencias económicas | economics |
| la ingeniería | engineering |
| el inglés | English |
| el idioma extranjero | foreign language |
| la lengua extranjera | foreign language |
| el francés | French |
| la geografía | geography |

| | |
|---|---|
| la geología | geology |
| el alemán | German |
| el gimnasio | gym |
| la gimnástica | gymnastics |
| la historia | history |
| ingeniería industrial | industrial engineering |
| el italiano | Italian |
| el periodismo | journalism |
| la ley | law |
| la lingüística | linguistics |
| la literatura | literature |
| las matemáticas | mathematics |
| la medicina | medicine |
| la música | music |
| la asignatura opcional | optional subject |
| la farmacia | pharmacy |
| la filología | philology |
| la filosofía | philosophy |
| la educación física | physical education |
| la física | physics |
| las ciencias políticas | political sciences |
| la psicología | psychology |
| ingeniero de caminos | road/highway engineer |
| las ciencias | science |
| la sociología | sociology |
| la ingeniería de telecomunicaciones | telecom engineering |
| la veterinaria | veterinary medicine |
| la formación profesional | vocational training |

## Trabajadores Escolares — School Workers

| | |
|---|---|
| el/la cocinero/a | cook |
| el/la custodio/a | custodian |
| el/la enfermero/la | nurse |
| el/la principal | principal |

| | |
|---|---|
| el/la catedrático/a | professor |
| el/la profesor/a | professor/teacher |
| el/la rector/a | rector |
| el/la secretario/a | secretary |
| el/la trabajador/a social | social worker |
| el/la estudiante | student |
| el/la aprendiz | student teacher |
| el/la maestro/a | teacher |
| el/la docente | teacher |
| el/la asistente del maestro/a | teacher's assistant |
| el/la tutor | tutor |

## Los Cuartos de la Escuela / School Rooms

| | |
|---|---|
| el salón de arte | art room |
| el baño | bathroom |
| la cafetería | cafeteria |
| el salón de clase | classroom |
| el aula | classroom |
| el ascensor | elevator |
| la entrada | entrance |
| el gimnasio | gym |
| el pasillo | hallway |
| la cocina | kitchen |
| el laboratorio | lab/laboratory |
| la biblioteca | library |
| el vestidor | locker room |
| el patio de recreo | playground |
| la piscina | pool |
| la oficina de la principal | principal's office |
| el escenario | stage |
| la escalera | staircase |
| el teatro | theater |

# Aprendizaje

las habilidades
la respuesta
el certificado
la clase
el compañero de clase
cognitivo/a
la competitividad
complicado
la composición
el curso
el título
la carrera
la licenciatura
difícil
el dibujo
fácil
la educación
la esfuerzo
el ensayo
la evaluación
el examen
el ejemplo
el ejercicio
la facultad
el examen final
la nota final
el enfoque
el/la extranjero/a
notable
la calificación
la nota
el sistema de notas
el jefe de estudios
la nota alta

# Learning

abilities/skills
answer
certificate
class
classmate
cognitive
competitiveness
complicated
composition
course
degree
degree
degree
difficult
drawing
easy
education
effort
essay
evaluation
exam
example
exercise
faculty
final exam
final grade
focus
foreigner
good
grade
grade
grading system
headteacher
high grade

| | |
|---|---|
| la tarea | homework |
| los deberes | homework |
| el analfabetismo | illiteracy |
| el curso intensivo | intensive course |
| la lengua | language |
| la escuela de idiomas | language school |
| el aprendizaje | learning |
| la clase | lecture |
| la lección | lesson |
| la carta | letter |
| el nivel | level |
| la prueba de nivel | level test |
| la biblioteca | library |
| la literatura | literature |
| la nota baja | low grade |
| el método | method |
| la metodología | methodology |
| el error | mistake/error |
| los apuntes | notes |
| oral | oral |
| el examen oral | oral exam |
| sobresaliente | outstanding |
| la pedagogía | pedagogy |
| la prueba de nivel | placement test |
| insuficiente | poor |
| el problema | problem |
| el progreso | progress |
| el alumno | pupil |
| la pregunta | question |
| la prueba | quiz |
| la comprensión de textos | reading comprehension |
| el informe | report |
| el reportaje | report |
| el reporte de calificaciones | report card |
| los resultados | results |
| bien | satisfactory |

| | |
|---|---|
| satisfactorio | satisfactory |
| el horario | schedule/timetable |
| la beca | scholarship/grant |
| el graduado escolar | school graduate |
| la academia | school/academy |
| la autoevaluación | self-assessment |
| la autoestima | self-esteem |
| el semestre | semester |
| el seminario | seminar |
| las competencias | skills |
| la solución | solution |
| la especialidad | specialization |
| el/la estudiante | student |
| la junta de delegados de clase | student council |
| el estudio | study |
| la asignatura | subject |
| la encuesta | survey |
| el plan de estudios | syllabus |
| la mesa | table |
| la enseñanza | teaching |
| el test | test |
| la prueba | test |
| el examen | test |
| el texto | text |
| el libro de texto | textbook |
| el tema | topic/subject |
| el cuatrimestre | trimester |
| la tutoría | tutoring |
| la unidad | unit |
| el libro de ejercicios | workbook |
| el taller | workshop |
| el examen escrito | written exam |

# Educación Avanzada    Advanced Education

| | |
|---|---|
| las clases adultos | adult classes |
| la educación de adultos | adult education |
| el/la graduado/a | alumnus |
| el/la aprendiz | apprentice/assistant |
| el aprendizaje | apprenticeship |
| la evaluación | assessment |
| la asistencia | attendance |
| la carrera | career |
| el certificado | certificate |
| el colegio universitario | college |
| el curso | course |
| el título | degree |
| la licenciatura | degree |
| el diploma | diploma |
| el título | diploma |
| el proyecto de fin de carrera | dissertation |
| la matrícula de honor | distinction |
| el doctorado | doctorate |
| el profesorado | faculty |
| la ayuda escolar | financial aid |
| la beca completa | full scholarship |
| el/la licenciado/a | graduate |
| el cursillo de formación de profesorado | in service training |
| el salón de conferencias | lecture hall |
| la duración del curso | length of the course |
| el título de máster | master's degree |
| el máster | master's degree |
| la universidad abierta | open university |
| el/la estudiante a tiempo parcial | part time student |
| el curso de post-licenciado | postgraduate course |
| la investigación | research |
| la residencia de estudiantes | residence hall |
| la reeducación | retraining |

| | |
|---|---|
| el/la escolar | scholar |
| el semestre | semester |
| el seminario | seminar |
| la escuela de magisterio | teachers' college |
| el colegio técnico | technical college |
| la tesis | thesis |
| el trimestre | trimester |
| la universidad | university |
| la cátedra | university chair |
| la prueba de acceso a la universidad | university entrance exam |

## Verbos / Verbs

| | |
|---|---|
| admitir | to admit/accept |
| alistar | to enroll |
| aprender | to learn |
| aprender de memoria | to memorize |
| aprobar | to approve/pass |
| asistir a clase | to attend classes |
| borrar la pizarra | to erase the chalkboard |
| calificar | to grade |
| cambiar los cursos | to transfer between classes |
| catear | to prospect |
| conseguir una beca | to get a scholarship |
| corregir | to correct |
| dar clases de | to give classes in |
| dar nota a | to grade |
| depender | to depend |
| educar | to educate |
| enseñar | to teach |
| entender | to understand |
| entregar una tarea | to turn in an assignment |
| equivocarse | to make a mistake |

| | |
|---|---|
| escribir una redacción | to write an essay |
| estar castigado/a | to be punished |
| estudiar | to study |
| evaluar | to evaluate/assess |
| examinar | to test |
| examinarse | to take an exam |
| exigir | to require/demand |
| hacer un curso de reeducación | to retrain |
| hacer un ejercicio | to do an exercise |
| hacer un examen | to take an exam/test |
| inscribir | to enroll |
| investigar | to research |
| leer un texto | to read a text |
| matricular | to enroll |
| matricularse | to enroll oneself |
| matricularse en la universidad | to register at university |
| obtener créditos | to get credits |
| pasar lista | to roll call |
| poner una nota | to grade |
| preguntar | to ask |
| prepararse un examen | to prepare for an exam |
| presentarse a un examen | to take a test |
| quedarse en blanco | to stay blank |
| resolver un ejercicio | to solve a problem |
| responder | to answer |
| sacar buenas notas | to get good grade |
| sacar malas notas | to get bad grades |
| ser diplomado en | to be qualified |
| ser doctor en | to be a doctor of |
| ser graduado en | to have a degree in |
| ser ingeniero de | to be an engineer of |
| ser licenciado en | to be a graduate of |

| | |
|---|---|
| significar | to mean |
| solicitar | to apply |
| solicitar plaza en la universidad | to apply for a place at a university |
| suspender | to suspend/fail |
| tener clase | to have class |
| tener el título de postgrado en | to be a postgraduate of |
| tener un buen expediente | to have a good record |
| tener un mal expediente | to have a bad record |
| tomar apuntes | to take notes |
| traducir | to translate |

## Frases

## Phrases

| | |
|---|---|
| ¿Qué significa esa palabra? | What does that word mean? |
| ¿Qué te gustaría estudiar? | What would you like to study? |
| Mi hijo está en preescolar. | My son is in nursery school. |
| La escuela secundaria fue la mejor época. | High school was the best time. |
| Siempre quise estudiar en la universidad. | I always wanted to study at university. |
| Debo llevar el libro en mi mochila. | I must carry the book in my backpack. |
| Compraré un cuaderno para mi clase. | I will buy a notebook for my class. |
| El bolígrafo no sirve, ¿me prestas el tuyo? | The pen is useless, can you lend me yours? |
| El estudiante obtuvo excelentes notas. | The student got excellent marks. |
| La clase que más me gusta es música. | The class that I like the most is music. |
| ¿Quieres ir al gimnasio conmigo? | Do you want to go to the gym with me? |
| Me gusta estudiar geografía contigo. | I like to study geography with you. |
| La informática es difícil para mí. | Computer science is difficult for me. |

Mi hijo necesita un tutor de matemáticas.

My son needs a math tutor.

Dile a la trabajadora social.

Tell the social worker.

El rector es muy estricto con los estudiantes.

The rector is very strict with the students.

Nos encontraremos a las dos en la cafetería.

We will meet at two in the cafeteria.

No debes correr en el pasillo.

You must not run in the hallway.

La biblioteca es mi lugar preferido

The library is my favorite place.

Analiza las habilidades de cada estudiante.

He analyzes each students' abilities.

La competitividad puede ser buena y mala.

Competitiveness can be good and bad.

Voy a matricularme en la universidad.

I´m going to enroll myself in the university.

Él se está preparando para un exámen.

He is preparing for an exam.

El joven tiene un buen historial.

The young man has a good record.

Es necesario que se traduzca el artículo.

It is necessary to translate the scientific article.

# Quiz - Chapter XXII
# School

| | | | |
|---|---|---|---|
| 1. | la escuela elemental | A. | abilities/skills |
| 2. | la escuela secundaria | B. | answer |
| 3. | tomar apuntes | C. | backpack |
| 4. | la universidad | D. | chalkboard |
| 5. | la mochilla | E. | classmate |
| 6. | la  pizarra | F. | course |
| 7. | el borrador | G. | elementary school |
| 8. | la tinta | H. | eraser |
| 9. | el cuaderno | I. | foreign language |
| 10. | hacer un examen | J. | high school |
| 11. | el idioma extranjero | K. | ink |
| 12. | el maestro | L. | laboratory |
| 13. | la biblioteca | M. | library |
| 14. | el laboratorio | N. | notebook |
| 15. | examinar | O. | teacher |
| 16. | las habilidades | P. | to grade |
| 17. | la respuesta | Q. | to take a test |
| 18. | el compañero de clase | R. | to take notes |
| 19. | calificar | S. | to test |
| 20. | el curso | T. | university |

21. Cuando presentas tu _____ ?
a. exámen          c. instituto
b. colegio          d. atlas

22. El estudiante obtuvo una _____ sobresaliente.
a. preescolar          c. nota
b. pizarra          d. libro

23. _____ es común si no prestas atención a lo que estudiaste.
a. equivocarse          c. formación profesional
b. internado          d. escuela media

24. El estudiante debe terminar la _____.
a. escritorio          c. pupitre
b. tarea          d. tiza

25. El _____ es un problema que es frecuente en las zonas rurales.
a. crayones          c. analfabetismo
b. borrador          d. silla

26. Después de la evaluación te dirán en qué _____ quedarás.
a. enciclopedia          c. cola
b. borrador          d. nivel

27. Ella debe _____ los errores de su ensayo.
a. corregir          c. mapa
b. lonchera          d. cuaderno

28. Tú podrías prestarme tus _____.
a. geología          c. aula
b. lápiz          d. jardín de infancia

29. Mi _____ es alta por qué se mis capacidades y cualidades.
a. cinta          c. arte
b. autoestima          d. ley

30. La _____ del tutor de clase es excelente.
a. cocinero          c. asistencia
b. vestidor          d. biblioteca

# Answer Key

1. G
2. J
3. R
4. T
5. C
6. D
7. H
8. K
9. N
10. Q
11. I
12. O
13. M
14. L
15. S
16. A
17. B
18. E
19. P
20. F
21. A
22. C
23. A
24. B
25. C
26. D
27. A
28. B
29. B
30. C

# Chapter XXIII
# The Sciences

| **La Biología** | **Biology** |
|---|---|
| el análisis | Analysis |
| la bacteria | Bacteria |
| el microbio | Bacteria |
| la sangre | blood |
| el cuerpo | body |
| el hueso | bone |
| el carbohidrato | carbohydrate |
| la célula | cell |
| la clorofila | chlorophyll |
| la clasificación | classification |
| el grupo de control | control group |
| la decadencia | decay |
| el descenso | decline |
| la disminución | decline |
| el descubrimiento | discovery |
| la enfermedad | disease |
| el embrión | embryo |
| la excreción | excretion |
| el feto | fetus |
| el ciclo alimenticio | food chain |
| el gen | gene |
| el gene | gene |
| genético/a | genetic |
| la alteración genética | genetic disorder |
| las mutaciones genéticas | genetic mutations |
| el género | genus |
| el crecimiento | growth |
| el hábitat | habitat |
| el corazón | heart |

| | |
|---|---|
| la hipótesis | hypothesis |
| la membrana | membrane |
| el microscopio | microscope |
| la molécula | molecule |
| el músculo | muscle |
| el núcleo | nucleus |
| el organismo | organism |
| el origen | origin |
| la fotosíntesis | photosynthesis |
| la población | population |
| el proyecto | project |
| la investigación | research |
| la respiración | respiration |
| el/la científico/a | scientist |
| la platina | slide |
| la especie | species |
| la sobrevivencia | survival |
| la teoría | theory |
| el tejido | tissue |
| el virus | virus |

## La Química — Chemistry

| | |
|---|---|
| el ácido | acid |
| el aire | air |
| el álcali | alkali |
| alcalino | alkaline |
| la aleación | alloy |
| aluminio | aluminum |
| argón | argon |
| el aspecto | aspect |
| el número atómico | atomic number |
| el vaso de precipitados | beaker |
| el cubilete | beaker |
| berilio | beryllium |

| | |
|---|---|
| boro | boron |
| el latón | brass |
| el cobre amarillo | brass |
| el mechero Bunsen | Bunsen burner |
| calcio | calcium |
| carbono | carbon |
| la sustancia química | chemical |
| químico | chemical |
| el elemento químico | chemical element |
| cloro | chlorine |
| cromo | chromium |
| cobalto | cobalt |
| la composición | composition |
| el componente | compound |
| el cobre | copper |
| los datos | data |
| el elemento | element |
| las emisiones | emissions |
| la emulsión | emulsion |
| la ecuación | equation |
| el experimento | experiment |
| el fasco | flask |
| el matraz | flask |
| flúor | fluorine |
| el gas | gas |
| gaseoso/a | gaseous |
| la gasolina | gasoline |
| el oro | gold |
| pesado | heavy |
| helio | helium |
| hidrógeno | hydrogen |
| el índice | index |
| inerte | inert |
| inmóvil | inert |
| inorgánico | inorganic |
| insoluble | insoluble |

| | |
|---|---|
| el hierro | iron |
| el laboratorio | laboratory |
| ligero | light |
| el líquido | liquid |
| litio | lithium |
| el papel de tornasol | litmus paper |
| magnesio | magnesium |
| manganeso | manganese |
| el material | material |
| la materia | matter |
| el metal | metal |
| neón | neon |
| la neurona | neuron |
| níquel | nickel |
| nitrógeno | nitrogen |
| opaco | opaque |
| orgánico | organic |
| oxígeno | oxygen |
| la partícula | particle |
| la tabla periódica | periodic table |
| fósforo | phosphorus |
| físico | physical |
| la pipeta | pipette |
| potasio | potassium |
| el proceso | process |
| puro | pure |
| la reacción | reaction |
| el resultado | result |
| la sal | salt |
| la muestra | sample |
| escandio | scandium |
| silicio | silicon |
| la plata | silver |
| sodio | sodium |
| el/la sólido/a | solid |
| soluble | soluble |

| | |
|---|---|
| la solución | solution |
| estable | stable |
| la sustancia | substance |
| azufre | sulfur |
| la prueba | test |
| el tubo de ensayo | test tube |
| el estaño | tin |
| titanio | titanium |
| transparente | transparent |
| vanadio | vanadium |
| el volumen | volume |
| el zinc | zinc |

## La Física — Physics

| | |
|---|---|
| la aceleración | acceleration |
| la acústica | acoustics |
| el átomo | atom |
| atómico | atomic |
| de bolas | ball bearing |
| los cojinetes de bolas | ball bearings |
| el punto de ebullición | boiling point |
| centrífugo | centrifugal |
| el cambio | change |
| el circuito | circuit |
| el diente | cog |
| la rueda dentada | cog |
| la conservación | conservation |
| la cresta | crest |
| el penacho | crest |
| denso | dense |
| la densidad | density |
| el dispositivo | device |
| la esfera | dial |
| la distancia | distance |

| | |
|---|---|
| el electrón | electron |
| la energía | energy |
| la fibra | fiber |
| la fisión | fission |
| la escisión | fission |
| la fuerza | force |
| la fórmula | formula |
| el punto de congelación | freezing point |
| la fricción | friction |
| el rozamiento | friction |
| la fusión | fusion |
| el calibrador | gauge |
| el indicador | gauge |
| el engranaje | gear |
| la gravedad | gravity |
| la pérdida de calor | heat loss |
| el láser | laser |
| el rayo láser | laser beam |
| la palanca | lever |
| la luz | light |
| el rayo de luz | light beam |
| el haz de luz | light beam |
| el lubricante | lubricant |
| la maquinaria | machinery |
| el mecanismo | machinery |
| el imán | magnet |
| el magnetismo | magnetism |
| la masa | mass |
| el peso | mass |
| la medición | measurement |
| la mecánica | mechanics |
| el mecanismo | mechanism |
| la metalurgia | metallurgy |
| el mineral | mineral |
| la molécula | molecule |
| el ímpetu | momentum |

| | |
|---|---|
| el movimiento | motion |
| el neutrón | neutron |
| la energía nuclear | nuclear energy |
| el núcleo | nucleus |
| la observación | observation |
| la óptica | optics |
| la partícula | particle |
| el porcentaje | percentage |
| la preservación | preservation/conservation |
| la presión | pressure |
| la propiedad | property |
| proporcional | proportional |
| el protón | proton |
| la teoría cuántica | quantum theory |
| la radiación | radiation |
| el rayo | ray |
| el reactor | reactor |
| la reflexión | reflection |
| la refracción | refraction |
| la relatividad | relativity |
| la resistencia | resistance |
| el robot | robot |
| el autómata | robot |
| la simulación | simulation |
| el sonido | sound |
| la velocidad | speed |
| la estructura | structure |
| sintético | synthetic |
| la temperatura | temperature |
| la transmisión | transmission |
| el seno | trough |
| la turbina | turbine |
| el vapor | vapor |
| la vibración | vibration |
| la onda | wave |
| la longitud de onda | wavelength |

| La Electricidad | Electricity |
|---|---|
| la corriente alterna | alternating current |
| el alternador | alternator |
| el amperímetro | ammeter |
| el amperaje | amperage |
| el amperio | ampere |
| los amperios | amps |
| la batería | battery |
| la pila | battery |
| el cargador de baterías | battery charger |
| el cortacircuitos | breaker |
| la bombilla | bulb |
| el botón | button |
| el cable | cable |
| la carga | charge |
| el cargado | charge |
| el circuito | circuit |
| la conexión | connection |
| la corriente | current |
| el diodo | diode |
| la corriente continua | direct current |
| la descarga eléctrica | electric shock |
| la carga de electricidad | electrical charge |
| la cuerda eléctrica | electrical cord |
| la electricista | electrician |
| la electricidad | electricity |
| el electrodo | electrode |
| el electrón | electron |
| las electrónicas | electronics |
| el fusible | fuse |
| el grupo electrógeno | generator |
| el generador | generator |
| el instrumento | instrument |
| el aislamiento | insulation |
| el diodo emisor de luz | **LED** |

| | |
|---|---|
| el relámpago | lightning |
| el polo negativo | negative pole |
| apagado | off |
| encendido | on |
| el enchufe | plug/socket |
| el polo positivo | positive pole |
| el calambre | shock |
| la descarga | shock |
| el cortocircuito | short circuit |
| el motor de arranque | starter |
| el interruptor | switch |
| el terminal | terminal |
| el voltaje | voltage |
| el voltímetro | voltmeter |
| los voltios | volts |
| los vatios | watts |
| el alambre | wire |
| el cableado | wiring |

## Verbos / Verbs

| | |
|---|---|
| acelerar | to accelerate |
| aislar | to insulate |
| alambrar | to wire |
| alimentar | to feed |
| analizar | to analyze |
| apagar | to switch off |
| averiguar | to find out |
| balancear | to balance |
| bloquearse | to get blocked |
| calcular | to calculate |
| calentar | to heat |
| cambiar | to mutate/change |
| cargar | to charge |
| cargar la batería | to charge a battery |

| | |
|---|---|
| circular | to circulate |
| clasificar | to classify/sort |
| comprobar | to check |
| conectar | to connect/switch on |
| controlar | to control |
| crecer | to grow |
| demostrar | to show |
| derivar | to derive |
| desarrollar | to develop |
| descender | to decline |
| desconectar | to disconnect/switch off |
| disolver | to dissolve |
| echar | to pour |
| echar un vistazo | to have a look |
| emitir | to emit |
| encender | to switch on |
| enchufar | to plug in |
| experimentar | to experiment |
| fijar una platina | to mount a slide |
| formatear | to format |
| funcionar | to function |
| heredar | to inherit |
| identificar | to identify |
| investigar | to research/investigate |
| lubricar | to lubricate |
| manejar | to operate |
| maximizar | to maximize |
| medir | to measure |
| mezclar | to mix |
| minimizar | to minimize |
| observar | to observe |
| probar | to prove |
| quemar | to burn |
| reaccionar | to react |
| reproducir | to reproduce |
| resolver | to solve |

| | |
|---|---|
| respirar | to breathe |
| revisar | to check |
| sintetizar | to synthesize |
| sobrevivir | to survive |
| tornear | to turn |
| transformarse | to mutate/transform |
| vibrar | to vibrate |

## Frases

Tú tienes buenos genes.

¿Cuál es el hábitat natural del oso?

El tiene un desorden genético.

Yo amo investigar.

Limpia todo para evadir las bacterias.

Los químicos mezclan químicos.

A los perros les encantan los huesos.

La clorofila es fundamental para las plantas.

No respire esos químicos.

El sol está compuesto por hidrógeno y helio.

Los humanos no pueden vivir sin oxígeno.

No mezcle esos productos químicos.

Las aguas termales huelen a azufre.

Newton descubrió la gravedad.

Tuve que aprender la tabla periódica.

El banano es una buena fuente de potasio.

La plata es un metal precioso.

## Phrases

You have good genes.

What is the bear's natural habitat?

He has a genetic disorder.

I love to research.

Clean everything to avoid bacteria.

Chemists mix chemicals.

Dogs love bones.

Chlorophyll is essential for plants.

Do not breathe those chemicals.

The sun is made up of hydrogen and helium.

Humans cannot live without oxygen.

Do not mix those chemicals.

The hot springs smell of sulfur.

Newton discovered gravity.

I had to learn the periodic table.

The banana is a good source of potassium.

Silver is a precious metal.

La acústica de la iglesia es excelente.

The acoustics of the church are excellent.

La energía se transformó.

The energy was transformed.

Ellas me operaron con un rayo láser.

They operated on me with a laser beam.

La empresa tiene maquinaria pesada.

The company has heavy machinery.

Ese país tiene energía nuclear.

That country has nuclear energy.

La radiación es muy alta en Chernobyl.

Radiation is very high in Chernobyl.

El avión tiene dañada una turbina.

The plane has a damaged turbine.

Se le acabó la batería a mi celular.

My cell phone ran out of battery.

# Quiz - Chapter XXIII
# The Sciences

| | | | |
|---|---|---|---|
| 1. | el hueso | A. | atom |
| 2. | la célula | B. | battery |
| 3. | acelerar | C. | bone |
| 4. | la teoría | D. | cell |
| 5. | químico | E. | charge |
| 6. | al átomo | F. | chemical |
| 7. | la densidad | G. | density |
| 8. | la fuerza | H. | force |
| 9. | la medición | I. | measurement |
| 10. | averiguar | J. | nuclear energy |
| 11. | la energía nuclear | K. | off |
| 12. | la pila | L. | on |
| 13. | la carga | M. | plug/socket |
| 14. | apagado | N. | switch |
| 15. | cargar la batería | O. | theory |
| 16. | encendido | P. | to accelerate |
| 17. | el interruptor | Q. | to charge the battery |
| 18. | el alambre | R. | to find out |
| 19. | el enchufe | S. | to plug in |
| 20. | enchufar | T. | wire |

21.     Debes desenroscar la _____.
a.      bombilla            c. célula
b.      bacteria            d. clorofila

22.     En el espacio exterior viajamos a la _____ de la luz.
a.      velocidad           c. feto
b.      hueso               d. gen

23.     La _____ de una cuerda transmite una onda.
a.      equivocarse         c. formación profesional
b.      internado           d. vibración

24.     El _____ atrae al metal.
a.      género              c. imán
b.      membrana            d. origen

25.     _____ es una meta para todos los seres vivos.
a.      hábitat             c. tejido
b.      virus               d. sobrevivir

26.     El _____ es una propiedad física.
a.      boro                c. punto de congelación
b.      alcalino            d. inerte

27.     La _____ es una figura geométrica.
a.      esfera              c. sal
b.      átomo               d. volumen

28.     El agua es de color _____.
a.      mineral             c. seno
b.      transparente        d. robot

29.     El _____ de la ecuación fue acertado.
a.      vapor               c. cable
b.      resultado           d. corriente

30.     Dentro del laboratorio hay _____ que pueden ser peligrosos.
a.      químicos            c. inerte
b.      teorias             d. gravedad

# Answer Key

1. C
2. D
3. P
4. O
5. F
6. A
7. G
8. H
9. I
10. R
11. J
12. B
13. E
14. K
15. Q
16. L
17. N
18. T
19. M
20. S
21. A
22. A
23. D
24. C
25. D
26. C
27. A
28. B
29. B
30. A

# Chapter XXIV
# Measurements, Materials & Containers

| Pesos y Medidas | Weight and Measurements |
|---|---|
| un centímetro | centimeter |
| una taza | cup |
| la tazada | cupful |
| denso | dense |
| la densidad | density |
| un pie | foot |
| un galón | gallon |
| un gramo | gram |
| medio kilo | half kilogram |
| medio litro | half liter |
| pesado | heavy |
| una pulgada | inch |
| un kilo | kilogram |
| un kilogramo | kilogram |
| un kilómetro | kilometer |
| ligero | light |
| un litro | liter |
| la masa | mass |
| medidas | measures |
| un metro | meter |
| una milla | mile |
| un miligramo | milligram |
| un mililitro | milliliter |
| un milímetro | millimeter |
| un cuarto | one quarter |
| una onza | ounce |
| una pinta | pint |
| una libra | pound |

| | |
|---|---|
| un cuarto de galón | quart |
| la balanza | scale |
| la cucharada | tablespoonful |
| la cucharadita | teaspoonful |
| grueso | thick |
| una tonelada | ton |
| viscoso | viscous |
| el peso | weight |
| una yarda | yard |

## Formas y Longitudes — Shapes & Lengths

| | |
|---|---|
| agudo | acute |
| el ángulo | angle |
| el área | area |
| la superficie | area |
| encorvado | bent |
| el centro | center |
| el círculo | circle |
| circular | circular |
| la circunferencia | circumference |
| cóncavo | concave |
| convexo | convex |
| el cubo | cube |
| cúbico | cubic |
| curvo | curved |
| el cilindro | cylinder |
| cilíndrico | cylindrical |
| hondo | deep |
| profundo | deep |
| el grado | degree |
| denso | dense |
| la profundidad | depth |
| diagonal | diagonal |
| el diámetro | diameter |

| | |
|---|---|
| el diamante | diamond |
| la distancia | distance |
| la altura | height |
| el hexágono | hexagon |
| hexagonal | hexagonal |
| alto | high/tall (height) |
| el horizonte | horizon |
| horizontal | horizontal |
| la longitud | length |
| la largura | length |
| la línea | line |
| largo | long |
| bajo | low/short (height) |
| estrecho | narrow |
| obtuso | obtuse |
| el octágono | octagon |
| octagonal | octagonal |
| paralelo | parallel |
| el pentágono | pentagon |
| pentagonal | pentagonal |
| perpendicular | perpendicular |
| el punto | point |
| el polígono | polygon |
| poligonal | polygonal |
| el prisma | prism |
| la pirámide | pyramid |
| el radio | radius |
| el rectángulo | rectangle |
| rectangular | rectangular |
| rombal | rhombic |
| el rombo | rhombus |
| redondo | round |
| la regla | rule |
| la forma | shape |
| la figura | shape |
| corto | short (length) |

| | |
|---|---|
| el lado | side |
| el tamaño | size |
| la talla | size |
| la medida | size |
| pequeño | small |
| el espacio | space |
| la esfera | sphere |
| esférico | spherical |
| el cuadrado | square |
| derecho | straight |
| la superficie | surface |
| grueso | thick |
| espeso | thick |
| flaco | thin |
| delgado | thin |
| el triángulo | triangle |
| triangular | triangular |
| torcido | twisted |
| ancho | wide |
| la anchura | width |

## Cantidad / Quantity

| **Cantidad** | **Quantity** |
|---|---|
| mucho de | a lot of |
| un poco | a small amount |
| alrededor de | about |
| casi | almost/nearly |
| aproximado | approximate |
| aproximadamente | approximately |
| al menos | at least |
| por lo menos | at least |
| la capacidad | capacity |
| la capacidad cúbica | cubic capacity |
| la disminución | decrease |
| la diferencia | difference |

| | |
|---|---|
| vacío | empty |
| bastante | enough |
| lleno de | full of |
| el aumento | growth/increase |
| la cinta métrica | measuring tape |
| más | more |
| el número | number |
| la parte | part |
| la calidad | quality |
| la cantidad | quantity |
| el trozo | slice |
| la tajada | slice |
| los pies cuadrados | square feet |
| todavía | still/yet |
| suficiente | sufficient/enough |
| demasiado | too much |
| la totalidad | totality |
| el volumen | volume |
| el todo | whole |

## Contenedores

## Containers

| | |
|---|---|
| el saco | bag |
| la bolsa | bag/purse/handbag |
| la botella | bottle |
| el cuenco | bowl |
| la caja | box |
| la lata | can |
| el recipiente | container |
| el container | container |
| el contenedor | container |
| la taza | cup |
| el vaso | glass |
| la copa | glass (wine) |
| el jarro | jar/jug |

| | |
|---|---|
| la cajetilla | pack |
| el paquete | package |
| el cántaro | pitcher |
| el bolsillo | pocket |
| la olla | pot (cooking) |
| la cacerola | pot (cooking) |
| el cazo | saucepan |
| el tubo | tube |

## Los Metales / Metals

| | |
|---|---|
| la aleación | alloy |
| el aluminio | aluminum |
| el latón | brass |
| el bronce | bronze |
| el cromo | chrome |
| el cobre | copper |
| el oro | gold |
| el bronce de cañón | gunmetal |
| el iridio | iridium |
| el hierro | iron |
| el plomo | lead |
| el magnesio | magnesium |
| el mercurio | mercury |
| el níquel | nickel |
| el paladio | palladium |
| el peltre | pewter |
| el platino | platinum |
| el rodio | rhodium |
| la plata | silver |
| el acero inoxidable | stainless steel |
| el acero | steel |
| la lata | tin |
| el titanio | titanium |
| el tungsteno | tungsten |

| | |
|---|---|
| el uranio | uranium |
| el cinc | zinc |

## Los Materiales / Materials

| | |
|---|---|
| el acrílico | acrylic |
| la lona | canvas |
| la cachemira | cashmere |
| el cachemir | cashmere |
| la felpilla | chenille |
| el soplillo | chiffon |
| el algodón | cotton |
| el crespón | crepe |
| el dril | denim |
| la mezclilla | denim |
| la felpa | felt |
| la gasa | gauze |
| el cuero | leather |
| la piel | leather |
| el lino | linen |
| el lienzo | linen |
| la muselina | muslin |
| el nilón | nylon |
| el nailon | nylon |
| el papel | paper |
| el poliéster | polyester |
| el rayón | rayon |
| el caucho | rubber |
| la goma | rubber |
| el raso | satin |
| la seda | silk |
| la tela de toalla | terry cloth |
| el terciopelo | velvet |
| la lana | wool |

# El Tiempo

# Time

| El Tiempo | Time |
|---|---|
| después de las | after |
| la tarde | afternoon |
| el después | afterwards |
| el despertador | alarm clock |
| el reloj análogo | analog watch |
| el anual | annual |
| el en cualquier momento | anytime |
| a la vez | at a time |
| en la actualidad | at the present time |
| a veces | at times/sometimes |
| en diversas ocasiones | at various times |
| la hora de acostarse | bedtime |
| antes de las | before |
| el tardío | belated |
| el bicentenario | bicentennial |
| para | by |
| el calendario | calendar |
| el siglo | century |
| el cronológico | chronological |
| la cronología | chronology |
| el reloj | clock/watch |
| el reloj cuco | cuckoo clock |
| diariamente | daily |
| las tareas del día | daily chores |
| la rutina diaria | daily routine |
| el día | day |
| anteayer | day before yesterday |
| la luz del dia | daylight |
| la hora de verano | daylight saving time |
| el día | daytime |
| la década | decade |
| el retraso | delay |
| el retrasado | delayed |
| la esfera | dial |

| | |
|---|---|
| el diario | diary |
| el reloj digital | digital watch |
| durante el día | during the day |
| cada vez | each/every time |
| temprano | early |
| el cronómetro para huevos | egg timer |
| el eón | eon |
| la época | epoch |
| la era | era |
| la noche | evening |
| el día a día | everyday |
| la cara | face (of the watch) |
| por primera vez | for the first time |
| por última vez | for the last time |
| el futuro | future |
| el reloj de pie | grandfather clock |
| la aguja del reloj | hand on a clock |
| el reloj de arena | hourglass |
| el cronómetro de la cocina | kitchen/oven timer |
| anoche | last night |
| tarde | late |
| la tardía | later |
| el año bisiesto | leap year |
| muchas veces | many times |
| la medianoche | midnight |
| el milenio | millennium |
| el minuto | minute |
| el minutero | minute hand |
| el momento | moment |
| el mes | month |
| la mañana | morning |
| la semana que viene | next week |
| la noche | night/nighttime |
| el mediodía | noon |
| ahora | now |
| a la hora | on time |

| | |
|---|---|
| el pasado | past |
| el péndulo | pendulum |
| el presente | present |
| puntual | punctual |
| el cuarto de hora | quarter hour |
| ahora mismo | right now |
| ahorita | right now |
| en este momento | right now |
| el horario | schedule/timetable |
| el segundo | second |
| el segundero | second hand |
| varias veces | several times |
| el alguna vez | sometime |
| el pronto | soon |
| la hora normal | standard time |
| el cronógrafo | stopwatch |
| la hora de verano | summer time |
| el reloj de sol | sundial |
| el amanecer | sunrise |
| el atardecer | sunset |
| tardío | tardy |
| esta tarde | this afternoon |
| esta mañana | this morning |
| la vez | time (an occurrence) |
| el tiempo | time (in general) |
| una y otra vez | time after time |
| el intervalo | time lag |
| la zona horaria | time zone |
| el cronometrador | timekeeper |
| el cronómetro | timer |
| el temporizador | timer |
| hoy | today |
| mañana | tomorrow |
| mañana por la tarde | tomorrow afternoon |
| mañana por la noche | tomorrow evening |
| mañana por la mañana | tomorrow morning |

| | |
|---|---|
| esta noche | tonight |
| el crepúsculo | twilight |
| la semana | week |
| el fin de semana | weekend |
| el reloj de mano | wrist watch |
| el año | year |
| ayer | yesterday |
| el dia de ayer | yesterday |
| ayer por la tarde | yesterday afternoon |
| ayer por la mañana | yesterday morning |

## Verbos / Verbs

| | |
|---|---|
| agitar | to stir |
| aumentar | to increase |
| contener | to contain |
| dar cuerda al reloj | to wind a watch |
| dar la hora | to tell time |
| disminuir | to decrease |
| durar | to last/take time |
| echar | to pour |
| girar | to swirl |
| llegar a la hora | to arrive on time |
| llegar adelantado | to arrive ahead of time |
| llegar retrasado | to arrive late |
| llenar | to fill |
| marcar el paso | to mark time |
| mezclar | to mix |
| mirar el reloj | to watch the clock |
| pesar | to weigh |
| vaciar | to empty |

## Frases / Phrases

| | |
|---|---|
| ¿Cuántos galones le gustaría? | How many gallons would you like? |

¿Qué hora es?

What time is it?

¿A qué hora empieza?

What time does it start?

¿Cuánto tarda?

How long is it?

¿Cuántas yardas tiene una milla?

How many yards in a mile?

¿Cuántos pies tiene una yarda?

How many feet in a yard?

¿Cuánto cuesta un galón de gasolina?

How much does a gallon of gasoline cost?

Necesito medio kilo de harina.

I need half a kilo of flour.

Compré medio litro de agua.

I bought half a liter of water.

Las medidas que tomé son exactas.

The measurements I took are exact.

El bebe toma dos onzas de leche.

The baby drinks two ounces of milk.

No me gusta pesarme en la balanza.

I don't like to weigh myself on the scale.

Tomate una cucharadita del jarabe para la tos.

Take a teaspoonful of the cough syrup.

El área en la parte superior de la mesa es plana.

The area on the top of the table is flat.

El contenedor estaba torcido.

The container was crooked.

La tela es ancha.

The fabric is wide.

El papel es delgado.

The paper is thin.

La sopa es espesa.

The soup is thick.

Los recursos han disminuido.

Resources have decreased.

La contaminación aumenta cada año.

Pollution is increasing each year.

Calidad y cantidad son nuestra marca.

Quality and quantity are our brand.

Quiero comer la torta completa.

I want to eat the whole cake.

Tengo el encendedor en mi bolsillo.

I have the lighter in my pocket.

La suela de mis botas son de caucho.

The sole of my boots are rubber.

Quiero el vestido hecho de terciopelo.

I want a dress made of velvet.

# Quiz - Chapter XXIV
# Measurements, Materials & Containers

| | | | |
|---|---|---|---|
| 1. la densidad | | A. | a pound (weight) |
| 2. pesado | | B. | at least |
| 3. una pulgada | | C. | degree |
| 4. ligero | | D. | density |
| 5. agitar | | E. | empty |
| 6. medidas | | F. | heavy |
| 7. una libra | | G. | height |
| 8. la cucharada | | H. | inch |
| 9. el peso | | I. | light |
| 10. el grado | | J. | measures |
| 11. aumentar | | K. | point |
| 12. la altura | | L. | round |
| 13. el punto | | M. | size |
| 14. redondo | | N. | square |
| 15. el tamaño | | O. | tablespoonful |
| 16. el cuadrado | | P. | to contain |
| 17. torcido | | Q. | to increase |
| 18. contener | | R. | to stir |
| 19. al menos | | S. | twisted |
| 20. vacío | | T. | weight |

21.    ¿Podrías llenar el galón con _____ gasolina?
a.    gramo                   c. bastante
b.    denso                   d. pesado

22.    El _____ de metal está partido.
a.    agudo                   c. trozo
b.    viscoso                 d. grueso

23.    La _____ de frijoles está en la alacena.
a.    lata                    c. paralelo
b.    obtuso                  d. rombal

24.    La receta dice que debes _____ el fuego a término medio.
a.    corto                   c. la regla
b.    la radio                d. disminuir

25.    El _____ de cemento debes ponerlo frente a la
construcción.
a.    más                     c. vacío
b.    saco                    d. el cobre

26.    El _____ es un metal precioso.
a.    oro                     c. la lana
b.    el reloj                d. el día

27.    El _____ debe fundirse en un horno.
a.    pesar                   c. vaciar
b.    hierro                  d. mezclar

28.    La _____ se ve muy bien en forma de anillos y collares.
a.    agitar                  c. aumentar
b.    durar                   d. plata

29.    Para _____ bien los ingredientes debes usar una cuchara.
a.    mezclar                 c. tardío
b.    el atardecer            d. la hora
30.    Quiero comprar una chaqueta de _____.
a.    cuero                   c. el tubo
b.    el plomo                d. la felpilla

# Answer Key

1. D
2. F
3. H
4. I
5. R
6. J
7. A
8. O
9. T
10. C
11. Q
12. G
13. K
14. L
15. M
16. N
17. S
18. P
19. B
20. E
21. C
22. C
23. A
24. D
25. B
26. A
27. B
28. D
29. A
30. A

# Chapter XXV
# Communications

## El Lenguaje

| | |
|---|---|
| la exactitud | accuracy |
| adoptado | adopted |
| avanzado | advanced |
| el alfabeto | alphabet |
| la aptitud | aptitude |
| el lenguaje artificial | artificial language |
| basado en | based on |
| bilingüe | bilingual |
| el bilingüismo | bilingualism |
| la rama | branch |
| las lenguas clásicas | classical languages |
| la cultura | culture |
| el desarrollo | development |
| el dialecto | dialect |
| difícil | difficult |
| fácil | easy |
| el idioma extranjero | foreign language |
| dotado | gifted |
| la gramática | grammar |
| gramático | grammatical |
| el griego | Greek |
| el/la analfabeto/a | illiterate person |
| la influencia | influence |
| conocido | known |
| las habilidades para los idiomas | language skills |
| el latín | Latin |
| el aprendizaje | learning |
| el saber | learning/knowledge |

## Language

| | |
|---|---|
| el nivel | level |
| el/la lingüista | linguist |
| la lingüística | linguistics |
| los idiomas principales | major languages |
| los idiomas secundarios | minor languages |
| el error | mistake |
| las lenguas modernas | modern languages |
| monolingue | monolingual |
| la lengua madre | mother tongue |
| la lengua materna | mother tongue |
| el nombre | name |
| nacional | national |
| el/la nativo/a | native |
| el/la natural | native |
| oficial | official |
| el ramal | offshoot |
| la tradición oral | oral tradition |
| el origen | origin |
| el fenómeno | phenomenon |
| el idioma románico | Romance language |
| la autoevaluación | self assessment |
| separado | separate |
| independiente | separate |
| el lenguaje de señas | sign language |
| el idioma | specific language |
| la lengua | specific language |
| hablado | spoken |
| la supervivencia | survival |
| el/la maestro/a | teacher |
| el/la profesor/a | teacher |
| la enseñanza | teaching |
| el examen | test |
| la prueba | test |
| la tradición oral | tradition |
| la traducción | translation |
| desconocido | unknown |

| la mutación | variation |
| ampliamente | widely |
| la agudeza | witticism |

## Leyendo y Escribiendo
## Reading and Writing

| el acento | accent mark |
| la dirección | address |
| el correo aéreo | airmail |
| por avión | airmail |
| el papel de avión | airmail paper |
| el alfabeto | alphabet |
| alfabético | alphabetical |
| el anónimo | anonymous letter |
| el autógrafo | autograph |
| el Braille | Braille |
| la carta certificada | certified letter |
| el correo certificado | certified mail |
| el carácter | character |
| el código | code |
| la carta confidencial | confidential letter |
| el consonante | consonant |
| la correspondencia | correspondence |
| el/la corresponsal | correspondent |
| maldicho | cursed/damned |
| la declaración aduanera | customs declaration |
| entregado | delivered |
| el diccionario | dictionary |
| el e-mail | e-mail |
| el correo electrónico | email |
| el sobre | envelope |
| la envoltura | envelope |
| el/la etimólogo/a | etymologist |
| la etimología | etymology |

| | |
|---|---|
| la entrega urgente | express delivery |
| el fax | fax |
| el telefax | fax machine |
| el módem de fax | fax modem |
| el correo de primera clase | first class mail |
| la lista de correos | general delivery |
| los grafitis | graffiti |
| gráfico | graphic |
| la escritura a mano | handwriting |
| la letra | handwriting |
| el jeroglífico | hieroglyph/hieroglyphic |
| analfabeto | illiterate |
| en negrilla | in bold |
| en bastardilla | italic |
| la carta de solicitud de trabajo | job application letter |
| el chiste | joke |
| la carta | letter (correspondence) |
| la letra | letter (of the alphabet) |
| el/la cartero/a | letter carrier |
| la tarifa de cartas | letter/mail rate |
| alfabetizado | literate |
| la literatura | literature |
| el correo | mail |
| el buzón | mailbox |
| el mensajero | messenger |
| el giro postal | money order |
| las noticias | news |
| las nuevas | news |
| la nota | note |
| el papel de carta | notepaper |
| el papel para escribir | notepaper |
| el bulto | package |
| el paquete | package |
| el párrafo | paragraph |

| | |
|---|---|
| el paquete | parcel |
| la tarifa de paquetes | parcel rate |
| el/la amigo/a de correspondencia | pen pal |
| el/la filólogo/a | philologist |
| la filología | philology |
| el pictograma | pictograph |
| la oficina de correos | post office |
| los gastos de correo | postage |
| la recogida postal | postal collection |
| la tarjeta postal | postcard |
| la postal | postcard |
| el correo libre de franqueo | prepaid postage |
| la lectura | reading |
| las habilidades para la lectura | reading skills |
| certificado | registered |
| el remite | return address |
| los garabatos | scribble/scrawl |
| sellado | sealed |
| el remitente | sender |
| mandado | sent |
| enviado | sent |
| el signo | sign |
| la firma | signature |
| firmado | signed |
| descuidado | sloppy |
| la ranura | slot |
| la letra | song lyrics |
| la ortografía | spelling |
| el sello | stamp |
| el telegrama | telegram |
| el telégrafo | telegraph |
| el texto | text |
| la trascripción | transaction |

| | |
|---|---|
| urgente | urgent |
| la escritura a mano | writing |
| las habilidades para la escritura | writing skills |
| el lenguaje escrito | written language |
| el código postal | zip code |

## Puntuación · Punctuation

| | |
|---|---|
| el acento | accent mark |
| el apóstrofe | apostrophe |
| el asterisco | asterisk |
| el corchete | bracket |
| los dos puntos | colon |
| la coma | comma |
| el signo de exclamación | exclamation mark |
| el guión | hyphen/dash |
| paréntesis | parentheses |
| el punto final | period |
| el signo de interrogación | question mark |
| las comillas | quotation marks |
| el punto y coma | semicolon |

## Escuchar y hablar · Listening and Speaking

| | |
|---|---|
| el acento | accent |
| la contestación | answer |
| la respuesta | answer |
| el contestador automático | answering machine |
| elocuente | articulate |
| comunicando | busy |
| ocupado | busy |
| el botón | button |
| la llamada | call |
| el teléfono celular | cellphone/mobile |

| | |
|---|---|
| el móvil | cellphone/mobile |
| el celular | cellphone/mobile |
| claro | clear |
| la llamada por cobro revertido | collect call |
| la llamada de la conferencia | conference call |
| la conversación | conversation |
| el dialecto | dialect |
| la dicción | diction |
| la guía telefónica | directory |
| la expresión | expression |
| la fluidez | fluency |
| la soltura | fluency |
| la facilidad | fluency |
| fluido | fluent |
| la expresión idiomática | idiom |
| idiomático | idiomatic |
| el/la intérprete | interpreter |
| la entonación | intonation |
| la jerga | jargon |
| el teléfono fijo | landline |
| el léxico | lexicon |
| el ceceo | lisp |
| el balbuceo | lisp |
| el oyente | listener |
| la audición | listening |
| las habilidades para audición | listening skills |
| la llamada local | local call |
| la llamada de larga distancia | long distance call |
| el mensaje | message |
| el error de pronunciación | mispronunciation |
| el/la telefonista | operator |

| | |
|---|---|
| el/la operador/a | operator |
| la operadora | operator |
| la cabina telefónica | phone booth |
| el número de teléfono | phone number |
| la guía telefónica | phonebook |
| la cabina telefónica | phonebooth |
| el libro de frases | phrase book |
| el prefijo | prefix (area/country code) |
| el locutor | presenter |
| el retruécano | pun |
| el juego de palabras | pun/word game |
| la citación | quote |
| la radio | radio |
| la emisora | radio station |
| el ritmo | rhythm |
| la frase | sentence |
| el argot | slang |
| el sonido | sound |
| el/la hablante | speaker |
| las habilidades verbales | speaking skills |
| el discurso | speech |
| la terapia lingüística | speech therapy |
| la velocidad | speed |
| el lenguaje hablado | spoken language |
| la entonación | stress/intonation |
| acentuado | stressed |
| la sílaba | syllable |
| los enlaces de telecomunicación | telecommunication links |
| las telecomunicaciones | telecommunications |
| el disco de teléfono | telephone dial |
| la extensión de teléfono | telephone extension |
| el supletorio de teléfono | telephone extension |
| la línea telefónica | telephone line |
| el número de teléfono | telephone number |
| el auricular | telephone receiver |

| | |
|---|---|
| el/la oyente | the listener |
| el tono | tone/dial tone |
| impronunciable | unpronounceable |
| inacentuado | unstressed |
| el buzón de voz | voicemail |
| la vocal | vowel |
| la sabiduría | wisdom |
| el ingenio | wit |

## Verbos / Verbs

| | |
|---|---|
| adaptar | to adapt |
| adoptar | to adopt |
| aprender | to learn |
| articular | to articulate |
| cecear | to speak with a lisp |
| certificar una carta | to certify a letter |
| coger el teléfono | to pick up the phone |
| colgar el teléfono | to hang up the phone |
| comprender | to understand |
| comunicar | to communicate |
| contestar al teléfono | to answer the phone |
| conversar | to converse |
| criticar | to criticize |
| dejar un mensaje | to leave a message |
| deletrear | to spell |
| derivarse de | to derive from |
| descifrar | to decipher |
| descolgar el teléfono | to pick up the phone |
| acentuar | to emphasize |
| echar una carta | to mail a letter |
| emitir | to broadcast |
| empujar un botón | to push a button |
| enfatizar | to emphasize |
| enseñar | to teach |

| | |
|---|---|
| entender | to understand |
| entregar | to deliver |
| enviar | to send |
| enviar por fax | to send something by fax |
| escribir a máquina | to type |
| escribir a nuevo | to rewrite |
| escuchar la radio | to listen to the radio |
| estar en correspondencia con | to correspond with |
| estar en espera | to be on hold |
| evaluar | to test someone |
| expresarse | to express oneself |
| faxear | to send a fax |
| firmar | to sign (one's name) |
| garabatear | to scribble/scrawl |
| hablar por teléfono con alguien | to talk to someone on the phone |
| hacer garabatos | to scribble/scrawl |
| imprimir | to print |
| interpretar | to interpret |
| leer | to read |
| llamar por teléfono a alguien | to call someone on the phone |
| maldecir a | to swear at |
| mandar por fax | to send a fax |
| marcar en directo | to call direct |
| marcar un número de teléfono | to dial a phone number |
| mejorar | to improve |
| no funcionar | to be out of order |
| olvidar | to forget |
| poner en bastardilla | to italicize |
| practicar | to practice |
| preservarse | to be preserved |
| pronunciar | to pronounce |
| pronunciar mal | to mispronounce |

| | |
|---|---|
| querer decir | to want to say/to mean |
| recibir una carta | to receive a letter |
| recoger la correspondencia en mano | to pick up the mail by hand |
| representar con gestos | to mime |
| significar | to mean |
| sonar | to sound/ring/call |
| subrayar | to underline |
| suscribirse a un periódico | subscribe to a newspaper |
| tartamudear | to stutter |
| terminar una carta | to finish a letter |
| tomar apuntes | to take notes |
| traducir | to translate |
| transcribir | to transcribe |
| transmitir | to transmit |

## Frases

## Phrases

| | |
|---|---|
| ¿Diga? | Hello? |
| ¿Aló? | Hello? |
| Quería hablar con John, por favor. | I would like to speak with John, please. |
| Sí, un momento. Ahora se pone. | Yes, one moment. He'll be right there. |
| Tienes el número equivocado. | You have the wrong number. |
| ¿Quién llama? | Who's calling? |
| Podría hablar con John, por favor? | May I speak to John, please? |
| ¿Está John, por favor? | Is John there, please? |
| ¿Me podría poner con John, por favor? | Could you put me through to John, please? |
| Aquí se habla español. | Spanish is spoken here. |
| El teléfono suena. | The telephone is ringing. |
| El anciano tenía sabiduría. | The old man had wisdom. |

No debes criticar a tus amigos.

You should not criticize your friends.

El cuento debe tener escritura en braille.

The story must have braille writing.

El código no es correcto.

The code is not correct.

Pon en el sobre la carta.

Put the letter in the envelope.

El formulario debe ser llenado a mano.

The form must be filled out by hand.

El título del informe debe ir en negrilla.

The title of the report must be in bold.

Enfatiza la necesidad del grupo.

He emphasizes the need for the group.

Subraya tu nombre.

Underline your name.

No importa que tengas un acento fuerte.

It doesn't matter if you have a strong accent

Ella colgó el teléfono enojada.

She hung up the phone angrily.

Pon tu celular en silencio por favor.

Put your cell phone on silent please.

# Quiz - Chapter XXV
# Communications

| | | | |
|---|---|---|---|
| 1. el dialecto | A. | address |
| 2. el idioma extranjero | B. | advanced |
| 3. la lengua | C. | code |
| 4. el nivel | D. | cursed/damned |
| 5. la traducción | E. | dialect |
| 6. descifrar | F. | envelope |
| 7. avanzado | G. | foreign language |
| 8. dotado | H. | gifted |
| 9. conocido | I. | known |
| 10. desconocido | J. | language |
| 11. imprimir | K. | level |
| 12. la dirección | L. | mailbox |
| 13. el código | M. | mispronounce |
| 14. pronunciar mal | N. | paragraph |
| 15. maldicho | O. | postcard |
| 16. el sobre | P. | to decipher |
| 17. el buzón | Q. | to emphasize/ |
| 18. acentuar | accentuate | |
| 19. el párrafo | R. | to print |
| 20. la tarjeta postal | S. | translation |
| | T. | unknown |

21. El contrato debe estar _____.
a. firmado          c. error
b. nombre          d. origen

22. El aspecto personal del hombre era _____.
a. adaptar          c. aprender
b. descuidado      d. significar

23. El _____ fue creativo y le gustó al público.
a. guión            c. avanzado
b. adoptado        d. la supervivencia

24. El domiciliario va a _____ el pedido hoy en la noche.
a. difícil          c. bilingüe
b. entregar        d. dotado

25. Las _____ son signos de puntuación.
a. comillas        c. la mutación
b. vivo            d. nacional

26. El _____ se derramó por los agujeros del recipiente.
a. fluido          c. olvidar
b. aprender        d. comprender

27. La _____ que dijo el poeta jamas la olvidare.
a. ramal          c. frase
b. error          d. la lingüística

28. El _____ debe quedar satisfecho al escuchar el programa radial.
a. alfabeto        c. idioma
b. descifrar      d. oyente

29. La niña _____ en el libro la mejor parte de la historia.
a. urgente        c. imprimir
b. enviar          d. subraya

30. El _____ y creatividad de los trabajadores hizo que ganaran más dinero.
a. transmitir      c. el asterisco
b. ingenio        d. el prefijo

# Answer Key

1. E
2. G
3. J
4. K
5. S
6. P
7. B
8. H
9. I
10. T
11. R
12. A
13. C
14. M
15. D
16. F
17. L
18. Q
19. N
20. O
21. A
22. B
23. A
24. B
25. A
26. A
27. C
28. D
29. D
30. B

# Chapter XXVI
# Politics & Government

## El Gobierno

| | |
|---|---|
| la abstención | abstention |
| la ley | act/law |
| la administración | administration |
| la enmienda | amendment |
| el nombramiento | appointment |
| el/la solicitante de asilo político | asylum seeker |
| la papeleta | ballot |
| la proposición | bill |
| el proyecto de ley | bill |
| el voto en blanco | blank vote |
| el Consejo de Ministros | cabinet |
| el/la candidato/a | candidate |
| el gobierno central | central government |
| la cámara | chamber |
| el/la ciudadano/a | citizen |
| la resistencia pasiva | civil disobedience |
| el/la funcionario/a público/a | civil servant |
| el/la público/a | civil servant |
| la coalición | coalition |
| el/la constituyente | constituent |
| la constitución | constitution |
| la cooperación | cooperation |
| la corrupción | corruption |
| el golpe de estado | coup |
| el crimen | crime |
| la crisis | crisis |
| la jornada de reflexión | day of reflection |
| el debate | debate |

## Government

| | |
|---|---|
| el decreto | decree |
| el/la delegado/a | delegate |
| el/la diputado/a | deputy |
| el gobierno democrático | democratic government |
| la manifestación política | political demonstration |
| el/la dictador/a | dictator |
| el/la diplomático/a | diplomat |
| el deber | duty |
| el colegio electoral | electoral college |
| el electorado | electorate |
| la reunión extraordinaria | emergency meeting |
| la igualdad de oportunidades | equal opportunity |
| el/la ejecutivo/a | executive |
| la bandera | flag |
| la política exterior | foreign policy |
| la libertad | freedom/liberty |
| la libertad de expresión | freedom of speech |
| las elecciones generales | general election |
| el gobierno | government |
| la judicatura | judiciary |
| el derecho | law |
| la legislación | legislation |
| la legislatura | legislature |
| los asuntos locales | local affairs |
| la mayoría | majority |
| la clase media | middle class |
| el ministerio | ministry |
| la minoría | minority |
| el voto en nulo | null vote |
| el cargo | office/term |
| el puesto | office/term |
| el pacto | pact |
| el escaño | political seat |
| el/la político/a | politician |
| la mesa electoral | polling station |
| el poder | power |

| | |
|---|---|
| el preámbulo | preamble |
| la opinión pública | public opinion |
| el/la reaccionario/a | reactionary |
| el referéndum | referendum |
| la reforma | reform |
| la región | region |
| las elecciones autonómicas | regional elections |
| la revuelta | revolt |
| el levantamiento | revolt/uprising |
| la regla | rule |
| la sanción | sanction |
| el/la senador/a | senator |
| la separación de poderes | separation of powers |
| la solidaridad | solidarity |
| el discurso | speech |
| el hombre de estado | statesman |
| el apoyo | support |
| los impuestos | taxes/taxation |
| la duración del cargo | term in office |
| el gobierno totalitario | totalitarian government |
| el Ministerio de Hacienda | Treasury |
| la unidad | unity |
| el veto | veto |
| el votante | voter |
| el bienestar | welfare |
| la clase obrera | working class |

## Los Políticos / Politicians

| | |
|---|---|
| el/la ministro/a de Justicia | attorney general |
| el canciller | chancellor |
| el/la congresista | congressman/congresswoman |
| el/la demócrata | Democrat |
| la primera dama | First Lady |
| el/la gobernador/a | governor |

| | |
|---|---|
| el/la jefe de estado | head of state |
| la Cámara de Representantes | House of Representatives |
| el/la juez | judge |
| el/la magistrado/a | magistrate |
| el líder | leader |
| el/la alcalde | mayor |
| el/la ministro/a de Justicia | minister |
| el/la líder del partido | party leader |
| el/la político/a | politician |
| el/la presidente/a | president |
| el/la primer/a ministro/a | prime minister |
| el/la republicano/a | Republican |
| el/la secretario/a de Estado | secretary of state |
| el/la ministro/a de asuntos exteriores | secretary of state |
| el/la ministro/a del interior | secretary of the interior |
| el Senado | Senate |
| el/la senador/a | Senator |
| el/la presidente/a de la Cámara | Speaker of the House |
| el/la portavoz | spokesperson |
| el hombre de estado | statesman |
| el/la subsecretario/a | undersecretary |
| el/la vicepresidente/a | vice president |

## Las Elecciones / Elections

| | |
|---|---|
| la votación | ballot |
| la urna electoral | ballot box |
| la urna de votos | ballot box |
| la campaña | campaign |
| el/la candidato/a | candidate |
| la junta política | caucus |
| la circunscripción electoral | constituency |
| el recuento | count |
| la cuenta | count |

| | |
|---|---|
| la democracia | democracy |
| el/la elegido/a | elected person |
| la elección | election |
| el electorado | electorate |
| la votación general | general election |
| las elecciones regionales | local elections |
| el sistema mayoritario | majority system |
| el movimiento | movement |
| la elección parcial | off year election |
| el sondeo de opinión | opinion poll |
| la papeleta de voto | paper ballot |
| el partido | political party |
| la primaria | primary |
| el propósito | purpose |
| el recuento | recount |
| el referéndum | referendum |
| el derecho de votar | right to vote |
| el sufragio | suffrage |
| el voto | vote |
| el/la votante | voter |

## La Política Internacional — International Politics

| | |
|---|---|
| la anarquía | anarchy |
| aristocrático | aristocratic |
| la aristocracia | aristocracy |
| el/la conservador/a | conservative |
| conservativo | conservative |
| el conde | count/earl |
| la duquesa | countess |
| la democracia | democracy |
| democrático | democratic |
| la dictadura | dictatorship |
| el desplazamiento | displacement |
| el duque | duke |

| | |
|---|---|
| el emperador | emperor |
| la emperatriz | empress |
| el partido verde | green party |
| el partido ecologista | green party |
| la ideología | ideology |
| la independencia | independence |
| independiente | independent |
| el rey | king |
| la izquierda | left |
| el ala izquierda | left wing |
| liberal | liberal |
| el/la monarca | monarch |
| la monarquía | monarchy |
| patriótico | patriotic |
| el príncipe | prince |
| la princesa | princess |
| la reina | queen |
| el racismo | racism |
| el/la racista | racist |
| radical | radical |
| reaccionario | reactionary |
| la república | republic |
| el/la republicano/a | republican |
| el/la revolucionario/a | revolutionary |
| la derecha | right |
| el ala derecha | right wing |
| real | royal |

## Verbos / Verbs

| | |
|---|---|
| anular | to cancel/abolish |
| apoyar | to support |
| aprobar | to pass |
| aprobar una ley | to pass a law |
| cabriolar | to cavort |

| | |
|---|---|
| celebrar una elección | to hold and election |
| cobrar fuerza de lay | to become law |
| convocar elecciones | to call for elections |
| dar un golpe de estado | to stage a coup |
| derribar | to bring down |
| derrocar | to overthrow |
| designar | to appoint |
| destituir | to dismiss |
| dimitir | to resign |
| disponer | to rule |
| elegir | to elect |
| encabezar | to lead |
| entrar en vigor | to become law |
| governar | to govern |
| hacer campaña | to campaign |
| nombrar | to appoint |
| pactar con | to form a pact with |
| participar en la manifestación | to demonstrate |
| presentar | to introduce |
| presentarse a las elecciones | to stand for election |
| proponer una enmienda | to propose an amendment |
| ratificar | to ratify |
| rechazar | to reject/throw out |
| redactar | to draw up/edit |
| reducir los impuestos | to cut taxes |
| reformar | to reform |
| regir | to rule |
| reprimir | to suppress |
| revocar | to abolish |
| ser de un partido político | to be from a political party |
| suprimir | to abolish |
| tener derecho a vota | to have the right to vote |
| tomar el poder | to take power |
| tomar posesión del cargo | to take office |
| tomar posesión del puesto | to take office |
| vetar | to veto |

| | |
|---|---|
| volver a contar | to recount |
| votar | to vote |

## Frases

¿Por quién vas a votar?

¿Eres demócrata o republicano?
La abstención fue del cuarenta por ciento.
El periodista está solicitando asilo político.
El proyecto de ley es muy popular.
Yo fuí servidora pública por muchos años.
El ejército hizo un golpe de estado en el país.
Asumió el cargo después de un escándalo.

La manifestación fue pacífica.
La política exterior es una preocupación.
La libertad de expresión es un derecho.
Yo provengo de una familia de clase media.
La participación electoral fue muy alta.
Reformar la constitución será difícil.
La clase obrera apoya a este gobierno.
El canciller tratará de solucionar el problema.
El congresista es corrupto.

El gobernador es racista.
El alcalde arregló los problemas de la ciudad.

## Phrases

Who are you going to vote for?
Are you a Democrat or Republican?
The abstention was forty percent.
The journalist is requesting asylum.

The bill is very popular.
I was a public servant for many years.
The army carried out a coup in the country.

He took office after a scandal.
The demonstration was peaceful.

Foreign policy is a concern.

Freedom of speech is a right.
I come from a middle class family.

Voter turnout was very high.
Reforming the constitution will be difficult.
The working class supports this government.
The chancellor will try to solve the problem.
The congressman is corrupt.

The governor is racist.
The mayor fixed the city's problems.

La papeleta llegó a límites históricos.

The ballot reached historical limits.

El sondeo de opinión lo confirmó.

The opinion poll confirmed it.

Lo que la mayoría de la gente quería pasó.

What the majority of the people wanted passed.

El gobierno dio un golpe de estado.

The government staged a coup.

La policía golpeó a los manifestantes.

The police beat the protestors.

El ejército está reprimiendo a los estudiantes.

The army is suppressing the students.

# Quiz - Chapter XXVI
# Politics & Government

| | | | |
|---|---|---|---|
| 1. la ley | A. | central government |
| 2. el gobierno central | B. | citizen |
| 3. el ciudadano | C. | civil disobedience |
| 4. apoyar | D. | corruption |
| 5. la resistencia pasiva | E. | equal opportunity |
| 6. la corrupción | F. | flag |
| 7. la igualdad de | G. | freedom |
| oportunidades | H. | coup |
| 8. la bandera | I. | judiciary |
| 9. la libertad | J. | law/act |
| 10. designar | K. | local affairs |
| 11. el golpe de estado | L. | middle class |
| 12. la judicatura | M. | politician |
| 13. los asuntos locales | N. | reform |
| 14. la clase media | O. | revolt |
| 15. derribar | P. | tax |
| 16. el político | Q. | to appoint |
| 17. la reforma | R. | to bring down |
| 18. la revuelta | S. | to overthrow |
| 19. el impuesto | T. | to support |
| 20. derrocar | | |

21. El _____ del colectivo debe estar sobre lo individual.
a. anular      c. aprobar
b. el rey      d. bienestar

22. El _____ fue muy severo en su veredicto.
a. juez      c. conservativo
b. el conde      d. governar

23. _____ es un deber ciudadano.
a. rectificar      c. votar
b. rechazar      d. redactar

24. El _____ solicitó a la policía investigar el caso.
a. real      c. alcalde
b. apoyar      d. la república

25. El _____ dió un discurso muy emotivo a sus seguidores.
a. suprimir      c. revocar
b. destituir      d. candidato

26. _____ la idea de su colega no fue una buena idea.
a. rechazar      c. aprobar
b. la ideología      d. la dictadura

27. La _____ demostró que el candidato del partido de oposición es el favorito.
a. emperatriz      c. votación general
b. disponer      d. aristocrático

28. Actualmente ese país se encuentra en un estado de _____ absoluta.
a. el racista      c. la república
b. vetar      d. anarquía

29. La _____ es fundamental para la cultura occidental.
a. democracia      c. ratificar
b. nombrar      d. elegir

30. El _____ es una figura de poder absoluto que está desapareciendo.
a. convocar elecciones      c. rey
b. la derecha      d. la independencia

# Answer Key

1. J
2. A
3. B
4. T
5. C
6. D
7. E
8. F
9. G
10. Q
11. H
12. I
13. K
14. L
15. R
16. M
17. N
18. O
19. P
20. S
21. D
22. A
23. C
24. C
25. D
26. A
27. C
28. D
29. A
30. C

# Chapter XXVII
# Society

## Problemas Sociales

| | |
|---|---|
| el aborto | abortion |
| la agresividad | aggressiveness |
| el SIDA | AIDS |
| el antisemitismo | anti-Semitism |
| la arrogancia | arrogance |
| el asilo | asylum |
| el/la solicitante de asilo político | asylum seeker |
| la inclinación | bias |
| la predisposición | bias |
| la ciudadanía | citizenship |
| la convivencia | coexistence |
| comunitario/a | community |
| el país de origen | country of origin |
| la cultura | culture |
| la incapacidad | disability |
| el impedimento | disability |
| la discrimniación | discrimination |
| la distribución de la riqueza | distribution of wealth |
| la doble nacionalidad | dual nationality |
| el/la emigrante | emigrant |
| la emigración | emigration |
| el empleo | employment |
| igual | equal |
| las oportunidades iguales | equal opportunities |
| la paga igualitaria | equal pay |
| los derechos igualitarios | equal rights |
| la igualdad | equality |
| étnico | ethnic |
| la minoría étnica | ethnic minority |

## Societal Issues

| | |
|---|---|
| la explotación | explotion |
| fanático | fanatic |
| la extrema derecha | far right |
| el fascismo | fascism |
| el/la fascista | fascist |
| el feminismo | feminism |
| la feminista | feminist |
| el/la trabajador/a extranjero/a | foreign worker |
| el/la extranjero/a | foreigner |
| la libertad | freedom |
| la libertad de expresión | freedom of expression |
| la libertad de palabra | freedom of speech |
| el club para homosexuales | gay club/bar |
| el movimiento homosexual | gay movement |
| el marica | gay person |
| el género | gender |
| el gueto | ghetto |
| el crimen de odio | hate crime |
| el odio | hate/hatred |
| el/la heterosexual | heterosexual |
| la heterosexualidad | heterosexuality |
| VIH positivo | HIV positive |
| el/la homosexual | homosexual |
| la homosexualidad | homosexuality |
| los derechos humanos | human rights |
| la ideología | ideology |
| el/la inmigrante | immigrant |
| la inmigración | immigration |
| la desigualdad | inequality |
| la herida | injury |
| la integración | integration |
| la intolerancia | intolerance |
| intolerante | intolerant |
| la ley | law |
| la lesbiana | lesbian |
| lésbico | lesbian |

| | |
|---|---|
| el linchamiento | lynching |
| la mayoría | majority |
| masculino | male |
| varón | male |
| la marginación | marginalization |
| masculino | masculine |
| la minoría | minority |
| la lengua madre | mother tongue |
| el neonazismo | neo-Nazism |
| la persecución | persecution |
| políticamente correcto | politically correct |
| el prejuicio | prejudice |
| lleno de prejuicios | prejudiced |
| la protección | protection |
| la raza | race |
| el racismo | racism |
| el/la racista | racist |
| el/la refugiado/a | refugee |
| la residencia | residence |
| el permiso de residencia | residence permit |
| el derecho | right |
| el derecho de residencia | right to residence |
| serio | serious |
| sexual | sexual |
| la orientación sexual | sexual orientation |
| la sexualidad | sexuality |
| la solidaridad | solidarity |
| estereotípico | stereotypical |
| el/la supremacista | supremacist |
| la integración | the integration |
| la tolerancia | tolerance |
| tolerante | tolerant |
| la tortura | torture |
| desempleado | unemployed |
| desigual | unequal |
| clase alta/media/baja | upper/middle/lower class |

| | |
|---|---|
| la liberación de la mujer | women's liberation |
| la activista por la liberación de la mujer | women's liberation activist |
| los derechos de la mujer | women's rights |
| el permiso de trabajo | work permit |

## Adicción y Violencia — Addiction & Violence

| | |
|---|---|
| el abuso | abuse |
| el acto de violencia | act of violence |
| el/la adicto/a | addict |
| la adicción | addiction |
| la agresión | aggression |
| agresivo | aggressive |
| el alcohol | alcohol |
| alcohólico | alcoholic |
| el alcoholismo | alcoholism |
| la rabia | anger |
| el enfado | anger |
| enfadado | angry |
| enojado | angry |
| el ataque | attack |
| el matón | bully |
| el valentón | bully |
| el cannabis | cannabis |
| el maltrato de los hijos | child abuse |
| la cocaína | cocaine |
| el consumo | consumption |
| el crack | crack |
| el crimen | crime |
| peligroso | dangerous |
| el/la drogadicto/a | drug addict/junkie |
| el traficante de drogas | drug dealer/pusher |
| el mundo de las drogas | drug scene |
| el tráfico de drogas | drug traffic |
| el narcotráfico | drug traffic |

| | |
|---|---|
| el efecto | effect |
| mortal | fatal |
| fatal | fatal/very bad |
| el temor | fear |
| el miedo | fear |
| la fuerza | force |
| la banda | gang |
| el pegamento | glue |
| el pegante | glue |
| el vicio | habit/vice |
| las drogas duras | hard drugs |
| el hachís | hashish |
| la heroína | heroin |
| hostil | hostile |
| ilegal | illegal |
| la infección | infection |
| la inyección | injection |
| el insulto | insult |
| el/la yongui | junkie |
| el/la toxicómano/a | junkie |
| legal | legal |
| el LSD | LSD |
| la marihuana | marijuana |
| la metanfetamina | methamphetamine |
| el asaltante | mugger |
| el narcótico | narcotic |
| nervioso | nervous |
| los nervios | nervousness |
| el estado nervioso | nervousness |
| la dosis excesiva | overdose |
| el chulo | pimp |
| el proxeneta | pimp |
| pornográfico | pornographic |
| la pornografía | pornography |
| la prostituta | prostitute |
| la prostitución | prostitution |

| | |
|---|---|
| el punk | punk |
| el camello | pusher |
| la violación | rape |
| el violador | rapist |
| la rehabilitación | rehabilitation |
| el hostigamiento sexual | sexual harassment |
| el/la cabeza rapada | skinhead |
| las drogas blandas | soft drugs |
| el solvente | solvent |
| el estimulante | stimulant |
| la estimulación | stimulation |
| el suministro | supply |
| el abastecimiento | supply |
| la jeringuilla | syringe |
| el tatuaje | tattoo |
| el desalmado | thug |
| el gamberro | thug/hooligan |
| el tranquilizante | tranquilizer |
| preocupante | troubling |
| el vándalo | vandal/thug |
| el gamberrismo | vandalism |
| el vandalismo | vandalism |
| el/la víctima | victim |
| violento | violent |
| la retirada | withdrawal |
| el abandono | withdrawal |
| el síndrome de la abstinencia | withdrawal symptoms |

## Verbos / Verbs

| | |
|---|---|
| abusar | to abuse |
| amenazar | to threaten |
| asaltar a alguien | to mug someone |
| atacar | to attack |
| aterrorizar | to terrorize |

| | |
|---|---|
| compartir | to share |
| conducir bajo los efectos del alcohol | to drive drunk |
| dar una paliza | to beat up |
| desalcoholizar | to sober up |
| desintoxicarse | to kick the habit |
| discriminar | to discriminate |
| emborracharse | to get drunk |
| emigrar | to emigrate |
| esnifar | to sniff |
| estar bajo los efectos de | to be under the influence of |
| estorbar | to interfere with/obstruct |
| exigir | to demand |
| fumar | to smoke |
| herir | to injure |
| hostigar | to harass |
| infectarse | to get infected |
| inhalar | to inhale |
| inmigrar | to immigrate |
| insultar | to insult |
| integrarse | to integrate oneself |
| intimidar | to bully |
| inyectarse con | to inject oneself |
| legalizar | to legalize |
| linchar | to lynch |
| perseguir | to persecute |
| recurrir a la criminalidad | to turn to crime |
| repatriar | to repatriate |
| seducir | to seduce |
| ser parcial | to be biased |
| temer | to fear |
| tener miedo de | to fear |
| tener prejuicio | to be biased |
| tolerar | to tolerate |
| tomar drogas | to take drugs |
| traficar | to deal |

violar

to rape

## Frases

## Phrases

El obtuvo la ciudadanía el año pasado.

He obtained citizenship last year.

La libertad de expresión es esencial.

Freedom of speech is essential.

La desigualdad social es muy mala.

Social inequality is very bad.

Todos tenemos algún tipo de prejuicio.

We all have some kind of prejudice.

Los paises más avanzados permiten el aborto.

Most advanced countries allow abortion.

La emigración es un problema para mi país.

Emigration is a problem for my country.

Las mujeres exigen derechos igualitarios.

Women demand equal rights.

El extremo derecho e izquierdo son peligrosos.

The far right and left are dangerous.

El fascismo es un tema del pasado.

Fascism is a thing of the past.

No abusar de los trabajadores extranjeros.

Do not abuse the foreign workers.

Los derechos humanos son importantes.

Human rights are important.

Tu ideología influye en tu moralidad.

Your ideology influences your morality.

Algunos países luchan contra el racismo.

Some countries fight against racism.

Los refugiados merecen un trato digno.

Refugees deserve dignified treatment.

Debes ser tolerante con las personas.

You must be tolerant with people.

Los derechos de las mujeres son mi prioridad.

Women's rights are my priority.

El abuso de sustancias es un problema.

Substance abuse is a problem.

El consumo de drogas es una lucha mundial.

Drug consumption is a global struggle.

El narcotráfico es un gran problema.

Drug trafficking is a big problem.

Las bandas criminales están creciendo.

Criminal gangs are growing.

El joven tiene un vicio al cigarrillo.

The young man has a cigarette vice.

El asaltante atemorizó a todas las personas.

The mugger frightened everyone.

La mujer fue violada y asesinada.

The woman was raped and murdered.

La mujer fue amenazada por su vecino.

The woman was threatened by her neighbor.

La guerra contra las drogas es un fracaso.

The war on drugs is a failure.

# Quiz - Chapter XXVII
# Society

| | | | |
|---|---|---|---|
| 1. | el aborto | A. | abortion |
| 2. | la predisposición | B. | addiction |
| 3. | abusar | C. | anger |
| 4. | la cultura | D. | bias |
| 5. | el impedimento | E. | culture |
| 6. | la distribución de la | F. | disability |
| | riqueza | G. | distribution of wealth |
| 7. | el fascismo | H. | fascism |
| 8. | el marica | I. | hate crime |
| 9. | el crimen de odio | J. | homosexual person |
| 10. | atacar | K. | ideology |
| 11. | la ideología | L. | intolerance |
| 12. | la intolerancia | M. | mother tongue |
| 13. | la lengua madre | N. | politically correct |
| 14. | políticamente correcto | O. | racism |
| 15. | el racismo | P. | right |
| 16. | asaltar a alguien | Q. | to abuse |
| 17. | el derecho | R. | to attack |
| 18. | desempleado | S. | to mug someone |
| 19. | la adicción | T. | unemployed |
| 20. | la rabia | | |

21.    _____ es un acto que atenta contra la dignidad humana.
a.    discriminar                    c. el empleo
b.    la cultura                     d. la igualdad

22.    El _____ es un delito en muchos países.
a.    el odio                        c. maltrato de los hijos
b.    la raza                        d. hostil

23.    El _____ hace que la violencia aumente.
a.    la fuerza                      c. infectarse
b.    narcotráfico                   d. desintoxicarse

24.    El _____ hace que las personas no denuncien hechos de
violencia.
a.    miedo                          c. integrarse
b.    esnifar                        d. legalizar

25.    _____ es nocivo para la salud.
a.    fumar                          c. inmigrar
b.    perseguir                      d. el solvente

26.    El abuso de drogas es uno de los peores _____.
a.    el tatuajes                    c. vicios
b.    el solventes                   d. estorbar

27.    El _____ y su banda robaron al banco rápidamente.
a.    compartir                      c. la inyección
b.    aterrorizar                    d. asaltante

28.    El _____ fue capturado cuando había encadenado a su víctima.
a.    violador                       c. integrante
b.    legal                          d. perseguir

29.    _____ es un problema que hay que prevenir en los jóvenes.
a.    linchar                        c. emborracharse
b.    seducir                        d. estorbar

30.    El _____ es el galán del barrio.
a.    chulo                          c. el abuso
b.    el alcohol                     d. el prejuicio

## Answer Key

1. A
2. D
3. Q
4. E
5. F
6. G
7. H
8. J
9. I
10. R
11. K
12. L
13. M
14. N
15. O
16. S
17. P
18. T
19. B
20. C
21. A
22. C
23. B
24. A
25. A
26. C
27. D
28. A
29. C
30. A

# Chapter XXVIII
# Religion & Death

## Religión

| | |
|---|---|
| el/la agnóstico/a | agnostic |
| la limosna | alms |
| el altar | altar |
| el/la anglicano/a | Anglican |
| el apóstol | apostle |
| el símbolo de los apóstoles | apostles' creed |
| el arzobispo | archbishop |
| el ateísmo | atheism |
| el/la ateo/a | atheist |
| la autoridad | authority |
| el bautismo | baptism |
| el bautizo | baptism |
| el bar mitzvah | bar mitzvah |
| la creencia | belief |
| el/la creyente | believer |
| la Biblia | Bible |
| bíblico | biblical |
| el/la obispo/a | bishop |
| bendito | blessed |
| Buda | Buddha |
| el budismo | Buddhism |
| el/la budista | Buddhist |
| el/la calvinista | Calvinist |
| el/la cantor/a | cantor |
| la catedral | cathedral |
| el/la católico/a | Catholic |
| celibato | celibate |
| la capilla | chapel |
| carismático | charismatic |

| | |
|---|---|
| la caridad | charity |
| Cristo | Christ |
| el/la cristiano/a | Christian |
| la iglesia | church |
| la Iglesia Anglicana | Church of England |
| el/la clérigo/a | clergy/clergywoman |
| la comunión | communion |
| la comunidad | community |
| la confesión | confession |
| la confirmación | confirmation |
| la congregación | congregation |
| la conciencia | conscience |
| el convento | convent |
| la conversión | conversion |
| la alianza | covenant/alliance |
| el pacto | covenant/pact |
| el credo | creed |
| la cruz | cross |
| el decano | deacon |
| el/la discípulo/a | disciple |
| divino | divine |
| la doctrina | doctrine |
| la obligación | duty/obligation |
| el deber | duty/responsibility |
| el ecumenismo | ecumenism |
| ético | ethical |
| la eucaristía | eucharist |
| el/la evangelista | evangelist |
| evengélico | evangelical |
| el mal | evil |
| la maldad | evil |
| la fe | faith |
| los fieles | faithful |
| el ayuno | fast/fasting |
| el/la seguidor/a | follower |
| el/la discípulo/a | follower |

| | |
|---|---|
| el perdón | forgiveness |
| la libre voluntad | free will |
| el fundamentalismo | fundamentalism |
| el/la fundamentalista | fundamentalist |
| Dios | God |
| la diosa | goddess |
| el evangelio | gospel |
| la gracia | grace |
| el cielo | heaven |
| el paraíso | heaven |
| el/la hebreo/a | Hebrew |
| el infierno | hell |
| herético | heretical |
| la ermita | hermitage |
| el/la hindú | Hindu |
| el hinduismo | Hinduism |
| la santidad | holiness |
| santo | holy |
| sagrado | holy |
| la santa comunión | holy communion |
| el espíritu santo | Holy Spirit |
| la esperanza | hope |
| el ser humano | human being |
| el humanismo | humanism |
| el/la humanista | humanist |
| la humanidad | humanity |
| ideológico/a | ideological |
| el Imán | Imam |
| la infalibilidad | infallibility |
| la intercesión | intercession |
| el Islam | Islam |
| islámico | Islamic |
| Jehová | Jehovah |
| el/la testigo de Jehová | Jehovah's Witness |
| Jesús | Jesus |
| el/la judio/a | Jew |

| | |
|---|---|
| judío | Jewish |
| el judaísmo | Judaism |
| el juicio | judgment |
| el Corán | Koran |
| el laicado | laity |
| la Santa Cena | Last Supper |
| la Última Cena | Last Supper |
| el/la seglar | layperson |
| el/la laico/a | layperson |
| el Señor | Lord |
| la misa | mass |
| la mediación | mediation |
| misericordioso | merciful |
| la misericordia | mercy |
| el mensaje | message |
| el/la mensajero/a | messenger |
| el Mesías | Messiah |
| metafísico/a | metaphysical |
| el/la ministro/a | minister |
| el ministerio eclesiástico | ministry |
| la misión | mission |
| el/la misionario/a | missionary |
| Mahoma | Mohammed |
| el monasterio | monastery |
| el monje | monk |
| la moralidad | morality |
| la mezquita | mosque |
| el mullah | mullah |
| el/la musulmán/a | Muslim |
| místico | mystical |
| la mística | mysticism |
| el misticismo | mysticism |
| el mito | myth |
| el Nuevo Testamento | New Testament |
| la nirvana | nirvana |
| la monja | nun |

| | |
|---|---|
| el Viejo Testamento | Old Testament |
| el/la ortodoxo/a | orthodox |
| el/la infiel | pagan |
| el/la pagano/a | pagan |
| la parroquia | parish |
| el/la feligrés/a | parishioner |
| el/la pastor/a | pastor |
| el Pentateuco | Pentateuch |
| el Pentecostés | Pentecost |
| el peregrino | pilgrim |
| el peregrinaje | pilgrimage |
| la romería | pilgrimage |
| el papa | Pope |
| la oración | prayer |
| el sacerdote | priest |
| el cura | priest |
| la procesión | procession |
| el/la profeta | prophet |
| el/la protestante | Protestant |
| el protestantismo | Protestantism |
| el salmo | psalm |
| el propósito | purpose |
| el/la cuáquero/a | Quaker |
| el/la rabino/a | rabbi |
| la razón | reason |
| la redención | redemption |
| el perdón | redemption |
| la reforma | reformation |
| el arrepentimiento | repentance |
| arrepentido | repentant |
| la veneración | reverence |
| la reverencia | reverence |
| reverente | reverent |
| el rito | rite |
| el ritual | ritual |
| el sacramento | sacrament |

| | |
|---|---|
| sagrado | sacred |
| Satán | Satan |
| el/la salvador/a | savior |
| la escritura | scripture |
| el servicio religioso | service |
| la misa | service |
| la vergüenza | shame |
| la deshonra | shame |
| el pecado | sin |
| pecaminoso | sinful |
| el alma | soul |
| el espíritu | spirit |
| espiritual | spiritual |
| la espiritualidad | spirituality |
| la sinagoga | synagogue |
| el sínodo | synod |
| el talmud | Talmud |
| el taoísmo | Taoism |
| el templo | temple |
| los diez mandamientos | the ten commandments |
| teológico | theological |
| la teología | theology |
| el pensamiento | thought |
| trascendental | transcendental |
| la Trinidad | Trinity |
| la verdad | truth |
| la visión | vision |
| la vocación | vocation |
| el voto | vow |
| la boda | wedding |
| el/la testigo | witness |
| el/la fanático/a | zealot |

# Muerte                    Death

| | |
|---|---|
| la vida futura | afterlife |
| el ángel | angel |
| las cenizas | ashes |
| la autopsia | autopsy |
| el cuerpo | body |
| el entierro | burial |
| enterrado | buried |
| el ataúd | casket/coffin |
| el féretro | casket/coffin |
| el cementerio | cemetery |
| el cadáver | corpse/cadaver |
| incinerado | cremated |
| la cremación | cremation |
| la incineración | cremation |
| el horno crematorio | crematorium |
| la fecha del nacimiento | date of birth |
| la fecha de la muerte | date of death |
| muerto | dead |
| la muerte | death |
| el certificado de defunción | death certificate |
| los mayores | elders |
| el epitafio | epitaph |
| el elogio | eulogy |
| el encomio | eulogy |
| los funerales | funeral |
| el entierro | funeral |
| los ritos fúnebres | funeral rites |
| las exequias | funeral service |
| el fantasma | ghost |
| la sepultura | grave |
| el dolor | grief |
| el coche fúnebre | hearse |
| el cielo | heaven |
| el infierno | hell |
| la herencia | inheritance |
| la extremaunción | last rites |

| | |
|---|---|
| la vida | life |
| el seguro de vida | life insurance |
| la tasa de mortalidad | mortality rate |
| el depósito de cadáveres | mortuary |
| el luto | mourning |
| la lamentación | mourning |
| la momia | mummy |
| el asesinato | murder |
| el homicidio | murder |
| el más cercano | next of kin |
| el pariente | next of kin/family |
| la necrología | obituary |
| el obituario | obituary |
| el paño mortuorio | pall |
| el/la porta féretro/a | pallbearer |
| el/la patólogo/a | pathologist |
| los restos | remains |
| la sesión de espiritismo | séance |
| el/la superviviente | survivor |
| la enfermedad mortal | terminal illness |
| la tumba | tomb |
| la lápida | tombstone |
| el/la director/a de pompas fúnebres | undertaker |
| la urna | urn |
| el testamento | will |

## Verbos / Verbs

| | |
|---|---|
| administrar | to minister |
| adorar | to worship/adore |
| arrepentir | to repent |
| arrodillarse | to kneel down |
| ayunar | to fast |
| canonizar | to canonize |
| celebrar un bautizo | to celebrate a baptism |

| | |
|---|---|
| celebrar una boda | to celebrate a wedding |
| celebrar una comunión | to celebrate a communion |
| confesar | to confess |
| convertirse | to convert |
| convertirse al budismo | to convert to Buddhism |
| convertirse al cristianismo | to convert to christianity |
| convertirse al hinduismo | to convert to hinduism |
| convertirse al islamismo | to convert to islam |
| creer en | to believe in |
| dar limosna | to give alms |
| dar testimonio | to bear witness |
| decir misa | to say mass |
| enterrar | to bury |
| estar de luto | to mourn |
| fallecer | to pass away |
| hacer una promesa | to make a promise |
| heredar | to inherit |
| incinerar | to cremate |
| ir al infierno | to go to hell |
| ir de luto | to mourn |
| meditar | to meditate |
| orar | to pray |
| ordenar | to ordain |
| pecar | to sin |
| pedir | to pray for something |
| perdonar | to forgive |
| reverenciar | to revere |
| rezar | to praise |
| salvar | to save a person |
| santificar | to sanctify |
| santiguarse | to cross oneself |
| subir al cielo | to go to heaven |
| tener fe | to have faith |
| testificar | to bear witness |
| venerar | to revere |

## Frases

Debes dar limosna a los pobres.
Yo soy ateo.
Aquí respetamos las creencias de cada uno.
Me gusta leer la biblia todos los días.

En ese convento hay fantasmas.
La religión de uno es una decisión individual.

Dios cuidará de ti si tienes fe.
Siempre debes perdonar.
La última cena es mi cuadro favorito.
Todos los domingos voy a misa.
El monje cultiva en el huerto.
Ese templo tiene un misticismo evidente.
Los mitos hacen parte de la cultura.
La monja ayuda a los enfermos.
El asesino siempre busca la redención.
Él está arrepentido por el mal que ha causado.
Ese antiguo rito es fascinante.
Los sacerdotes hacen voto de pobreza.
Los fanáticos religiosos me asustan.
Las cenizas de mi padre están en mi casa.
El entierro de mi abuelo es mañana.
El ataúd está en el centro de la iglesia.

## Phrases

You should give alms to the poor.
I am an atheist.
Here we respect the beliefs of each one.
I like to read the bible every day.
There are ghosts in that convent.
One's religion is an individual decision.
God will take care of you if you have faith.
You should always forgive.
The last supper is my favorite painting.
Every Sunday I go to mass.
The monk cultivates the garden.
That temple has an evident mysticism.

Myths are part of the culture.
The nun helps the sick.
The murder always seeks redemption.
He is repentant for the evil he has caused.
That ancient rite is fascinating.

Priests take a vow of poverty.

Religious zealots scare me.

My father's ashes are at home.
My grandfather's burial is tomorrow.
The coffin is in the middle of the church.

El funeral de mi esposa será en la ciudad.

My wife's funeral service will be in town.

Covid aumentó la tasa de mortalidad.

Covid increased the mortality rate.

Tengo miedo de visitar su tumba.

I am afraid to visit his tomb.

# Quiz - Chapter XXVIII
# Religion & Death

| | | | |
|---|---|---|---|
| 1. | adorar | A. | belief |
| 2. | arrepentir | B. | christian |
| 3. | ayunar | C. | cross |
| 4. | divino | D. | divine |
| 5. | el cielo | E. | evil |
| 6. | el cristiano | F. | free will |
| 7. | el mito | G. | heaven |
| 8. | el perdón | H. | holy |
| 9. | el sacerdote | I. | hope |
| 10. | judio | J. | jewish |
| 11. | la creencia | K. | mass |
| 12. | la cruz | L. | myth |
| 13. | la esperanza | M. | nun |
| 14. | la libre voluntad | N. | priest |
| 15. | la maldad | O. | redemption |
| 16. | la misa | P. | sacred |
| 17. | la monja | Q. | to fast |
| 18. | pecar | R. | to repent |
| 19. | sagrado | S. | to sin |
| 20. | santo | T. | to worship/adore |

21. A mis abuelos les gusta _____ en la iglesia los domingos.
a. el apóstol
b. ateísmo
c. orar
d. bendito

22. Tengo _____ por lo que dije ayer a mi novio.
a. vergüenza
b. celibato
c. cristiano
d. la comunión

23. La _____ hace que sienta ansiedad de no saber qué pasará.
a. vida futura
b. mal
c. fiel
d. fe

24. _____ a una religión es algo que los ateos no harán.
a. ético
b. convertirse
c. fiel
d. santo

25. La persona fallecida el día de ayer ya fue _____.
a. la ermita
b. herético
c. el humanismo
d. enterrado

26. El _____ era aterrorizante y diabólico.
a. la mezquita
b. la meditación
c. fantasma
d. orar

27. La _____ del santo es visitada por los peregrinos cada año.
a. sepultura
b. fallecer
c. salvar
d. ezar

28. Espero cuando muera no ir al _____.
a. el pariente
b. el cementerio
c. infierno
d. venerar

29. _____ a nuestros muertos es algo sagrado para nosotros.
a. enterrar
b. pecar
c. arrepentir
d. la necrología

30. La _____ de la tumba de mi madre es muy importante para mi.
a. lápida
b. salvar
c. pedir
d. perdonar

# Answer Key

1. T
2. R
3. Q
4. D
5. G
6. B
7. L
8. O
9. N
10. J
11. A
12. C
13. I
14. F
15. E
16. K
17. M
18. S
19. P
20. H
21. C
22. A
23. A
24. B
25. D
26. C
27. A
28. C
29. A
30. A

# Chapter XXIX
# Astronomy & Astrology

## Astronomía

el extraterrestre
el asteroide
el cinturón de asteroides
el astronauta
el astrónomo
la astronomía
la inclinación axial
la radiación de fondo
el Big Bang
la gran explosión
la bóveda celeste
la teoría del Big Bang
la estrella binaria
el hoyo negro
el celestial
el cúmulo
el cometa
la constelación
la corona
los rayos cósmicos
la cosmología
el cosmonauta
el cosmos
el cráter
la luna creciente
la materia oscura
el espacio profundo
la estrella gigante
Tierra

## Astronomy

alien
asteroid
asteroid belt
astronaut
astronomer
astronomy
axial tilt
background radiation
Big Bang
Big Bang
celestial vault
big bang theory
binary star
black hole
celestial
cluster/bunch
comet
constellation
corona
cosmic rays
cosmology
cosmonaut
cosmos
crater
crescent moon
dark matter
deep space
giant star
Earth

| | |
|---|---|
| el eclipse | eclipse |
| el equinoccio | equinox |
| el horizonte de sucesos | event horizon |
| el exoplaneta | exoplanet |
| el extragaláctico | extragalactic |
| la bengala | flare |
| la luna llena | full moon |
| la galaxia | galaxy |
| los rayos gamma | gamma rays |
| la estrella enana | dwarf star |
| el campo gravitatorio | gravitational field |
| la gravedad | gravity |
| el telescopio Hubble | Hubble telescope |
| la inercia | inertia |
| el interestelar | interstellar |
| Júpiter | Jupiter |
| el año luz | light year |
| el lunar | lunar |
| el campo magnético | magnetic field |
| Marte | Mars |
| Mercurio | Mercury |
| el meteoro | meteor |
| el meteorito | meteorite |
| la lluvia de estrellas | meteor shower |
| la vía láctea | milky way |
| la luna | moon |
| la nasa | NASA |
| la nebulosa | nebula |
| Neptuno | Neptune |
| la estrella de neutrones | neutron star |
| la luna nueva | new moon |
| la estrella del norte | North Star |
| la nova | nova |
| la fusión nuclear | nuclear fusion |
| el observatorio | observatory |
| la órbita | orbit |

| | |
|---|---|
| el cinturón de orión | Orion's Belt |
| los planetas | planets |
| Plutón | Pluto |
| la radiación | radiation |
| los anillos de Saturno | rings of Saturn |
| el cohete | rocket |
| el satélite | satellite |
| Saturno | Saturn |
| la estrella fugaz | shooting star |
| la singularidad | singularity |
| el cielo | sky |
| el solar | solar |
| la erupción solar | solar flare |
| el sistema solar | solar system |
| el viento solar | solar wind |
| el solsticio | solstice |
| el espacio | space |
| la exploración espacial | space exploration |
| el transbordador espacial | space shuttle |
| la estación espacial | space station |
| la nave espacial | spaceship / spacecraft |
| la estrella | star |
| el sol | sun |
| la mancha solar | sunspot |
| la supernova | supernova |
| el telescopio | telescope |
| la teoría de la relatividad | theory of relativity |
| el translunar | translunar |
| los rayos ultravioleta | ultraviolet rays |
| el universo | universe |
| Urano | Uranus |
| el vacío del espacio | vacuum of space |
| Venus | Venus |
| el agujero de gusano | wormhole |
| el zodiaco | zodiac |

## Astrología

| | |
|---|---|
| los signos de aire | air signs |
| Acuario | Aquarius |
| Aries | Aries |
| el/la astrólogo/a | astrologist |
| la astrología | astrology |
| la casa astral | astrology house |
| el toro | bull |
| Cáncer | Cancer |
| Capricornio | Capricorn |
| la baraja de cartas | card deck |
| los signos cardinales | cardinal signs |
| el centauro | centaur |
| las constelaciones | constellations |
| el cangrejo | crab |
| la dignidad | dignity |
| el domicilio | domicile |
| los signos de tierra | earth signs |
| la dignidad esencial | essential dignity |
| la exaltación | exaltation |
| el exilio | exile |
| la caída | fall |
| los signos de fuego | fire signs |
| el pescado | fish |
| los signos fijos | fixed signs |
| Géminis | Gemini |
| la cabra con cuernos | goat-horned |
| el horóscopo | horoscope |
| Leo | Leo |
| Libra | Libra |
| el león | lion |
| los nodos lunares | lunar nodes |
| la doncella | maiden |
| el signo lunar | moon sign |
| los signos mutables | mutable signs |

## Astrology

| | |
|---|---|
| los signos negativos | negative signs |
| la lectura de mano | palm reading |
| la quiromancia | palmistry |
| Piscis | Pisces |
| los signos positivos | positive signs |
| el carnero | ram |
| el ascendente | rising sign |
| el planeta regente | ruling planet |
| Sagitario | Sagittarius |
| las escalas | scales |
| Escorpio | Scorpio |
| el escorpión | scorpion |
| la compatibilidad zodiacal | sign compatibility |
| el signo solar | sun sign |
| las cartas de tarot | tarot cards |
| Tauro | Taurus |
| las casas | the houses |
| los gemelos | twins |
| Virgo | Virgo |
| los signos de agua | water signs |
| el aguador | water-bearer |

## Verbos

## Verbs

| | |
|---|---|
| atracar | to dock |
| construir | to build |
| escapar | to escape |
| estudiar astronomía | to study astronomy |
| ir al campamento espacial | to go to space camp |
| leer las cartas del tarot | to read tarot cards |
| leer las manos | to read palms |
| mirar las estrellas | to stargaze |
| para buscar estrellas fugaces | to look for shooting stars |
| para estudiar ingeniería aeroespacial | to study aerospace engineering |
| explorar | to explore |

| | |
|---|---|
| volar | to fly |
| practicar la seguridad | to practice safety |
| predecir | to predict |
| preguntar | to question |
| prever | to foresee |
| probar | to probe |
| regresar | to return |
| viajar | to travel |
| visitar la estación espacial | to visit the space station |

## Frases

## Phrases

| | |
|---|---|
| ¿Cuál es tu signo? | What's your sign? |
| ¿Cuándo es tu cumpleaños? | When is your birthday? |
| ¿Alguna vez has leído tu carta natal? | Have you ever read your birth chart? |
| ¿Cuál es tu signo ascendente? | What's your rising sign? |
| ¿Lees el horóscopo con frecuencia? | Do you read the horoscope often? |
| Esta noche habrá un eclipse lunar. | Tonight there is a lunar eclipse. |
| Nuestros signos son muy compatibles. | Our signs are very compatible. |
| ¿Sabes leer las cartas del tarot? | Do you know how to read tarot cards? |
| ¿Cuál es el elemento de tu signo? | What is the element of your sign? |
| Me llevo muy bien con los signos de fuego. | I get along very well with fire signs. |
| Nunca he conocido a un adivino. | I have never met a fortune teller. |
| Cuando sea grande, voy a estudiar astronomía. | When I grow up, I'm going to study astronomy. |
| Las estrellas y el universo son fascinantes. | The stars and the universe are fascinating. |
| Los planetas orbitan alrededor del sol. | The planets orbit the sun. |
| Mercurio es el planeta más pequeño. | Mercury is the smallest planet. |

¿Conocer la teoría del Big Bang?

Los hoyos negros tienen energía.

En el universo hay muchas constelaciones.

Mañana habrá eclipse de luna.

¿Has visto los planetas en un telescopio?

¿Qué signo eres en el horóscopo?

¿Te han leído la mano alguna vez?

Marte es el planeta rojo.

Nuestro sistema solar es extraordinario.

El universo es infinito.

¿Do you know the big bang theory?

Black holes have energy.

In the universe there are many constellations.

Tomorrow there will be a lunar eclipse.

Have you seen the planets in a telescope?

What sign are you in the horoscope?

Have you ever had your hand read?

Mars is the red planet.

Our solar system is extraordinary.

The universe is infinite.

# Quiz - Chapter XXIX
# Astronomy & Astrology

| | | | |
|---|---|---|---|
| 1. el extraterrestre | A. | alien |
| 2. el astronauta | B. | astrology |
| 3. la luna llena | C. | astronaut |
| 4. la gravedad | D. | comet |
| 5. los rayos gamma | E. | constellations |
| 6. la cometa | F. | full moon |
| 7. la inercia | G. | gamma rays |
| 8. el meteoro | H. | gravity |
| 9. los planetas | I. | horoscope |
| 10. la radiación | J. | inertia |
| 11. el cohete | K. | meteor |
| 12. el cielo | L. | palm reading |
| 13. la estrella fugaz | M. | planets |
| 14. la nave espacial | N. | radiation |
| 15. los rayos ultravioleta | O. | rocket |
| 16. la astrología | P. | shooting star |
| 17. el horóscopo | Q. | sign compatibility |
| 18. las constelaciones | R. | sky |
| 19. la compatibilidad zodiacal | S. | spaceship |
| 20. le lectura de mano | T. | ultraviolet rays |

21. Mi novio es del signo astral _____.
a. piscis
b. el astronauta
c. big bang
d. el cúmulo

22. Los _____ pertenecen al signo geminis.
a. gemelos
b. atracar
c. construir
d. escapar

23. Existen diferentes _____ en astrología.
a. escalas
b. predecir
c. prever
d. preguntar

24. El _____ es una constelación.
a. cinturón de orión
b. las casas
c. trígono
d. domicilio

25. Las personas que pertenecen a _____ son de temperamento fuerte.
a. dignidad
b. exaltación
c. decano
d. los signos de fuego

26. _____ son tauro, virgo y capricornio.
a. los signos de tierra
b. la dignidad
c. el detrimento
d. la cúspide

27. _____ son apasionados por debatir y razonar.
a. el telescopio
b. el universo
c. urano
d. signos de aire

28. Las personas que pertenecen a _____ son vulnerables y sensibles.
a. la supernova
b. el satélite
c. signos de agua
d. el cielo

29. Los _____ del zodiaco son seis.
a. signos positivos
b. la nebulosa
c. la luna
d. la vía láctea

30. Los _____ están asociados al principio femenino de la creación.
a. signos negativos
b. la nasa
c. la bengala
d. el exoplaneta

# Answer Key

1. A
2. C
3. F
4. H
5. G
6. D
7. J
8. K
9. M
10. N
11. O
12. R
13. P
14. S
15. T
16. B
17. I
18. E
19. Q
20. L
21. A
22. A
23. A
24. A
25. D
26. A
27. D
28. C
29. A
30. A

# Chapter XXX
# Social Life & Relationships

## La Vida Social

el asunto
la agenda
el banquete
la reverencia
los abastecedores
la celebración
la champaña
el club
la fiesta de disfraz
la copa
la reverencia
el baile
la cita
la debutante
la entrada
la entrada en la sociedad
el/la invitado/a
el/la huésped
el/la invitado/a de honra
el apretón de manos
la resaca
el/la anfitrión/a
el abrazo
la invitación
la casa abierta
la fiesta
responda por favor
la recepción
el lío amoroso

## Social Life

affair/event
appointment book
banquet
bow (gesture)
caterers
celebration
champagne
club
costume party
cup/goblet
curtsy
dance/ball
date/appointment
debutante
entrance
entrance to society
guest
guest
guest of honor
handshake
hangover
host
hug
invitation
open house
party
R.S.V.P
reception
romantic affair

| | |
|---|---|
| la sesión de espiritismo | séance |
| la temporada | season |
| el/la esnob | snob |
| la vida social | social life |
| la sorpresa | surprise |
| la fiesta de sorpresa | surprise party |
| el brindis | toast |
| la visita | visit |

## Las Relaciones / Relationships

| | |
|---|---|
| el/la conocido/a | acquaintance |
| la aventura amorosa | affair |
| el amorío | affair |
| el/la aliado/a | ally |
| el antepasado | ancestor |
| la anulación | annulment |
| la revocación | annulment |
| el soltero | bachelor |
| la soltera | bachelorette |
| el padrino de boda | best man |
| prometido | betrothed/engaged |
| el nacimiento | birth |
| la novia | bride |
| la dama de honor | bridesmaid/maid of honor |
| el cuñado | brother in law |
| el/la compinche | buddy |
| el/la compañero/a de clase | classmate |
| el pariente cercano | close relative |
| el/la colega | colleague |
| el/la compañero/a | companion |
| la pareja | couple |
| el cortejo | courtship |
| la nuera | daughter-in-law |
| el/la íntimo/a | dear friend |

| | |
|---|---|
| la muerte | death |
| el pariente lejano | distant relative |
| el divorcio | divorce |
| el divorciado | divorcé |
| divorciado | divorced |
| la divorciada | divorcée |
| el/la enemigo/a | enemy |
| el compromiso | engagement |
| el noviazgo | engagement/betrothal |
| el/la ex-esposo/a | ex spouse |
| el árbol genealógico | family tree |
| el novio | fiancé |
| el prometido | fiancé |
| la novia | fiancée |
| la prometida | fiancée |
| el/la primo/a hermano/a | first cousin |
| la amistad | friendship |
| la pandilla | gang |
| la cuadrilla | gang |
| la genealogía | genealogy |
| el/la ahijado/a | godchild |
| los abuelos | grandparents |
| la tía abuela | great aunt |
| el/la bisnieto/a | great grandchild |
| el/la bisabuelo/a | great grandparent |
| el sobrino nieto | great nephew |
| la sobrina nieta | great niece |
| el tío abuelo | great uncle |
| el/la tutor/a | guardian |
| el/la medio/a hermano/a | half sibling |
| la luna de miel | honeymoon |
| el marido | husband |
| el esposo | husband |
| los suegros | in laws |
| el/la amante | lover |
| el casamiento | marriage |

| | |
|---|---|
| casado | married |
| el matrimonio | matrimony |
| el/la miembro | member |
| la querida | mistress |
| el/la vecino/a | neighbor |
| los recién casados | newlyweds |
| mayor | older |
| el/la hijo/a único/a | only child |
| los padres | parents |
| el/la cónyuge | partner |
| el/la amigo/a por correspondencia | pen pal |
| emparentado | related |
| el parentesco | relationship |
| el/la pariente | relative |
| la relación amorosa | romantic relationship |
| el/la segundo/a primo/a | second cousin |
| la cuñada | sister in law |
| el/la hijastro/a | stepchild |
| el padrastro | stepfather |
| la madrastra | stepmother |
| el/la hermanastro/a | stepsibling |
| el/la suegro/a | the father in law |
| el yerno | the son-in-law |
| el/la gemelo/a | twin |
| la boda | wedding |
| la viuda | widow |
| el viudo | widower |
| la marida | wife |
| la esposa | wife |
| menor | younger |

# Estados de Ánimo y Emociones

# Moods & Emotions

| | |
|---|---|
| enfadado/a | angry |

| | |
|---|---|
| enojado/a | angry |
| ansioso/a | anxious |
| avergonzado/a | ashamed |
| aburrido/a | bored |
| ocupado/a | busy |
| la calma | calm |
| cómodo/a | comfortable |
| la preocupación | concern/worry |
| confundido/a | confused |
| encantado/a | delighted |
| deprimido/a | depressed |
| desesperado/a | desperate |
| desilusionado/a | disappointed |
| extático/a | ecstatic/thrilled |
| envidioso/a | envious |
| la envidia | envy |
| emocionado/a | excited |
| excitado/a | excited |
| el miedo | fear |
| asustado/a | frightened |
| frustrado/a | frustrated |
| furioso/a | furious/very angry |
| el agradecimiento | gratitude |
| la felicidad | happiness |
| alegre | happy |
| feliz | happy |
| dolido/a | hurt |
| impaciente | impatient |
| de mal humor | in a bad mood |
| de buen humor | in a good mood |
| enamorado/a | in love |
| inseguro/a | insecure |
| celoso/a | jealous |
| los celos | jealousy |
| el amor | love |
| nervioso/a | nervous |

| | |
|---|---|
| el/la optimismo/a | optimism |
| agobiado/a | overwhelmed |
| abrumado/a | overwhelmed/oppressed |
| paciente | patient |
| pessimista | pessimistic |
| contento/a | pleased |
| orgulloso/a | proud |
| relajado/a | relaxed |
| aliviado/a | relieved |
| inquieto/a | restless |
| triste | sad |
| la tristeza | sadness |
| satisfecho/a | satisfied |
| asustado | scared |
| sensible | sensitive |
| sereno/a | serene |
| tímido/a | shy |
| el estrés | stress |
| estresado/a | stressed |
| sorprendido/a | surprised |
| agradecido/a | thankful/grateful |
| cansado/a | tired |
| incómodo/a | uncomfortable |
| infeliz | unhappy |
| vengativo/a | vengeful |
| preocupado/a | worried |

## Personalidades

## Personalities

| | |
|---|---|
| cauteloso/a | cautious |
| encantador/a | charming |
| atractivo/a | charming |
| alegre | cheerful |
| listo/a | clever/sharp |
| disciplinado/a | disciplined |

| | |
|---|---|
| malo/a | evil |
| amistoso/a | friendly |
| divertido/a | fun |
| cómico/a | funny |
| gracioso/a | funny |
| generoso/a | generous |
| bueno/a | good |
| alegre | happy |
| trabajador/a | hardworking |
| industrioso/a | hardworking |
| honrado/a | honorable |
| maleducado/a | impolite |
| descortés | impolite |
| inteligente | intelligent |
| interesante | interesting |
| amable | kind |
| simpático/a | kind |
| perezoso/a | lazy |
| flojo/a | lazy |
| antipático/a | mean/unkind |
| optimista | optimistic |
| pesimista | pessimistic |
| agradable | pleasant |
| educado/a | polite |
| cortés | polite |
| respetuoso/a | respectful |
| grosero/a | rude |
| crudo/a | rude |
| sensato/a | sensible |
| prudente | sensible |
| serio/a | serious |
| tímido/a | shy |
| sociable | sociable |
| discreto/a | tactful |
| indiscreto/a | tactless |
| temperamental | temperamental |

| | |
|---|---|
| confiado/a | trusting |
| poco amistoso/a | unfriendly |
| insociable | unsociable |
| cálido/a | warm |
| sabio/a | wise |
| prudente | wise |
| ingenioso/a | witty |
| agudo/a | witty |

## Para Mostrar Afecto

## To Show Affection

| | |
|---|---|
| nene/a | babe |
| bebé | baby |
| bello/a | beautiful |
| bizcocho | biscuit/sponge cake |
| güero/a | blonde/light skinned |
| bizcochito | cupcake |
| lindura | cutie |
| ricura | cutie |
| papi | daddy |
| querido/a | dear |
| muñeco/a | doll |
| hermoso/a | gorgeous/beautiful |
| guapo/a | handsome/pretty |
| nenita | little babe |
| osito/a | little bear |
| ojitos | little eyes |
| amorcito/a | little love |
| mamacita | little momma |
| flaquito/a | little skinny |
| amor | love/honey |
| amante | lover |
| mami | mommy |
| mi rey | my king |
| mi vida | my life |

| | |
|---|---|
| vida mía | my life |
| mi luz | my light |
| amor mío | my love |
| mi amor | my love |
| mi media naranja | my other half |
| mi reina | my queen |
| mi alma | my soul |
| mi tigre | my tiger |
| chulo/a | pimp |
| precioso/a | precious |
| bonito/a | pretty |
| lindo/a | pretty/cute |
| príncipe | prince |
| princesa | princess |
| chaparrita | shorty/cutie |
| flaco/a | skinny |
| azúcar | sugar |
| corazón | sweetie/heart |
| cariño | sweetie/honey/darling |
| dulzura | sweetness/sweetie pie |
| tesoro | treasure/darling |

## Verbos / Verbs

| | |
|---|---|
| abrazar | to hug/embrace |
| aceptar una invitación | to accept an invitation |
| acurrucarse | to cuddle |
| alardear de | to brag about |
| amar | to love |
| bailar | to dance |
| besar | to kiss |
| besar al aire | to kiss the air |
| brindar por alguien | to toast someone |
| celebrar | to celebrate |
| conquistar | to conquer/captivate |

| | |
|---|---|
| coquetear | to flirt |
| dar un sofión a | to snub |
| debutar | to make one's debut |
| declararse | to ask someone to be your partner |
| desear | to want/wish/desire |
| divertirse | to have fun |
| enamorar | to fall in love |
| encontrarse con | to get together with |
| entrar en sociedad | to make one's debut |
| estar clavado | to be madly in love |
| estar colado por | to be madly in love |
| estar en casa | to be at home |
| estar libre | to be available/be free |
| estar locamente enamorado de | to be madly in love with |
| estar ocupado | to be busy |
| estrecharse la mano | to shake hands |
| excusarse | to excuse oneself |
| fanfarronear | to brag |
| felicitar | to congratulate |
| festejarse | to amuse oneself |
| flirtear | to flirt |
| guiñar | to wink |
| invitar a alguien | to invite someone |
| jactarse | to brag |
| mariposear | to flirt |
| mezclarse | to mingle |
| ponerse en ridículo | to make a fool of oneself |
| presentarse | to introduce oneself |
| proponer | to propose |
| recibir | to greet |
| saludar | to greet |
| sentar cabeza | to settle down |
| socializar | to socialize |
| sorprender | to surprise |

| | |
|---|---|
| temer | to dread |
| visitar | to visit |

## Frases

| | |
|---|---|

## Phrases

| Frases | Phrases |
|---|---|
| Pienso en ti siempre. | I always think about you. |
| Fue amor a primera vista. | It was love at first sight. |
| Me gustas mucho. | I like you so much. |
| Te quiero mucho. | I love you very much. |
| Te extraño. | I miss you. |
| Estoy enamorado de ti. | I'm in love with you. |
| Eres muy hermosa. | You are so beautiful. |
| Te amo con toda mi alma. | I love you with all of my soul. |
| Te amo con todo mi corazón. | I love you with all my heart. |
| Eres el amor de mi vida. | You are the love of my life. |
| Cada día te quiero más. | Each day I love you more. |
| No puedo vivir sin ti. | I can't live without you. |
| Eres todo para mi. | You are everything to me. |
| Fui invitado al baile de debutantes. | I was invited to the debutante's ball. |
| No puedo vivir sin ti. | I can't live without you. |
| Eres el amor de mi vida. | You're the love of my life. |
| Me vuelves loco/a. | You drive me crazy. |
| Eres el hombre de mi vida. | You are the man of my life. |
| Eres la mujer de mi vida. | You are the woman of my life. |
| Soy muy afortunado de tenerte a mi lado/a. | I'm very lucky to have you by my side. |
| ¿Me amas? | Do you love me? |
| Los amo a todos. | I love all of you. |
| Tu eres mi media naranja. | You are my other half. |
| Me haces falta. | I need you. |
| Brindemos por el invitado de honor. | Let's toast the guest of honor. |

# Quiz - Chapter XXX
## Social Life & Relationships

| | | | |
|---|---|---|---|
| 1. el asunto | A. | affair/event |
| 2. la fiesta de disfraz | B. | ashamed |
| 3. la cita | C. | bachelor |
| 4. besar | D. | brother in law |
| 5. el soltero | E. | concern/worry |
| 6. el cuñado | F. | costume party |
| 7. el vecino | G. | to cuddle |
| 8. los suegros | H. | date/appointment |
| 9. el pariente | I. | depressed |
| 10. desear | J. | excited |
| 11. la luna de miel | K. | honeymoon |
| 12. avergonzado | L. | impatient |
| 13. la preocupación | M. | in a good mood |
| 14. deprimido | N. | in laws |
| 15. estar libre | O. | neighbor |
| 16. estar ocupado | P. | relative |
| 17. emocionado | Q. | to be available/free |
| 18. dolido | R. | to be busy |
| 19. de buen humor | S. | to kiss |
| 20. acurrucarse | T. | to want/wish/desire |

21. Me siento _____ por la conducta de mi jefe.
a. agobiado                          c. cortes
b. compinche                        d. el soltero

22. Estoy _____ de los logros que he tenido en mi carrera profesional.
a. el noviazgo                      c. orgulloso
b. el cuñado                        d. la cuadrilla

23. Antes de una reunión de trabajo me siento _____ y ansioso.
a. casado                           c. reunión
b. inquieto                         d. la cuñada

24. Ella es muy _____ y tiene pocos amigos.
a. la envidia                       c. el estrés
b. tímida                           d. sorprendida

25. Debes estar _____ por todo lo que la vida te ha dado.
a. la tristeza                      c. agradecido
b. malo                             d. cómico

26. _____ es un signo de cariño y amor.
a. abrazar                          c. dulzura
b. flaco                            d. corazón

27. El chico es _____ con las mujeres pero mala persona con los demás.
a. ojitos                           c. tesoro
b. reina                            d. encantador

28. Ser _____ es una de las claves del éxito a nivel social.
a. ricura                           c. amistoso
b. vida mia                         d. debutar

29. Si eres _____ no vas a ser aceptado por la sociedad.
a. maleducado                       c. celebrar
b. besar                            d. conquistar

30. _____ de la esposa tuvo que salir huyendo por la ventana.
a. excusarse                        c. guiñar
b. felicitar                        d. el amante

## Answer Key

1. A
2. F
3. H
4. S
5. C
6. D
7. O
8. N
9. P
10. T
11. K
12. B
13. E
14. I
15. Q
16. R
17. J
18. L
19. M
20. G
21. A
22. C
23. B
24. B
25. C
26. A
27. D
28. C
29. A
30. D

# Chapter XXXI
# The Barber, Beauty Salon & Spa

| El Peluquero | The Barber |
|---|---|
| la cita | appointment |
| el flequillo | Bangs |
| el barbero | Barber |
| la barbería | barber shop |
| la barba | Beard |
| el cepillo | brush |
| rapado | buzz cut |
| corte de cabello clásico | classic haircut |
| el paño | cloth |
| el peine | comb |
| rizado | curly |
| el cabello rizado | curly hair |
| la caspa | dandruff |
| la fecha | date (calendar) |
| la maquinilla eléctrica | electric razor |
| el decolorante para cabello | hair bleach |
| el tinte para cabello | hair dye |
| la raya del pelo | hair parting |
| la máquina rasuradora | hair shaver |
| el corte de cabello | haircut |
| el/la estilista | hairdresser |
| en degradado alto | high fade |
| las capas | layers |
| con flequillo largo | long fringe |
| el cabello largo | long hair |
| en degradado bajo | low-fade |
| en largo medio | medium length |
| el bigote | mustache |
| el cuello | neck |

| | |
|---|---|
| de los lados | on the sides |
| de arriba | on the top |
| el tupé | quiff |
| la navaja | razor |
| la hoja de afeitar | razorblade |
| redondo | round/rounded |
| las tijeras | scissors |
| la brocha | shaving brush |
| el cabello corto | short hair |
| las patillas | sideburns |
| el cabello erizado | spiky hair |
| cuadrado | square/squared |
| liso | straight |
| el cabello liso | straight hair |
| la garganta | throat |

## El Salon de Belleza · The Beauty Salon

| | |
|---|---|
| por arriba de | above |
| a nivel de | at the level of |
| la estética | beauty shop |
| la cuenta | bill |
| negro | black |
| decolorante | bleach |
| decolorado/a | bleached |
| la decoloración | bleaching |
| la secadora | blow dryer |
| la boquilla de la secadora | blow dryer nozzle |
| azul | blue |
| abombado/a | bouffant |
| las trenzas | braids |
| la cerda | bristle |
| el cabello quebradizo | brittle hair |
| café | brown |
| castaño | brown |

| | |
|---|---|
| pelo castaño | brunette |
| la brocha | brush |
| el cepillado | brushing |
| el chongo | bun |
| borgoña | burgundy |
| el cambio | change |
| barato/a | cheap |
| clásico | classic |
| frío/a | cold |
| el agua fría | cold water |
| el peine | comb |
| el acondicionador | conditioner |
| cobrizo | copper |
| la tarjeta de crédito | credit card |
| la tenaza | curling iron |
| rulos | curls |
| el cabello rizado | curly hair |
| el cabello chino | curly hair |
| flequillo en cortina | curtain bangs |
| dañado | damaged |
| castaño oscuro | dark brown |
| la tarjeta de débito | debit card |
| el acondicionador para desenredar | detangling conditioner |
| en cortina | draped |
| seco | dry |
| el cabello seco | dry hair |
| el shampoo en seco | dry shampoo |
| el tinte | dye |
| las puntas | ends |
| caro/a | expensive |
| el cepillo plano | flat brush |
| fortalecido | fortified |
| la recepción | front desk |
| el cabello abundante | full head of hair |
| el abrillantador | gloss |

| | |
|---|---|
| dorado | golden |
| el cabello canoso | graying hair |
| grasoso | greasy |
| las canas | grey hairs |
| crecimiento | growth |
| el pelo | hair |
| el cabello | hair |
| el pasador | hair clip |
| el color de pelo | hair color |
| el/la colorista | hair colorist |
| secado de pelo | hair drying |
| el gel para pelo | hair gel |
| la mascarilla para el cabello | hair mask |
| matizante de pelo | hair tinting |
| el tratamiento para el cabello | hair treatment |
| la laca | hairspray |
| el aerosol | hairspray |
| el/la estilista | hair stylist |
| la media cola | half ponytail |
| la cabeza | head |
| el calor | heat |
| caliente | hot |
| el agua caliente | hot water |
| hacia adentro | inwards |
| en capas | layered |
| claro | light |
| castaño claro | light brown |
| las revistas | magazines |
| castaño medio | medium brown |
| alborotado/a | messed up |
| el espejo | mirror |
| el cabello mixto | mixed dry and oily hair |
| moderno/a | modern |
| hidratado | moisturized |

| | |
|---|---|
| el dinero | money |
| la nuca | nape of the neck |
| el color natural | natural color |
| el cabello graso | oily hair |
| largo único | one length |
| opaco | opaque |
| el accesorio | ornament |
| hacia afuera | outwards |
| el permanente | perm |
| el alaciado permanente | permanent straightening |
| el peróxido | peroxide |
| el agua oxigenada | peroxide |
| rosa | pink |
| la cola de caballo | ponytail |
| morado | purple |
| arcoiris | rainbow |
| rojo | red |
| castaño rojizo | reddish-brown |
| el bucle | ringlet |
| las raíces | roots |
| el cepillo redondo | round brush |
| redondeado corto | rounded bob |
| el salón | salon |
| la peluquería | salon |
| el cuero cabelludo | scalp |
| tonos | shades |
| el shampoo | shampoo |
| el champú | shampoo |
| brilloso | shiny |
| brillante | shiny/sparkly |
| corto | short |
| el lavabo | sink |
| suave | soft |
| el bigudí | soft twist roller |
| las puntas abiertas | split ends |
| el cabello lacio | straight hair |

| | |
|---|---|
| el cabello planchado | straightened hair |
| la plancha para pelo | straightener/flat iron |
| la plancha para alaciar | straightener/flat iron |
| el alaciado | straightening |
| las mechas | streaks |
| el estilo | style |
| la crema estilizadora | styling cream |
| enredado | tangled |
| degrafilado | tapered |
| el alaciado temporal | temporary straightening |
| amarrado/a | tied back |
| la propina | tip |
| hacia atrás | towards the back |
| hacia adelante | towards the front |
| tradicional | traditional |
| por debajo de | under |
| único/a | unique |
| recogido | updo |
| el pelo recogido | updo |
| el volumen | volume |
| el tiempo de espera | wait time |
| tibio/a | warm |
| templado/a | warm |
| el agua tibia | warm water |
| el lavado y secado | wash and dry |
| el agua | water |
| las ondas | waves |
| el cabello ondulado | wavy hair |
| débil | weak |
| blanco | white |

# El Spa

# The Spa

| | |
|---|---|
| las uñas acrílicas | acrylic nails |
| el colorete | blush |

| | |
|---|---|
| el tratamiento corporal | body treatment |
| el bronceador | bronzer |
| las brochas de maquillaje | brushes |
| las candelas | candles |
| las velas | candles |
| las mejillas | cheeks |
| el corrector cosmético | concealer |
| la cutícula | cuticle |
| el exfoliante | exfoliante |
| el ojo | eye |
| las sombras de ojos | eye shadow |
| las cejas | eyebrows |
| la pestaña | eyelash |
| el rostro | face |
| la crema de rostro | face cream |
| la mascarilla | face mask |
| el facial | facial |
| el tratamiento facial | facial treatment |
| la lima | file (nails) |
| los dedos | fingers |
| la base | foundation |
| la manicura francesa | french manicure |
| las uñas de gel | gel nails |
| la depilación | hair removal |
| la mano | hand |
| la crema de manos | hand cream |
| el iluminador | highlighter |
| la depilación con láser | laser depilation |
| el brillo labial | lip gloss |
| los labios | lips |
| el lápiz labial | lipstick |
| el pintalabios | lipstick |
| las uñas largas | long nails |
| la loción | lotion |
| el cambio de imagen | makeover |
| el maquillaje | makeup |

| | |
|---|---|
| la/el maquillista | makeup artist |
| la manicura | manicure |
| el/la manicurista | manicurist |
| el rímel | mascara |
| el masaje | massage |
| el/la masajista | massage therapist |
| la crema hidratante | moisturizer |
| las uñas | nail |
| el esmalte de uñas | nail polish |
| el pintauñas | nail polish |
| el quitaesmalte | nail polish removal |
| el salón de uñas | nail salon |
| las uñas | nails |
| los aceites | oils |
| la pedicura | pedicure |
| la/el pedicurista | pedicurist |
| la prebase de maquillaje | primer |
| la música relajante | relaxing music |
| la bata | robe |
| las uñas redondas | rounded nails |
| las uñas cortas | short nails |
| la limpieza de cutis | skin cleansing |
| las pantuflas | slippers |
| el spa | spa |
| el balneario | spa |
| las uñas cuadradas | square nails |
| los dedos del pie | toes |
| la toalla | towel |
| la cera | wax |
| la depilación con cera | waxing |

# Verbos

# Verbs

| | |
|---|---|
| acentuar | to emphasize/accentuate |
| aclarar | to lighten |

| | |
|---|---|
| afeitar | to shave |
| afeitarse | to shave oneself |
| alaciar | to straighten |
| alisar | to smooth/flatten |
| cortar | to cut |
| cortar el pelo | to cut your hair |
| cortarse el cabello | to get a haircut |
| dar forma | to shape up |
| dar mantenimiento | to maintain |
| dar volumen | to give volume |
| decolorar | to bleach |
| decolorarse | to get one's hair bleached |
| dejar crecer | to let grow |
| desenredar | to detangle |
| despeinar | to tousle |
| enjabonar | to use soap |
| enjuagar | to rinse |
| hacer mechas | to highlight |
| hacer ondas | to wave |
| lavar | to wash |
| limar | to file (nails) |
| mojar | to wet |
| peinar | to comb |
| peinarse | to comb oneself |
| pintar pelo | to dye hair |
| rapar el pelo | to shave off all hair |
| rasurar | to shave off |
| recortar | to trim |
| retocar | to retouch |
| rizar | to curl |
| secar | to dry |
| tallar | to sculpt |
| teñir pelo | to dye |
| teñirse | to get one's hair dyed |
| tirar hacia atrás | to sweep back |
| trenzar | to braid |

## Frases

Quisiera hacer una cita, por favor.

Necesito cortarme el cabello.

Quiero una manicura y pedicura.

Quiero cortar mi cabello, por favor.

¿En dónde te cortaste el cabello?

Quisiera teñirme el pelo, por favor.

¡Sí! Es un nuevo look. ¿Te gusta?

Lo quiero por debajo de la barbilla.

Lo quiero por arriba de los hombros.

Lo quiero a la barbilla.

Quisiera hacerme flequillo.

Quisiera hacerme degrafilado.

¿Me puede alisar el cabello por favor?

¿Me puede rizar el cabello, por favor?

¿Me puede hacer mechas, por favor?

¿Me lo puede trenzar, por favor?

Lo quiero en degradado alto, por favor.

Lo quiero en largo medio, por favor.

¿Qué color te gusta?

Quisiera hacerme un corte de cabello corto.

¿Estás relajado?

¿Me puede recortar la barba, por favor?

¿Eso se siente bien?

## Phrases

I would like to make an appointment, please.

I need to get a haircut.

I want a manicure and pedicure.

I want to get my hair trimmed, please.

Where did you get a haircut?

I would like to get my hair dyed.

Yes! It is a new look. Do you like it?

I want it under my chin.

I want it above my shoulders.

I want it at the level of my chin.

I would like to get bangs.

I would like to get my hair tapered.

Can you straighten my hair, please?

Can you curl my hair, please?

Can highlight my hair, please?

Can you braid it, please?

I want a high-fade, please.

I want it medium length, please.

What color do you like?

I would like to get a short haircut.

Are you relaxed?

Can you trim my beard, please?

Does that feel good?

¡Ese nuevo corte te queda genial!

Me hicieron un mal corte de cabello.

That new haircut looks great on you!

I got a bad haircut.

# Quiz - Chapter XXXI
# The Barber, Beauty Salon & Spa

| | | | |
|---|---|---|---|
| 1. la barba | A. | beard |
| 2. el cabello rizado | B. | braids |
| 3. el rapado | C. | buzz cut |
| 4. acentuar | D. | cheeks |
| 5. pintar el pelo | E. | curly hair |
| 6. el bigote | F. | hair removal |
| 7. las tijeras | G. | light brown |
| 8. las patillas | H. | lipstick |
| 9. el cabello liso | I. | moisturized |
| 10. afeitarse | J. | mustache |
| 11. las trenzas | K. | permanent straightening |
| 12. castaño claro | L. | scissors |
| 13. hidratado | M. | sideburns |
| 14. decolorar | N. | straight hair |
| 15. el alaciado permanente | O. | to bleach |
| 16. las mejillas | P. | to detangle |
| 17. el pintalabios | Q. | to dye hair |
| 18. la depilación | R. | to emphasize/accentuate |
| 19. los dedos del pie | S. | to shave oneself |
| 20. desenredar | T. | toes |

21. La _____ fue increíble. Ya no me duele la espalda.
a. masajista                          c. rizado
b. el cepillo                         d. rapado

22. _____ hizo que me viera hermosa y muchos hombres me invitaran a salir.
a. el cuello                          c. la brocha
b. redondo                            d. el cambio de imagen

23. _____ perfectas hacen que su mirada sea sexi.
a. liso                               c. las patillas
b. las cejas                          d. la semana

24. Debes _____ tu cabello luego del tratamiento capilar.
a. la tristeza                        c. enjuagar
b. malo                               d. cómico

25. _____ es lo primero que empaco en mi maleta.
a. la estética                        c. negro
b. decolorante                        d. la plancha para pelo

26. El pelo de esa chica es _____.
a. brilloso                           c. el salón
b. barato                             d. las puntas

27. El _____ me hace sentir felíz por sus diferentes colores.
a. caro                               c. cabello
b. arcoiris                           d. pasador

28. _____ cuando tienes el cabello largo es a veces difícil.
a. la laca                            c. peinarse
b. el aerosol                         d. la media cola

29. _____ de mi madre me recuerda que todos seremos viejos alguna vez.
a. el pasador                         c. el cabello canoso
b. el espejo                          d. el dinero

30. _____ debe de ser hidratado para no tener caspa.
a. el cuero cabelludo                 c. rojo
b. rosa                               d. corto

# Answer Key

1. A
2. E
3. C
4. R
5. Q
6. J
7. L
8. M
9. N
10. S
11. B
12. G
13. I
14. O
15. K
16. D
17. H
18. F
19. T
20. P
21. A
22. D
23. B
24. C
25. D
26. A
27. B
28. C
29. C
30. A

# Chapter XXXII
# Crime & Punishment

| Crime | Crimen |
|---|---|
| el/la niño/a golpeado/a | abused child |
| el/la niño/a maltratado/a | abused child |
| el cómplice | accomplice |
| la coartada | alibi |
| armado | armed |
| el arresto | arrest |
| la orden de arresto | arrest warrant |
| el asalto | assault |
| el maltrato y la agresión física | assault and battery |
| la autopsia | autopsy |
| los malos tratos | bad deals |
| el allanamiento de morada | breaking and entering |
| el/la ladrón/a | burglar |
| la alarma antirrobo | burglar alarm |
| el robo | burglary |
| el robo de coche | car theft |
| el/la jefe/a de policía | chief of police |
| el abuso de menores | child abuse |
| la pista | clue/track |
| el tribunal | court |
| el crimen | crime |
| el delito | crime |
| el índice de criminalidad | crime rate |
| la ola criminal | crime wave |
| la ola delictiva | crime wave |
| el/la criminal | criminal |
| la delincuencia | delinquency |
| el/la delincuente | delinquent |
| el/la detective | detective |

| | |
|---|---|
| el abuso de drogas | drug abuse |
| el/la drogadicto/a | drug addict |
| la drogadicción | drug addiction |
| el/la traficante de drogas | drug dealer |
| el/la narcotraficante | drug dealer |
| el capo de drogas | drug lord |
| el magnate narcotraficante | drug lord |
| la redada de drogas | drug raid |
| la malversación | embezzlement |
| el desfalco | embezzlement |
| la escapada | escape |
| el escape | escape |
| la extorsión | extortion |
| la extradición | extradition |
| la pelea | fight |
| la lucha | fight |
| las huellas dactilares | fingerprints |
| las huellas digitales | fingerprints |
| falsificado | forged |
| la falsificación | forgery |
| el fraude | fraud |
| el/la fugitivo/a | fugitive |
| la pandilla | gang |
| la banda | gang |
| la guerra de las pandillas | gang warfare |
| grave | serious/severe |
| el perro guardián | guard dog |
| las esposas | handcuffs |
| el/la secuestrado/a | hijacker |
| el asalto a mano armada | holdup |
| el atraco | holdup/robbery |
| el homicidio | homicide |
| el/la informador/a | informer |
| el/la informante | informer |
| el interrogatorio | interrogation |

| | |
|---|---|
| el robo de coches para la conducción temeraria | joyride |
| el/la raptor/a | kidnapper |
| el/la secuestrador/a | kidnapper |
| el rapto | kidnapping |
| la cerradura | lock |
| la mafia | mafia |
| el/la atracadora | mugger |
| el/la asaltante | mugger |
| el asalto a mano armada | mugging |
| el homicidio | murder |
| el/la homicida | murderer |
| el/la asesino/a | murderer |
| libre | off duty |
| de servicio | on duty |
| la banda organizada | organized gang |
| el candado | padlock |
| el/la ratero/a | pickpocket |
| el/la carterista | pickpocket |
| el/la bolsista | pickpocket |
| el robo de cartera | pickpocketing |
| el chulo | pimp |
| el policía vestido de paisano | plainclothes police |
| la policía | police |
| la placa policial | police badge |
| el registro policial | police record |
| la comisaría | police station |
| el policía | policeman |
| la mujer policía | policewoman |
| la prevención de crimen | prevention of crime |
| el/la investigador/a privado/a | private investigator |
| la prueba | proof |
| el tirón del bolso | purse snatching |
| la violación | rape |
| la recompensa | reward |
| el motín | riot |

| | |
|---|---|
| la sublevación | riot |
| la policía antidisturbios | riot police |
| la orden de búsqueda | search warrant |
| la sentencia | sentence |
| el tiroteo | shootout |
| el hurto en las tiendas | shoplifting |
| el control de velocidad por radar | speed trap |
| el exceso de velocidad | speeding |
| los bienes robados | stolen goods |
| las cosas robadas | stolen goods |
| el/la ladrón/a | thief |
| la tortura | torture |
| la red de tráfico | traffic network |
| la policía de tráfico | traffic police |
| secreto | undercover |
| clandestino | undercover |
| policía encubierto | undercover cop |
| los bajos fondos | underworld |
| el hampa | underworld |
| la orden | warrant |

## Verbos

## Verbs

| | |
|---|---|
| arrestar | to arrest |
| asaltar | to assault/mug |
| asesinar a alguien | to murder someone |
| atentar contra alguien | to attack someone |
| atracar | to rob/mug |
| cometer un crimen | to commit a crime |
| cometer un delito | to commit a crime |
| condenar | to condemn/sentence |
| defraudar | to deceive/defraud |
| desfalcar | to embezzle |
| detener a alguien | to stop someone |
| disparar | to shoot |

| | |
|---|---|
| engañar | to deceive/trick |
| envenenar | to poison |
| esconderse | to hide oneself |
| falsificar | to forge |
| herir | to injure |
| luchar | to fight |
| malversar | to embezzle |
| matar | to murder/kill |
| matar a cuchilladas | to stab to death |
| no tener antecedentes penales | to have a clean record |
| obtener con amenazas | to extort |
| obtener por fuerza | to extort |
| pelear | to fight |
| pelearse a golpes | to come to blows |
| raptar | to kidnap/abduct |
| robar | to steal |
| secuestrar | to kidnap/abduct |
| secuestrar un avión | to hijack an airplane |
| ser injusto | to be unfair |
| ser justo | to be fair |
| traficar en drogas | to traffic in drugs |
| violar | to rape |

## El Sistema legal / The Legal System

| | |
|---|---|
| la acusación | accusation |
| el/la acusado/a | accused person |
| presunto | alleged |
| el recurso | appeal |
| la tentativa de asesinato | attempted murder |
| el/la abogado/a | attorney/counsel/lawyer |
| la fianza | bail |
| el caso | case |
| el cargo | charge |
| la multa | citation/fine |

| | |
|---|---|
| el derecho civil | civil law |
| la clemencia | clemency/leniency |
| la denuncia | complaint |
| la confesión | confession |
| el/la convicto/a | convict |
| la corte de apelación | court |
| el tribunal | court |
| el juzgado | court |
| las costas de la corte | court costs |
| el juzgado de apelación | court of appeals |
| la corte de apelación | court of appeals |
| la sala de justicia | courtroom |
| la sala de juicios | courtroom |
| el juzgado criminal | criminal court |
| el juzgado penal | criminal court |
| el derecho penal | criminal law |
| los antecedentes penales | criminal record |
| la pena de muerte | death penalty |
| el/la demandado/a | defendant |
| el/la acusado/a | defendant |
| la defensa | defense |
| el/la fiscal de distrito | district attorney |
| el jurado dividido | divided jury |
| el banquillo de los acusados | docket |
| las pruebas | evidence |
| las circunstancias atenuantes | extenuating circumstances |
| el/la testigo ocular | eyewitness |
| el/la testigo presencial | eyewitness |
| el delito grave | felony |
| el delito mayor | felony |
| por falta de pruebas | for lack of evidence |
| en favor de la defensa | for the defense |
| en favor del cargo | for the prosecution |
| de cabo a rabo | from beginning to end/cover to cover |
| la culpa | guilt/fault |

| | |
|---|---|
| culpable | guilty |
| los trabajos forzados | hard labor |
| el homicidio | homicide |
| el jurado dividido | hung jury |
| el proceso de destitución | impeachment hearing |
| el encarcelamiento | imprisonment |
| en prisión preventiva | in custody |
| la acusación | indictment |
| la inocencia | innocence |
| inocente | innocent/not guilty |
| enrollado | involved |
| la cárcel | jail/prison |
| la prisión | jail/prison |
| el/la presidiario | jailbird |
| el/la juez | judge |
| el/la miembro del jurado | juror |
| el estrado del jurado | jury box |
| la justicia | justice |
| la falta de pruebas | lack of evidence |
| el derecho | law |
| la ley | law |
| la contravención de la ley | lawbreaking |
| el incumplimiento de la ley | lawbreaking |
| el proceso civil | lawsuit |
| el pleito | lawsuit |
| el litigio | lawsuit |
| la condena perpetua | life imprisonment |
| la reclusión perpetua | life imprisonment |
| el/la magistrado/a | magistrate |
| el homicidio sin premeditación | manslaughter |
| la misericordia | mercy |
| la ofensa menor | minor offense |
| el error de la justicia | miscarriage of justice |
| el delito común | misdemeanor |
| el delito menor | misdemeanor |
| la petición | motion |

| | |
|---|---|
| el motivo | motive |
| el juramento | oath |
| la objeción | objection |
| bajo palabra | on parole |
| el decreto | order |
| el mandato | order |
| la orden | order |
| la superpoblación | overcrowding |
| el hacinamiento | overcrowding |
| la libertad condicional | parole |
| el perjurio | perjury |
| la declaración de la culpa o la inocencia | plea |
| las negociaciones para los cargos | plea bargaining |
| la premeditación | premeditation |
| el/la prisionero/a | prisoner |
| el procesamiento | prosecution |
| el/la fiscal de distrito | public prosecutor |
| la fiscalía | public prosecutor's office |
| el nuevo juicio | retrial |
| la sentencia | sentence |
| la condena | sentence/conviction |
| el delito grave | serious offense |
| el delito mayor | serious offense |
| la severidad | severity |
| la dureza | severity |
| la citación | summons |
| el/la partidario/a | supporter |
| el Tribunal Supremo | Supreme Court |
| la Corte Suprema | Supreme Court |
| el/la sospechoso/a | suspect |
| la suspensión de sentencia | suspended sentence |
| la sospecha | suspicion |
| el juicio | trial |
| el proceso | trial |

| | |
|---|---|
| unánime | unanimous |
| el veredicto | verdict |
| el/la testigo ocular | witness |
| el/la testigo presencial | witness |
| el estrado de los testigos | witness stand |

## Verbos / Verbs

| | |
|---|---|
| absolver | to acquit |
| acusar | to accuse |
| acusar ante el juez | to indict |
| alegar | to allege |
| atestiguar | to testify/witness |
| castigar | to punish |
| condenar a muerte | to sentence to death |
| cumplir una condena | to serve a sentence |
| declarar | to give evidence |
| declarar culpable | to convict/find guilty |
| declarar inocente | to find innocent |
| declararse culpable | to plead guilty |
| declararse inocente | to plead not guilty |
| defender | to defend |
| defenderse | to defend oneself |
| demandar | to sue |
| denegar un cargo | to deny a charge |
| deponer | to depose |
| disentir | to disagree |
| ejecutar a alguien | to execute (someone) |
| empezar un proceso | to take legal action |
| enjuiciar | to prosecute |
| escapar | to escape |
| estar acusado | to stand accused |
| estar de servicio | to be on duty |
| estar en libertad bajo palabra | to be on parole |
| estar libre | to be off duty |

| | |
|---|---|
| garantizar la fianza | to put up bail |
| hacer prisionero | to imprison |
| imponer | to impose |
| indemnizar | to indemnify/compensate |
| indultar | to pardon |
| interrogar | to interrogate |
| jurar | to swear/to take an oath |
| liberar | to free |
| meter en prisión | to imprison |
| multar | to fine |
| negar | to deny a charge |
| objetar | to object |
| procesar | to prosecute |
| pronunciar sentencia | to pass judgment |
| rechazar una petición | to deny a request |
| recompensar | to reward |
| recurrir | to appeal |
| repetir un juicio | to retry/to have a retrial |
| salir bajo fianza | to be out on bail |
| sentenciar a muerte | to sentence to death |
| servir tiempo | to serve time |
| sospechar | to suspect |
| testificar | to testify/witness |

## Frases

## Phrases

| | |
|---|---|
| ¡Venga rápido! | Come quickly! |
| ¡Socorro! | Help! |
| ¡Protesto! | Objection! |
| ¡Denegado! | Overruled! |
| ¡Cállate! | Shut up! |
| ¡Alto o disparo! | Stop or I'll shoot! |
| ¡Déjate de eso! | Stop it! |
| Basta! | Stop it! |
| ¡Suprimir ese ruido! | Stop that noise! |

Basta ya de ruido! — Stop that noise!

¡Alto, policía! — Stop, police!

¡Alto, ladrón! — Stop, thief!

¡Pare! — Stop!

¡Alto! — Stop!

¡Confirmado! — Sustained!

Estás bajo arresto. — Stop! You are under arrest.

El ladrón está huyendo. — The burglar is running away.

La policía no tiene pistas. — The police have no clues.

El político cometió fraude. — The politician committed fraud.

Por favor, cierre la puerta con candado. — Please padlock the door.

Ayer hubo un atraco en el banco. — Yesterday there was a holdup at the bank.

Soy inocente. Yo no cometí ese crimen. — I am innocent. I did not commit that crime.

La policía disparó al sospechoso 28 veces. — The police shot the suspect 28 times.

No estoy de acuerdo con la pena de muerte. — I do not agree with the death penalty.

¿Cuanto fue la fianza? — How much was the bail?

# Quiz - Chapter XXXII
# Crime & Punishment

| | | | |
|---|---|---|---|
| 1. armado | A. | armed |
| 2. el asalto | B. | assault |
| 3. el ladrón | C. | case |
| 4. arrestar | D. | charge |
| 5. la pista | E. | citation/fine |
| 6. el delito | F. | clue |
| 7. las huellas digitale | G. | court |
| 8. las esposas | H. | courtroom |
| 9. el homicidio | I. | crime |
| 10. el raptor | J. | fingerprints |
| 11. la cerradura | K. | handcuffs |
| 12. atracar | L. | homicide |
| 13. el exceso de | M. | kidnapper |
| velocidad | N. | lock |
| 14. clandestino | O. | speeding |
| 15. el caso | P. | thief/robber |
| 16. el cargo | Q. | to arrest |
| 17. la multa | R. | to condemn/ |
| 18. el juzgado | sentence |
| 19. la sala de justicia | S. | to mug |
| 20. condenar | T. | undercover |

21. La _____ todavía está vigente en algunos países del mundo.
a. pena de muerte     c. asalto
b. armado     d. robo

22. El _____ solicitó investigar a los criminales.
a. el desfalco     c. fiscal de distrito
b. la escapada     d. el homicidio

23. El abogado solicitó _____ para poder continuar con el contrato.
a. falsificado     c. el fraude
b. grave     d. las pruebas

24. Es un _____ atentar contra la vida de cualquier ser humano.
a. las esposas     c. delito grave
b. el rapto     d. la banda

25. Debes _____ solamente en defensa personal.
a. disparar     c. el candado
b. el policía     d. libre

26. El sospechoso se declaró _____ ante la corte.
a. culpable     c. clandestino
b. secreto     d. la tortura

27. El asesino fue enviado directamente a la _____.
a. el hampa     c. envenenar
b. condenar     d. cárcel

28. El hurto es considerado en algunos lugares como un _____.
a. delito menor     c. la defensa
b. enrollado     d. la prisión

29. _____ es necesario para poder ganar el proceso judicial.
a. castigar     c. la fiscalía
b. luchar     d. bajo palabra

30. _____ de la ley depende del país en el que te encuentres.
a. la dureza     c. unánime
b. el veredicto     d. atestiguar

# Answer Key

1. A
2. B
3. P
4. Q
5. F
6. I
7. J
8. K
9. L
10. M
11. N
12. S
13. O
14. T
15. C
16. D
17. E
18. G
19. H
20. R
21. A
22. C
23. D
24. C
25. A
26. A
27. D
28. A
29. B
30. A

# Chapter XXXIII
# Technology

## Tecnología General

la inteligencia artificial
el código de barras
la calculadora
el chat
el disco compacto
la cámara digital
el disco flexible
los auriculares
el video casero
la información
el portátil
la tecnología multimedia
la tarjeta de memoria
el micrófono
el reproductor MP3
la impresora
el recibo
el derecho a la propiedad
intelectual
el router
la simulación
el simulador
el sintetizador
el sistema
el texto
la unidad del disco duro
el curso virtual
la cámara web
el webcam

## General Technology

artificial intelligence
bar code
calculator
chat
compact disc
digital camera
floppy disk
headphones
home video
information
laptop
media technology
memory stick
microphone
MP3 player
printer
receipt

right to intellectual property
router
simulation
simulator
synthesizer
system
text
unit
virtual course
webcam
webcam

| el tratamiento de textos | word processing |
| el procesador de textos | word processor |

## Tecnología Computacional — Computer Technology

| los dos puntos | : |
| la arroba | @ (at) |
| la barra | / |
| la libreta de direcciones | address book |
| el algoritmo | algorithm |
| una actualización | an update |
| el análogo | analog |
| el antivirus | antivirus |
| el programa antivirus | antivirus program |
| las aplicaciones | applications |
| los archivos adjuntos | attached files |
| el atrás | back button |
| el regresar | back button |
| la copia de seguridad | back up |
| el backup | back up |
| la copia de seguridad | backup |
| el ancho de banda | bandwidth |
| el banner | banner |
| el binario | binary |
| el poco | bit |
| el blog | blog |
| el bloguero | blogger |
| la negrita | bold |
| el favorito | bookmark |
| el marcador | bookmark |
| la casilla | box (small box on web forms) |
| la banda ancha | broadband |
| el navegador | browser |
| el explorador de web | browser |

| | |
|---|---|
| el bicho | bug |
| la grabadora | burner |
| el botón | button |
| el byte | byte |
| el caché | cache |
| la tapa se bloquea | cap locks |
| el captcha | captcha |
| la unidad de CD-ROM | CD-ROM drive |
| el chat | chat |
| el chipset | chipset |
| el cliente | client |
| el portapapeles | clipboard |
| la impresora de color | color printer |
| complicado | complicated |
| el control por ordenador | computer control |
| el equipo informático | computer equipment |
| el/la programador/a de computadora | computer programmer |
| la informática | computer science |
| las ciencias de la computación | computer science |
| la pantalla de computadora | computer screen |
| el virus informático | computer virus |
| el uso continuo | continuous use |
| la refrigeración | cooling system |
| el cursor | cursor |
| el ciber café | cyber cafe |
| el cibercrimen | cybercrime |
| el ciberespacio | cyberspace |
| el tablero | dashboard |
| la minería de datos | data mining |
| la transmisión de datos | data transfer |
| la base de datos | database |
| la autoedición | desktop publishing |
| el escritorio | desktop/desk |
| lo digital | digital |

| | |
|---|---|
| la firma digital | digital signature |
| la disquetera | disk drive |
| el nombre de dominio | domain name |
| punto com | dot com |
| el menú desplegable | drop down menu |
| la unidad de DVD | DVD drive |
| el correo electrónico | email |
| la dirección de correo electrónico | email address |
| el emoticón | emoticon |
| el correo cifrado | encrypted mail |
| el cifrado | encryption |
| el aparato | equipment/device/gadget |
| el disco duro externo | external hard drive |
| la conexión externa | external port |
| el curso presencial | face-to-face course |
| el ventilador | fan |
| las preguntas más frecuentes | FAQ (frequently asked questions) |
| las preguntas formuladas frecuentemente | FAQ (frequently asked questions) |
| la toma de datos rápida | fast data transfer speed |
| el fichero | file |
| el intercambio de archivos | file sharing |
| la transferencia de ficheros | file transfer |
| el archivo | file/folder |
| el cortafuegos | firewall |
| la unidad flash | flash drive |
| la pantalla plana | flat screen |
| el disquete | floppy disk |
| la carpeta | folder |
| el fichero | folder/file |
| el formulario | form |
| el foro | forum |
| el adelante | forward button |
| el gigabyte | gigabyte |

| | |
|---|---|
| el corrector de gramática | grammar checker |
| los gráficos | graphics |
| el libro de visitas | guestbook |
| el pirata informático | hacker |
| el disco duro | hard drive |
| la unidad del disco duro | hard drive |
| el hardware | hardware |
| de alta calidad | high quality |
| los gráficos de alta resolución | high resolution graphics |
| la página principal | homepage |
| la página inicial | homepage |
| el anfitrión | host |
| el hiperenlace | hyperlink |
| el hipervínculo | hyperlink |
| el ícono | icon |
| la descarga ilegal | illegal download |
| la bandeja de entrada | inbox |
| la informática | information technology |
| las ciencias de la computación | information technology |
| la tinta | ink |
| el cartucho de tinta | ink cartridge |
| la cinta mecanográfica | inked ribbon |
| la impresora de tinta | inkjet printer |
| la internet | internet |
| la conexión a internet | internet connection |
| el/la internauta | internet user |
| la dirección IP | IP address |
| el proveedor de servicios Internet (also ISP) | ISP |
| el joystick | joystick |
| el correo basura | junk mail |
| la tecla | key |
| la palabra clave | key word |
| el teclado | keyboard |

| | |
|---|---|
| la palabra clave | keyword |
| la computadora portátil | laptop |
| el equipo portátil | laptop computer |
| la impresora láser | laser printer |
| lo último en informática | latest IT |
| el enlace | link |
| el vínculo | link |
| el bucle | loop |
| bajo | low |
| el mirón | lurker |
| el malware | malware |
| la capacidad de memoria | memory |
| la memoria | memory |
| el menú | menu |
| los encabezados de mensajes | message headings |
| el espejo | mirror |
| el módem | modem |
| la placa base | motherboard |
| el ratón | mouse |
| botón del ratón | mouse button |
| la alfombrilla de ratón | mouse pad |
| la etiqueta de la red | netiquette |
| la etiqueta de internet | netiquette |
| la red | network |
| la tarjeta de red | network interface card |
| el grupo de noticias | newsgroup |
| la ofimática | office automation |
| la buromática | office automation |
| las subastas on-line | online auction |
| el sistema operativo | operating system |
| el lector óptico de textos | optical reader |
| la bandeja de salida | outbox |
| los mensajes salientes | outgoing messages |
| el icono de cerradura | padlock icon on secure websites |

| | |
|---|---|
| la contraseña | password |
| la contraseña de acceso | password |
| la prestación | performance |
| el destinatario | person a message is sent to |
| el ordenador personal | personal computer |
| la fotocopiadora | photocopier |
| el pirata | pirate |
| la ubicación | place (digital location) |
| el complemento | plug-in |
| la conexión | port |
| el portal | portal |
| la fuente de alimentación | power supply |
| las preferencias | preferences |
| la impresora | printer |
| la impresión | printout |
| el procesador | processor |
| los programas | programs |
| el proveedor | provider |
| el dominio público | public domain |
| la calidad | quality |
| la memoria de acceso aleatorio (RAM) | random access memory (RAM) |
| la charla en tiempo real | real time chat |
| la carga | recharging |
| redundante | redundant |
| la fiabilidad | reliability |
| la resolución | resolution |
| responsable | responsible |
| el borrador | rough copy |
| el router | router |
| los gastos de consumo | running costs |
| el disco duro SATA | SATA hard drive |
| el escáner | scanner |
| la pantalla | screen |
| el apodo | screen name/nickname |
| la captura de pantalla | screenshot |

| | |
|---|---|
| el buscador | search engine |
| el motor de búsqueda | search engine |
| el servidor seguro | secure server |
| el sitio Web seguro | secure web site |
| los elementos enviados | sent box |
| el servidor | server |
| el shareware | shareware |
| el carro de la compra | shopping cart |
| las redes sociales | social networks |
| el software | software |
| el programador | software |
| el correo no deseado | spam |
| los mensajes no deseados | SPAM (unwanted messages) |
| el spammer | spammer |
| el especialista | specialist |
| la velocidad | speed |
| el corrector ortográfico | spell checker |
| el consultor de ortografía | spell checker |
| la hoja de cálculo | spreadsheet |
| la hoja electrónica | spreadsheet |
| el estándar de conexión | standard connection |
| el asunto | subject (of an email) |
| el informático | technician |
| la plantilla | template |
| la barra de herramientas | toolbar |
| la basura | trash |
| los elementos eliminados | trash/deleted items |
| el caballo de troya | trojan horse |
| actualizado | updated |
| la conexión USB | USB port |
| el stick USB | USB stick/flash drive |
| el nombre de usuario | user name |
| el virus | virus |
| el volumen | volume |
| la dirección de una página web | web page address |

| | |
|---|---|
| el webmaster | webmaster |
| el sitio web | website |
| la página web | website |
| el widget | widget |
| la ventana | window |
| el inalámbrico | wireless |

## Tecnología de Celular     Cell Phone Technology

| | |
|---|---|
| la aplicación | app |
| la app | app |
| la pila | battery |
| el botón | button |
| la cámara | camera |
| el celular | cell phone |
| el móvil | cell phone |
| el plan de telefonía móvil | cell phone plan |
| la cobertura | cell phone service/coverage |
| el cargador | charger |
| la conexión | connection |
| el paquete de internet | data plan |
| el lector de huella | fingerprint reader |
| la cámara frontal | front camera |
| una llamada internacional | international phone call |
| el teclado | keyboard |
| la luz | light |
| las megas | megabytes |
| la memoria | memory |
| el menú | menu |
| la compañía telefónica | phone company |
| el botón de encendido | power button |
| las preferencias | preferences |
| el protector | protector |
| la pantalla | screen |
| la tarjeta sim | sim card |

| el teléfono inteligente | smartphone |
| el altavoz | speaker |
| el mensaje de texto | text message |
| el tono | tone |
| la pantalla táctil | touchscreen |
| el volumen | volume |
| el cable | wire/cable |

## Verbos     Verbs

| abrir un fichero | to open a file |
| abrir una ventana | to open a window |
| abrirse una cuenta de correo | to open an email account |
| acceder | to log on/access |
| actualizar | to update |
| adjuntar | to attach (to emails) |
| adjuntar un documento | to attach a document |
| agrupar | to block |
| ahorrar energía | to save energy |
| almacenar | to store |
| almacenar un fichero | to store a file |
| anexionar | to append |
| anotar | to log |
| anular | to cancel |
| apagar | to switch off |
| apuntar | to log |
| apuntarse | to sign up |
| arrancar | to boot up |
| arrastrar | to drag (a file) |
| bajar | to download |
| bajarse algo de internet | to download something |
| bloquear | to block/crash |
| bloquearse | to crash |
| bloquearse el ordenador | to crash the computer |
| borrar | to erase/delete |

| | |
|---|---|
| buscar | to search |
| cambiar la configuración | to change settings |
| cancelar | to delete |
| cargar | to upload |
| cebar | to boot up |
| cerrar una ventana | to close a window |
| chatear | to chat |
| colgar algo en la web | to post something on web |
| componer | to compose |
| comunicar | to communicate |
| conectar | to connect/switch on |
| configurar | to configure/set up |
| consultar | to check |
| contar | to count |
| contestar a un email | to reply to an email |
| copiar | to copy |
| cortar e insertar | to cut and paste |
| cortarse la comunicación | to cut off communication |
| crear | to create |
| dar mal servicio | to give bad service |
| depurar | to debug |
| descargar | to download |
| desconectar | to switch off |
| detener | to stop (a browser or program) |
| ejecutar | to run |
| elegir | to choose |
| eliminar | to remove/eliminate |
| emitir | to send |
| encender | to switch on |
| entrar | to access/enter |
| entrar a un fichero | to open a file |
| entrar al sistema | to log on |
| enviar | to send |
| enviar un archivo adjunto | to send an attachment |
| escanear | to scan |

| | |
|---|---|
| exportar | to export |
| fichar | to file |
| finalizar la sesión | to log off |
| formatear | to format |
| fusionar | to merge |
| gestionar | to manage/look after |
| grabar | to record |
| guardar | to save |
| hacer click | to click on |
| hacer click en el ratón | to click on mouse |
| hacer un download | to download |
| hacer una copia de apoyo | to back up |
| hacer una llamada local | to make a local call |
| hojear | to browse |
| importar | to import |
| imprimir | to print |
| iniciar la sesión | to log on |
| iniciar el ordenador | to start computer |
| inicializar | to boot up |
| instalar | to install |
| instalar un programa | to install a program |
| interrumpir | to abort |
| introducir | to enter |
| listar | to list |
| llamar a cobro revertido | to call collect |
| mandar | to send |
| marcar la casilla | to check box |
| meterse en internet | to go online |
| mover | to move |
| navegar | to surf |
| navegar por internet | to browse web |
| ordenar | to sort |
| pegar | to drop (as in drag and drop) |
| perder datos | to lose data |
| pinchar en un enlace | to click on a link |

| | |
|---|---|
| poner los caracteres en negrita | to make bold |
| procesar | to process |
| programar | to program |
| pulsar | to click on mouse |
| quitar | to remove/switch off |
| quitar el duende de | to debug |
| recibir | to receive |
| recibir un email | to receive an email |
| recomendar | to recommend/advise |
| recuperar | to retrieve |
| redactar | to compose/write |
| reemplazar | to replace |
| registrar | to record |
| regresar | to go back |
| reiniciar el ordenador | to restart computer |
| responder a preguntas | to answer questions |
| responder a todos | to reply to all |
| salir del sistema | to exit/log off |
| salvar | to save |
| simular | to simulate |
| subir | to upload |
| subrayar | to underline |
| suscribirse | to subscribe |
| sustituir | to replace |
| tabular | to tabulate |
| teclear | to type |

## Frases

¿Cuál es tu número?

No hay cobertura aquí.

Quiero agregar mas megas a mi servicio.

Hice un video casero gracioso.

El sistema está desactualizado.

## Phrases

What's your number?

I don't have service here.

I want to add more data to my plan.

I made a funny home video.

The system is outdated.

Terminé ayer el curso virtual.

I finished the virtual course yesterday.

Debes hacer una copia de seguridad.

You must make a backup.

Por favor resalta el título con negrita.

Please highlight the title in bold.

Debes usar otro tipo de navegador.

You must use another type of browser.

Me gustaría estudiar informática.

I would like to study computer science.

Creo que tiene un virus informático.

I think it has a computer virus.

¿Quieres ir al ciber café?

Do you want to go to the cyber cafe?

Abre el archivo.

Open the file.

Llena el formulario.

Fill out the form.

Su apodo es gracioso.

His nickname is funny.

La impresora de tinta está dañada.

The inkjet printer is damaged.

Voy a comprar un nuevo teclado.

I´m going to buy a new keyboard.

No encuentro la fotocopiadora.

I can't find the photocopier.

Deberías limpiar la pantalla.

You should clean the screen.

Las redes sociales son peligrosas.

Social networks are dangerous.

Debe revisar la hoja de cálculo.

You must review the spreadsheet.

Donde puedo comprar una tarjeta sim?

Where can I buy a sim card?

Contesta el teléfono en altavoz.

Answer the phone on speaker.

Adjunte el documento al mensaje.

Attach the document to the message.

# Quiz - Chapter XXXIII
# Technology

| | | | |
|---|---|---|---|
| 1. la inteligencia artificial | A. | artificial intelligence |
| 2. los auriculares | B. | computer equipment |
| 3. el portátil | C. | computer screen |
| 4. abrir un fichero | D. | computer virus |
| 5. el curso virtual | E. | device/gadget |
| 6. la impresora | F. | email |
| 7. la tarjeta de memoria | G. | folder |
| 8. el navegador | H. | hard drive |
| 9. el equipo informático | I. | headphones |
| 10. acceder | J. | homepage |
| 11. la pantalla de | K. | ink |
| computadora | L. | laptop |
| 12. el virus informático | M. | link |
| 13. el correo electrónico | N. | memory stick |
| 14. el aparato | O. | printer |
| 15. la carpeta | P. | to drag (a file) |
| 16. el disco duro | Q. | to log on |
| 17. arrastrar | R. | to open a file |
| 18. la página principal | S. | virtual course |
| 19. la tinta | T. | web browser |
| 20. el enlace | | |

21.     El _____ no funciona porque no veo el cursor.
a.      ratón                          c. dos puntos
b.      la calculadora                 d. el chat

22.     _____ es una dificultad común en los computadores viejos.
a.      el recibo                      c. bloquearse
b.      la impresora                   d. el router

23.     El conoció a su nueva novia en una _____.
a.      aplicación                     c. carpeta
b.      el texto                       d. el bicho

24.     La _____ de mi teléfono celular no dura nada.
a.      la negrita                     c. el blog
b.      el caché                       d. pila

25.     Olvide el _____ en mi auto.
a.      cargador                       c. depurar
b.      crear                          d. hojear

26.     Debes _____ el antivirus para que tu computador funcione mejor.
a.      contraseña                     c. tabular
b.      ejecutar                       d. teclear

27.     El _____ me ha producido dolor en mi mano derecha.
a.      cebar                          c. teclado
b.      la fiabilidad                  d. el servidor

28.     Creo que de los mejores inventos de la humanidad el _____ esta
de primeras.
a.      redundante                     c. la resolución
b.      borrador                       d. pirata

29.     No me gusta usar el _____ en el auto por que no es privado.
a.      menú                           c. la memoria
b.      altavoz                        d. la red

30.     El _____ de tu computador portátil está muy lento.
a.      la contraseña                  c. el destinatario
b.      sistema operativo              d. la plantilla

# Answer Key

1. A
2. I
3. L
4. R
5. S
6. O
7. N
8. T
9. B
10. Q
11. C
12. D
13. F
14. E
15. G
16. H
17. P
18. J
19. K
20. M
21. A
22. C
23. A
24. D
25. A
26. B
27. C
28. D
29. B
30. B

# Chapter XXXIV
# Business, Banking & the Economy

## Bancario

## Banking

| | |
|---|---|
| la cuenta | account |
| el titular de la cuenta | account holder |
| el número de cuenta | account number |
| el anticipo | advance |
| el importe | amount |
| el incremento de valor | appreciation in value |
| los bienes | assets |
| los activos | assets |
| el cajero automático | ATM/cash machine |
| el banco | bank |
| la tarjeta de dinero | bank card |
| el/la empleado/a del banco | bank employee |
| el/la director/a del banco | bank manager |
| el billete | bank note |
| el extracto de la cuenta | bank statement |
| la transferencia | bank transfer |
| el/la banquero/a | banker |
| la sucursal | branch |
| el dinero efectivo | cash |
| el mostrador de dinero | cash counter |
| la caja registradora | cash register |
| el cajero | cashier |
| el cheque | check |
| el talonario de cheques | check book |
| la garantía | collateral |
| el/la consumidor/a | consumer |
| el crédito | credit |
| la tarjeta de crédito | credit card |
| la cuenta corriente | current account |

| | |
|---|---|
| el cliente | customer/client |
| el debe | debit |
| el pasivo | debit |
| la tarjeta de débito | debit card |
| la deuda | debt |
| el déficit | deficit |
| el depósito | deposit |
| el ingreso | deposit |
| el desembolso inicial | down payment |
| la eficacia | efficiency |
| el tipo de cambio | exchange rate |
| los fondos | funds |
| la garantía | guarantee |
| en efectivo | in cash |
| el plazo | installment |
| la venta a plazos | installment plan |
| el interés | interest |
| el tipo de interés | interest rate |
| el préstamo | loan |
| la hipoteca | mortgage |
| el sobregiro | overdraft |
| el pago | payment |
| los datos personales | personal details |
| el número secreto | pin number |
| el reembolso | repayment |
| la caja fuerte | safe/vault |
| los ahorros | savings |
| la caja de ahorros | savings bank |
| la cantidad de dinero | sum of money |
| los cheques de viaje | traveler's checks |
| actualizar la libreta | update the bank book |

## Los Negocios

## Business

| | |
|---|---|
| el/la contable | accountant |

| | |
|---|---|
| el/la actuario/a de seguros | actuary |
| el acuerdo | agreement |
| como último recurso | as a last resort |
| solvente | assets in excess of liabilities |
| al costo | at cost |
| la audiencia | audience |
| la auditoría | audit |
| el/la auditor/a | auditor |
| insolvente | bankrupt |
| la bancarrota | bankruptcy |
| el presupuesto | budget |
| los recortes presupuestarios | budget cuts |
| la burocracia | bureaucracy |
| los negocios | business (in general) |
| el negocio | business (specific) |
| el capital | capital |
| los gastos de inversión | capital expenditure |
| la cámara de comercio | chamber of commerce |
| el cobro | charge |
| el comercio | commerce |
| la empresa | company |
| la compañía | company |
| la competencia | competition |
| las web corporativas | corporate websites |
| los costos | costs |
| el trato | deal |
| la disminución | decrease |
| las carencias | deficiencies |
| la demanda | demand |
| el desarrollo | development |
| el/la ejecutivo/a | executive |
| el gasto | expense |
| la exportación | export |
| cara a cara | face to face |
| el feedback | feedback |
| los bienes | goods |

| | |
|---|---|
| el ingreso bruto | gross income |
| la renta bruta | gross income |
| la ganancia total | gross profit |
| la ganancia en bruto | gross profit |
| la jerarquía | hierarchy |
| los niveles jerárquicos | hierarchy levels |
| la importación | import |
| en números negros | in the black |
| en números rojos | in the red |
| el impuesto sobre la renta | income tax |
| el incremento | increase |
| el aumento | increase |
| la industria | industry |
| el/la agente de seguros | insurance broker |
| la comunicación interna | internal communication |
| la factura | invoice |
| el despedido | layoff |
| las vías de contacto | lines of communication |
| la administración | management |
| la dirección | management |
| el marketing | marketing |
| la comercialización | marketing |
| la multinacional | multinational company |
| las negociaciones | negotiations |
| la renta neta | net income |
| la pérdida neta | net loss |
| el beneficio neto | net profit |
| la ganancia neta | net profit |
| notas de prensa | press release |
| el precio | price |
| la prioridad | priority |
| el sector privado | private sector |
| la línea de producción | production line |
| la productividad | productivity |
| la ganancia | profit |
| el beneficio | profit |

| | |
|---|---|
| las ganancias y pérdidas | profit and loss |
| lucrativo | profitable |
| próspero | prosperous |
| la calidad | quality |
| el control de calidad | quality control |
| el aumento | raise |
| el recibo | receipt |
| la fiabilidad | reliability |
| al por menor | retail |
| las ventas al por menor | retail sales |
| el impuesto sobre las ventas | sales tax |
| la baja por enfermedad | sick leave |
| la licencia por enfermedad | sick leave |
| el trabajo especializado | skilled labor |
| el/la trabajador/a especializado/a | skilled worker |
| el proveedor | supplier |
| el suministro | supply |
| los costos de suministro | supply costs |
| la adquisición | takeover |
| la oferta pública de adquisición | takeover bid |
| el impuesto | tax |
| al por mayor | wholesale |
| la ética laboral | work ethic |
| la ética del trabajo | work ethic |
| la semana laboral | work week |
| los trabajadores | workforce |

## La Economía — The Economy

| | |
|---|---|
| el boom | boom |
| el capitalismo | capitalism |
| los bienes de consumo | consumer goods |
| los gastos de consumo | consumer spending |
| el coste de la vida | cost of living |
| la deflación | deflation |

| | |
|---|---|
| la depresión | depression |
| económico | economic |
| la economía | economy |
| el gasto público | government spending |
| la inflación | inflation |
| el índice de inflación | inflation rate |
| la economía de mercado | market economy |
| la deuda nacional | national debt |
| la producción | output |
| el sector público | public sector |
| la recesión | recession |
| estancado | stagnant |
| el nivel de vida | standard of living |
| las estadísticas | statistics |
| el subsidio | subsidy |
| la oferta y la demanda | supply and demand |
| el impuesto | tax |
| el incremento de los impuestos | tax increase |
| la imposición | taxation |
| el desempleo | unemployment |
| los subsidios de desempleo | unemployment benefits |

## Dinero e Inversiones — Money & Investing

| | |
|---|---|
| el bono | bond |
| el/la comerciante de bonos | bond trader |
| el/la agente | broker |
| la moneda | coin |
| la comisión | commission |
| la divisa | currency |
| la moneda | currency/coins |
| el dólar | dollar |
| el cambio | exchange/change |
| la divisa | foreign currency |
| los ingresos | income |
| el ingreso | income |

| | |
|---|---|
| la renta | income |
| la inversión | investment |
| el/la banquero/a de inversiones | investment banker |
| el/la inversionista | investor |
| el dinero suelto | loose change |
| el mercado | market |
| el dinero | money |
| el plan de pensiones | pension plan |
| el peso | peso |
| la libra esterlina | pound |
| la acción | share |
| el índice de la bolsa | share index |
| el/la accionista | shareholder |
| el/la especulador/a | speculator |
| la bolsa de valores | stock exchange |
| el movimiento de existencias | stock turnover |
| el/la agente de bolsa | stockbroker |
| las acciones | stocks |
| los valores y bonos | stocks and bonds |
| la operación | transaction |
| el movimiento | transaction |
| los valores | values |

## Verbos / Verbs

| | |
|---|---|
| abrir una cuenta | to open an account |
| administrar | to administer/manage |
| ahorrar | to save |
| aumentar | to increase |
| bajar | to go down in value |
| bajar el precio | to lower prices |
| calcular | to calculate |
| cambiar de una moneda a otra | to change one currency to another |
| cambiar dinero | to change money |
| cancelar una cuenta | to close an account |

| | |
|---|---|
| cerrar una cuenta | to close an account |
| cobrar dinero | to charge money |
| cobrar la pensión | to collect pension |
| cobrar un cheque | to cash a check |
| cobrar un impuesto | to charge a tax |
| cometer | to commit |
| confiar en | to trust |
| contar dinero | to count money |
| depender de | to depend on |
| depositar | to deposit |
| dirigir | to manage |
| disminuir | to decrease |
| domiciliar los pagos a través del banco | to pay by direct debit |
| estar de acuerdo | to agree/be in agreement |
| estar sin plata | to be broke |
| estar sobregirado | to be overdrawn |
| exportar | to export |
| extender un cheque | to write a check |
| firmar un contrato | to sign a contract |
| fomentar | to encourage |
| ganarse la vida | to earn a living |
| gastar dinero | to spend money |
| gestionar | to manage |
| hacer bancarrota | to go bankrupt |
| hacer cambio | to make change |
| hacer dumping un valor | to dump a stock |
| hacer la declaración de la renta | to make the income statement |
| hacer un cheque | to write a check |
| hacer una operación | to make a transaction |
| hacer una transferencia | to make a transfer |
| hipotecar | to mortgage |
| implementar | to implement |
| importar | to import |
| incrementar | to increase |
| incrementar el precio | to raise prices |

| | |
|---|---|
| ingresar dinero en el banco | to deposit money in the bank |
| invertir | to invest |
| mencionar | to mention |
| negociar | to negotiate |
| obtener una hipoteca | to get a mortgage |
| ofrecer demasiado | to overbid |
| pagar a plazos | to pay in installments |
| pagar al contado | to pay cash |
| pagar el impuesto | to pay the tax |
| pagar en efectivo | to pay in cash |
| pedir prestado | to borrow |
| pedir un crédito | to ask for credit |
| pedir un préstamo | to ask for a loan |
| permitirse | to afford |
| poner dinero en el banco | to put money in the bank |
| prestar | to lend |
| privatizar | to privatize |
| producir | to produce |
| reforzar | to strengthen |
| rellenar | to fill in |
| retirar | to withdraw |
| sacar dinero | to draw money |
| solicitar un préstamo | to ask for a loan |
| subir | to go up in value |
| subir el precio | to raise prices |
| subvencionar | to subsidize |
| suministrar | to deliver |
| tener un descubierto | to be overdrawn |
| tener una deuda | to have a debt |

## Frases

¿Tiene cambio de 10 euros?
¿Puedo cambiar 200 euros a dólares, por favor?

## Phrases

Do you have change for 10 euros?
May I change 200 euros into dollars, please.

¿Cómo está hoy el cambio del euro? — What's the exchange rate today for euros?

Tengo que hablar con el director del banco. — I have to talk to the bank manager.

Recibí mi extracto bancario. — I received my bank statement.

Mañana te hago la transferencia. — Tomorrow I´ll make the transfer.

¿Cuál es la sucursal más cercana? — Where is the nearest branch?

Necesito hablar con el cajero. — I need to speak to the cashier.

Haré la compra con tarjeta de crédito. — I will make the purchase with a credit card.

Solo llevo en mi billetera efectivo. — I only carry cash in my wallet.

La casa tiene hipoteca. — The house has a mortgage.

Tengo un sobregiro en mi cuenta. — I have an overdraft on my account.

Mi madre tiene algunos ahorros. — My mother has some savings.

La auditoría llegará la próxima semana. — The audit will come next week.

Nuestro gobierno tiene mucha burocracia. — Our government has a lot of bureaucracy.

La compañía ha tenido grandes avances. — The company has made great strides.

Mis ingresos han disminuido. — My income has decreased.

He tenido gastos adicionales este mes. — I have had additional expenses this month.

En mi país hay muchas importaciones. — In my country there are many imports.

El precio es demasiado elevado. — The price is too high.

La productividad debe mejorar. — Productivity needs to improve.

Nuestras ganancias están desapareciendo. — Our profits are below target.

Este negocio es lucrativo. — This business is lucrative.

La empresa tiene un buen control de calidad. — The company has good quality control.

Las ventas minoristas están cayendo. — Retail sales are falling.

# Quiz - Chapter XXXIV
# Business, Banking & the Economy

| | | | |
|---|---|---|---|
| 1. | la cuenta | A. | ATM/cash machine |
| 2. | la cajero automático | B. | bankrupt |
| 3. | insolvente | C. | bill/account |
| 4. | ahorrar | D. | branch |
| 5. | la sucursal | E. | cash |
| 6. | el dinero efectivo | F. | cashier |
| 7. | el cajero | G. | charge |
| 8. | el cobro | H. | coins |
| 9. | las monedas | I. | deflation |
| 10. | cobrar la pensión | J. | invoice |
| 11. | la deflación | K. | loan |
| 12. | la factura | L. | mortgage |
| 13. | el préstamo | M. | national debt |
| 14. | la hipoteca | N. | savings |
| 15. | gastar dinero | O. | stocks |
| 16. | la deuda nacional | P. | subsidy |
| 17. | los ahorros | Q. | to collect a pension |
| 18. | las acciones | R. | to invest |
| 19. | el subsidio | S. | to save |
| 20. | invertir | T. | to spend money |

21. El _____ de tu casa debe ser muy costoso.
a. el banco               c. impuesto
b. número secreto       d. negociar

22. El _____ de las grandes corporaciones está determinado por los precios de sus acciones.
a. retirar               c. rellenar
b. valor                d. prestar

23. El _____ de un país depende en gran medida de su economía.
a. cambiar             c. nivel de vida
b. calcular             d. tener una deuda

24. Cuando tienes una empresa debes aprender a _____.
a. negociar           c. el desempleo
b. la imposición       d. económico

25. El _____ de agua potable no ha sido suficiente para la ciudad.
a. las estadísticas     c. suministro
b. el subsidio        d. lucrativo

26. Los _____ de mi padre siempre han sido manejados por mi.
a. negocios           c. el precio
b. la renta neta        d. el recibo

27. Esta ciudad tiene para mí el mejor _____ de toda la región.
a. lucrativo           c. coste de la vida
b. la importación     d. la industria

28. Debo _____ dinero del cajero electrónico.
a. el proveedor       c. retirar
b. la comisión        d. la moneda

29. Los _____ que he adquirido en mi vida han sido con gran esfuerzo.
a. disminuir          c. dirigir
b. bienes              d. exportar

30. La _____ ha sido un problema global durante este año.
a. privatizar         c. rellenar
b. producir           d. inflación

# Answer Key

1. C
2. A
3. B
4. S
5. D
6. E
7. F
8. G
9. H
10. Q
11. I
12. J
13. K
14. L
15. T
16. M
17. N
18. O
19. P
20. R
21. C
22. B
23. C
24. A
25. C
26. A
27. C
28. C
29. B
30. D

# Chapter XXXV
# War

## Palabras de Guerra

| | |
|---|---|
| **Palabras de Guerra** | **War Words** |
| el bombardeo aéreo | aerial bombing |
| el/la agresor/agresora | aggressor |
| las fuerzas aéreas | air force |
| el ataque aéreo | air raid |
| el refugio antiaéreo | air raid shelter |
| la alarma antiaéreo | air raid warning |
| advertencia de ataque aéreo | air raid warning |
| la emboscada | ambush |
| el antiaéreo | antiaircraft |
| la carrera de armamentos | arms race |
| el ejército | army |
| el asalto | assault |
| la agresión | assault |
| atómico | atomic |
| el ataque | attack |
| las barracas | barracks |
| la batalla | battle |
| el furor de la batalla | battle rage |
| el campo de batalla | battlefield |
| la explosión | blast/explosion |
| el bloqueo | blockade |
| sangriento | bloody |
| al aviso de bomba | bomb alert |
| el bombardeo | bombardment |
| valiente | brave |
| el campo | camp |
| la campaña | campaign |
| la captura | capture |

| | |
|---|---|
| la víctima | casualty |
| la causa | cause |
| la guerra civil | civil war |
| el conflicto | conflict |
| la confrontación | confrontation |
| el golpe de estado | coup d'état |
| el consejo de guerra | court martial |
| el consejo militar | court martial |
| el/la cobarde | coward |
| la cobardía | cowardice |
| dañino | damaging |
| la derrota | defeat |
| la defensa | defense |
| devastador | devastating |
| el/la enemigo/a | enemy |
| el espionaje | espionage |
| la limpieza étnica | ethnic cleansing |
| la evacuación | evacuation |
| el frente | front |
| el/la guerrillero/a | guerilla |
| la guerra de guerrillas | guerilla warfare |
| perjudicial | harmful |
| dañino | harmful |
| el cuartel general | headquarters |
| el/la secuestrador/a | hijacker/kidnapper |
| las hostilidades | hostilities |
| la invasión | invasion |
| las maniobras | maneuvers |
| la masacre | massacre |
| el servicio militar | military service |
| desaparecido en acción | missing in action |
| la movilización | mobilization |
| la moral | morale |
| multilateral | multilateral |
| la armada | navy |
| la marina de guerra | navy |

| | |
|---|---|
| nuclear | nuclear |
| la ocupación | occupation |
| la ofensiva | offensive |
| la paz | peace |
| la propaganda | propaganda |
| el radar | radar |
| el ataque | raid |
| la incursión | raid |
| las filas | ranks |
| los refuerzos | reinforcements |
| la represalia | reprisal |
| la resistencia | resistance |
| la revolución | revolution |
| el motín | riot |
| los escombros | rubble |
| la inspección de seguridad | security check |
| el apresamiento | seizure |
| el asedio | siege |
| la escaramuza | skirmish |
| la estrategia | strategy |
| el poder ofensivo/el poder de ofensiva | striking power |
| los bombardeos de suicidio | suicide bombing |
| las tácticas | tactics |
| el/la terrorista | terrorist |
| el ataque terrorista | terrorist attack |
| el atentado terrorist | terrorist attack |
| la guerra total | total war |
| la trinchera | trench |
| las tropas | troops |
| la tregua | truce |
| subterráneo | underground |
| la sublevación | uprising |
| la nave | vessel |
| la guerra | war |
| el belicismo | warmongering |

| la herida | wound |

## Las Armas de Guerra — Weapons of War

| la herida | wound |
|---|---|
| el bombardero aéreo | aircraft bomber |
| el portaaviones | aircraft carrier |
| la munición | ammunition |
| los armamentos | armaments |
| el coche blindado | armored car |
| las armas | arms |
| la artillería | artillery |
| la bomba atómica | atomic bomb |
| el alambre de púas | barbed wire |
| el alambre de espino | barbed wire |
| la bayoneta | bayonet |
| la bazuca | bazooka |
| la bomba | bomb |
| el bombardeo | bombardment |
| la bala | bullet |
| el coche bomba | car bomb |
| las armas químicas | chemical weapons |
| la ballesta | crossbow |
| el puñal | dagger |
| la daga | dagger |
| los escombros | debris |
| el destructor | destroyer |
| el caza de reacción | fighter jet |
| el arma de fuego | firearm |
| la fragata | frigate |
| el gas | gas (poisonous) |
| el ataque de gas | gas attack |
| el lanzagranadas | grenade launcher |
| la pistola | gun/pistol |
| la granada de mano | hand grenade |
| la bomba hidrógeno | hydrogen bomb |

| | |
|---|---|
| el avión a reacción | jet aircraft |
| el cuchillo | knife |
| el láser | laser |
| la carta bomba | letter bomb |
| la ametralladora | machine gun |
| el/la fabricante | manufacturer |
| la mina | mine |
| el campo de minas | minefield |
| el dragaminas | minesweeper |
| el misil | missile |
| el lanzamisiles | missile launcher |
| el mortero | mortar |
| la bomba de neutrones | neutron bomb |
| la prueba nuclear | nuclear test |
| el gas venenoso | poison gas |
| la pantalla de radar | radar screen |
| la radiación | radiation |
| la radiotoxemia | radiation sickness |
| el revólver | revolver |
| el rifle | rifle |
| el cohete | rocket |
| el lanzacohetes | rocket launcher |
| el sabotaje | sabotage |
| el obús | shell |
| el proyectil | shell |
| la escopeta | shotgun |
| la metralla | shrapnel |
| la metralleta | submachine gun |
| el submarino | submarine |
| el tanque | tank |
| el blanco | target |
| el objetivo | target |
| el torpedo | torpedo |
| el ataque de torpedo | torpedo attack |
| el barco de guerra | warship |
| el arma | weapon |

| la granada | grenade |
|---|---|

## El Militar / The Military

| El Militar | The Military |
|---|---|
| el/la arquero/a | archer |
| el/la asesino/a | assassin |
| el/la cadete | cadet |
| la caballería | cavalry |
| el/la civil | civilian |
| el coronel | colonel |
| el comando | commando |
| el objetor de conciencia | conscientious objector |
| el/la conscriptio/a | conscript |
| el convoy | convoy |
| el cabo | corporal |
| el/la desertor/a | deserter |
| la división | division |
| la quinta | draft |
| el alférez | ensign |
| el/la soldado/a de pie | foot soldier |
| el/la general | general |
| el/la guardia | guard |
| el/la guerrillero/a | guerrilla |
| el/la secuestrador/a | hijacker |
| el rehén | hostage |
| la infantería | infantry |
| el/la oficial de la inteligencia | intelligence officer |
| el/la teniente | lieutenant |
| la infantería de marina | marines |
| el/la médico/a | medic |
| el personal militar | military personnel |
| el ministerio de defensa | ministry of defense |
| el/la suboficial | noncommissioned officer |
| el/la oficial | officer |

| | |
|---|---|
| el/la ordenanza | orderly |
| el/la paracaidista | parachutist |
| el/la prisionero/a de guerra | prisoner of war |
| el/la rebelde | rebel |
| el/la recluta | recruit |
| el regimiento | regiment |
| el/la marino/a | sailor |
| el/la marinero/a | sailor |
| el/la agente secreto | secret agent |
| el/la centinela | sentry |
| el/la sargento/a | sergeant |
| el/la francotirador/a | sniper |
| el/la soldado/a | soldier |
| el/la espía | spy |
| el escuadrón | squadron |
| el personal | staff |
| el/la terrorista | terrorist |
| el/la traidor/a | traitor |
| las tropas | troops |
| el/la vencedor/a | victor |

## Verbos

## Verbs

| | |
|---|---|
| alcanzar | to hit a target |
| amenazar | to threaten |
| apuntar | to aim |
| asesinar | to assassinate |
| atacar | to attack |
| atar | to attach/bind |
| bloquear | to block/blockade |
| bombardear | to bombard |
| capturar | to capture |
| comenzar una guerra | to start a war |
| cometer | to commit (an act) |
| contaminar | to contaminate |

| | |
|---|---|
| dar un ultimátum | to issue an ultimatum |
| declararse una guerra | to declare war |
| defender | to defend |
| derrotar | to defeat |
| destruir | to destroy |
| detectar | to detect |
| detener | to detain |
| disparar | to shoot |
| disparar una arma | to fire a gun |
| ejecutar | to execute |
| emerger | to surface |
| escapar | to flee |
| espiar | to spy |
| estallarse de guerra | to break out in war |
| estar derrotado | to be defeated |
| estrellar al enemigo | to crush the enemy |
| estrellarse un avión | to crash an airplane |
| evacuar | to evacuate |
| explosionar | to blow up |
| formar una reserva | to stockpile |
| ganar | to win |
| hacer explotar | to blow up |
| herir | to wound |
| huir | to flee |
| hundir un barco | to sink a ship |
| hundirse | to sink |
| interrogar | to interrogate |
| intervenir | to intervene |
| invadir | to invade |
| lanzar una bomba | to drop a bomb |
| liquidar | to liquidate |
| llamar a filas | to call up for duty |
| luchar una batalla | to fight a battle |
| matar | to kill/assassinate |
| movilizar | to mobilize |
| ocupar | to occupy |

| | |
|---|---|
| pasar revista a la tropa | to review troops |
| patrullar | to patrol |
| perder | to lose |
| provocar | to provoke |
| raptar | to kidnap |
| rebelarse | to revolt |
| rechazar | to fight off/repel |
| reducirse a | to be reduced to |
| resistir | to resist |
| sabotear | to sabotage |
| secuestrar | to kidnap/hijack |
| soltar el arma | to drop a weapon |
| sublevarse | to revolt |
| sumergirse | to submerge |
| tirar | to shoot |
| torpedear | to torpedo |
| transportar por avión | to airlift |
| volar | to blow up/fly |

## Frases

El pertenece a la fuerza aérea.
Ellos fueron emboscados.
Hay una guerra civil en ese país.
El ejército sufrió una derrota.
Hubo limpieza étnica durante ese conflicto.
Las hostilidades han cesado.
El chico no quiere hacer el servicio militar.
Los civiles estaban amontonándose.
Anoche hubo un ataque terrorista.
Los soldados están en la trinchera.

## Phrases

He belongs to the air force.
They were ambushed.
There is a civil war in that country.
The army suffered a defeat.
There was ethnic cleansing during that conflict.
Hostilities have ceased.
The boy does not want to do military service.

The civilians were rioting.
Last night there was a terrorist atack.

The soldiers are in the trench.

Las tropas están desmoralizadas.
The troops are demoralized.

Hubo una tregua entre los países.
There was a truce between the countries.

El soldado resultó gravemente herido.
The soldier was seriously wounded.

Al soldado se le acabó la munición.
The soldier ran out of ammunition.

En la finca hay alambre de púas.
There is barbed wire on the farm.

La ciudad fue destruida por el ataque aéreo.
The city was destroyed by the aerial attack.

Tiene un arma cargada.
He has a loaded gun.

El granjero tiene una escopeta vieja.
The farmer has an old shotgun.

Ayer liberaron a los rehenes.
Yesterday they freed the hostages.

Los rebeldes se tomaron el lugar.
The rebels attacked the government forces.

Hoy capturaron al asesino.
Today they captured the killer.

El país vecino les declaró la guerra.
The country's neighbor declared war on them.

Anoche ejecutaron al rehén.
Last night they executed the hostage.

El secuestrador huyó por la ventana.
The kidnapper fled through the window.

# Quiz - Chapter XXXV
# War

| | | | |
|---|---|---|---|
| 1. | la emboscada | A. | ambush |
| 2. | la carrera de | B. | ammunition |
| | armamentos | C. | arms race |
| 3. | el ejército | D. | army |
| 4. | el furor de la batalla | E. | barbed wire |
| 5. | amenazar | F. | battle rage |
| 6. | sangriento | G. | bloody |
| 7. | valiente | H. | bomb |
| 8. | la guerra civil | I. | brave |
| 9. | dañoso | J. | bullet |
| 10. | atacar | K. | civil war |
| 11. | la armada | L. | damaging |
| 12. | el motín | M. | navy |
| 13. | la tregua | N. | riot |
| 14. | la herida | O. | to attack |
| 15. | derrotar | P. | to defeat |
| 16. | la munición | Q. | to destroy |
| 17. | la bomba | R. | to threaten |
| 18. | el alambre de espino | S. | truce |
| 19. | la bala | T. | wound |
| 20. | destruir | | |

21.    El _____ es uno de los aviones que volaron en la segunda guerra mundial.
a.    caza de reacción                    c. el asalto
b.    la emboscada                         d. la agresión

22.    El _____ que usa el ejército es de gran rendimiento.
a.    lanzamisiles                          c. valiente
b.    la batalla                              d. el conflicto

23.    En la finca mi abuelo siempre ha habido una _____ para defenderse.
a.    cambiar                               c. la armada
b.    la moral                               d. escopeta

24.    He sido malo para _____ toda mi vida.
a.    la bomba                              c. el torpedo
b.    disparar                               d. emerger

25.    El _____ huyó del lugar con el dinero de la víctima.
a.    tirar                                     c. matar
b.    volar                                    d. asesino

26.    La policía decidió negociar con el secuestrador para que liberara el _____.
a.    liquidar                                c. rehén
b.    patrullar                               d. atar

27.    Debes _____ si escuchas ruidos extraños en la casa.
a.    el cuchillo                             c. el misil
b.    huir                                      d. la fragata

28.    Cuando hay una guerra el _____ debe ser valiente.
a.    nuclear                                c. soldado
b.    la moral                               d. el campo

29.    El _____ se ubicó donde tenía una visión panorámica del lugar.
a.    francotirador                         c. rellenar
b.    producir                               d. inflación

30.    El _____ usualmente conoce quiénes son sus mejores clientes.
a.    frente                                   c. devastador
b.    vendedor                             d. la masacre

# Answer Key

1. A
2. C
3. D
4. F
5. R
6. G
7. I
8. K
9. L
10. O
11. M
12. N
13. S
14. T
15. P
16. B
17. H
18. E
19. J
20. Q
21. A
22. A
23. D
24. B
25. D
26. C
27. B
28. C
29. A
30. B

# Chapter XXXVI
# Special Types of Words

| Palabras Compuestas | Compound Words |
|---|---|
| el portaaviones | aircraft carrier |
| el aeropuerto | airport |
| el/la aguamarina | aquamarine |
| el malhumor | bad mood |
| el baloncesto | basketball |
| el cubrecama | bed cover |
| el benefactor | benefactor |
| el cumpleaños | birthday |
| agridulce | bittersweet |
| bienaventurado | blessed |
| el/la guardaespaldas | bodyguard |
| el abrebotellas | bottle opener |
| el rompeolas | breakwater |
| el portafolios | briefcase |
| el parachoques | bumper |
| la compraventa | buying and selling/dealing |
| el abrelatas | can opener |
| el/la cascarrabias | curmudgeon |
| el lavacoches | car wash |
| el coliflor | cauliflower |
| el ciempiés | centipede |
| el cortapuros | cigar cutter |
| el guardarropa | cloakroom |
| el guardacostas | coast guard |
| el quitapesares | comfort |
| la enhorabuena | congratulations |
| el sacacorchos | corkscrew |
| el/la sabelotodo | corkscrew |
| el/la lavaplatos | dishwasher (person or machine) |

| | |
|---|---|
| el abrecoches | doorman |
| el sinfín | endless number |
| malpensado | evil-minded |
| el guardarruedas | fender |
| el paragolpes | fender |
| el tomavistas | film maker |
| el parachispas | fire screen |
| el cortafuego | firewall |
| la portabandera | flagpole holder |
| el matamoscas | fly swatter |
| el/la guardabosques | forest ranger/game warden |
| el saltatumbas | funeral clergyman |
| el guardameta | goalie |
| el/la correveidile | gossip |
| el saltamontes | grasshopper |
| el avemaría | hail mary |
| el pasamanos | handrail |
| sordomudo | hearing and speech impaired |
| el pasatiempo | hobby |
| la madreselva | honeysuckle |
| el guardajoyas | jewelry case |
| el rompecabezas | jigsaw puzzle |
| el puntapié | kick |
| la bocacalle | intersection |
| el cortacéspedes | lawn mower |
| el abrecartas | letter opener |
| el salvavidas | life jacket/lifeguard |
| el pararrayos | lightning rod |
| asimismo | likewise |
| el guardapelo | locket |
| la guardamujer | maid of honor |
| el portacartas | mailbag |
| el tiovivo | merry-go-round |
| el micrófono | microphone |
| el portaobjetos | microscope slide |
| el mediodía | midday |

| | |
|---|---|
| la motocicleta | motorbike |
| el cortauñas | nail cutter |
| caradura | nerve |
| el cascanueces | nutcracker |
| el cortapapel | paper cutter |
| el paracaídas | parachute |
| el parasol | parasol |
| el quitasol | parasol/sun shade |
| el guardacoches | parking lot attendant |
| el sacapuntas | pencil sharpener |
| la hierbabuena | peppermint |
| el portarretrato | photo frame |
| puntiagudo | pointed/sharp |
| sietemesino | premature (born two months early) |
| el tocadiscos | record player |
| pelirrojo | redhead |
| el cortaraíces | root cutter |
| el salvoconducto | safe-conduct |
| el espantapájaros | scarecrow |
| el/la limpiabotas | shoe shiner/shoeshine boy |
| el rascacielos | skyscraper |
| el tentempié | snack |
| hispanoamericano | spanish american |
| la telaraña | spider web |
| el/la aguafiestas | spoilsport/party pooper |
| el quitamanchas | stain remover |
| la guardapuerta | storm door/screen door |
| el girasol | sunflower |
| el vaivén | swinging/swaying |
| la sobremesa | tablecloth/after meal conversation |
| el salvamanteles | tablemat |
| el salvaplatos | tablemat |
| la hojalata | tin can |
| el portaneumáticos | tire rack |
| el trabalenguas | tongue twister |
| el sacamolero | tooth puller |

| | |
|---|---|
| el paraguas | umbrella |
| menospreciar | underestimate |
| los altibajos | ups and downs |
| el/la aparcacoches | valet |
| videojuego | videogame |
| el vinagre | vinegar |
| el aguardiente | vodka/schnapps |
| el guardarropa | wardrobe/closet |
| el lavavajillas | washing liquid |
| el lavamanos | washstand |
| el parabrisas | windshield |
| el limpiaparabrisas | windshield wiper |
| el mapamundi | world map |

## Prepositions

## Preposiciones

| | |
|---|---|
| encima de | above/over/on top of |
| según | according to |
| tras | after |
| contra | against |
| a excepción de | apart from |
| alrededor de | around/about |
| además de | as well as/in addition to/besides |
| ante | before |
| antes de | before |
| delante de | before |
| atrás de | behind/in back of |
| detrás de | behind/in back of |
| bajo | below |
| al lado de | beside |
| entre | between |
| por | by |
| a pesar de | despite |
| abajo | down/below |
| durante | during |

| | |
|---|---|
| fuera de | except for/outside of |
| lejos de | far from |
| para | for |
| en | in/on |
| de acuerdo con | in accordance with |
| enfrente de | in front of |
| delante de | in front of |
| dentro de | in/inside/into/within |
| adentro | indoors |
| cerca de | near/close to |
| junto a | next to/right by/near |
| de | of |
| sobre | on |
| afuera | outside |
| desde | since |
| mediante | through |
| a la izquierda de | to the left of |
| a la derecha de | to the right of |
| hacia | towards |
| debajo de | under/underneath |
| hasta | until |
| arriba | up |
| versus | versus |
| frente a | versus |
| vía | via |
| con | with |
| conmigo | with me |
| con respecto a | with respect to |
| contigo | with you |
| dentro de | within |
| sin | without |

## Los Opuestos

ausente - presente

## Opposites

absent - present

| | |
|---|---|
| aceptar - rechazar | accept - decline |
| preciso - inexacto | accurate - inaccurate |
| ventaja - desventaja | advantage - disadvantage |
| de acuerdo - en desacuerdo | agree - disagree |
| vivo - muerto | alive - dead |
| todo - nada | all - nothing |
| siempre - nunca | always - never |
| aparte - juntos | apart - together |
| aparecer - desaparecer | appear - disappear |
| aprobar - desaprobar | approve - disapprove |
| llegar - partir | arrive - depart |
| artificiales - naturales | artificial - natural |
| despierto - dormido | awake - asleep |
| hacia atrás - hacia delante | backward - forward |
| antes - después | before - after |
| empezar - terminar | begin - end |
| abajo - arriba | below - above/up - down |
| lo mejor - lo peor | best - worst |
| grande - pequeño | big - little |
| amargo - dulce | bitter - sweet |
| blanco - negro | black - white |
| chico - chica | boy - girl |
| valiente - cobarde | brave - cowardly |
| construir - destruir | build - destroy |
| puede - no puede | can - cannot |
| capaz - incapaz | capable - incapable |
| cautivo - libre | captive - free |
| barato - caro | cheap - expensive |
| cerca - lejos | close - far |
| ven - vete | come - go |
| comodidad - incomodidad | comfort - discomfort |
| común - raro | common - rare |
| correcto - incorrecto | correct - incorrect |
| oscura - luz | dark - light |
| día - noche | day - night |
| profundo - poco profundo | deep - shallow |

| | |
|---|---|
| seco - húmedo | dry - wet |
| temprano - tarde | early - late |
| este - oeste | east - west |
| facil - dificil | easy - hard |
| vacío - lleno | empty - full |
| alentar - desalentar | encourage - discourage |
| entrada - salida | enter - exit |
| incluso - extraño | even - odd |
| exterior - interior | exterior - interior |
| externo - interno | external - internal |
| gordo - delgado | fat - thin |
| unos - cuantos | few - many |
| primero - último | first - last |
| doble - despliegue | fold - unfold |
| tonto - sabio | foolish - wise |
| ser - contra | for - against |
| olvidar - recordar | forget - remember |
| afortunado - desafortunado | fortunate - unfortunate |
| encontrado - perdido | found - lost |
| fresco - rancio | fresh - stale |
| amigo - enemigo | friend - enemy |
| generoso - tacaño | generous - stingy |
| suave - áspero | gentle - rough |
| dar - recibir | give - receive |
| bueno - malo | good - bad |
| culpable - inocente | guilty - innocent |
| feliz - triste | happy - sad |
| duro - suave | hard - soft |
| odio - amar | hate - love |
| cielo - infierno | heaven - hell |
| pesado - ligero | heavy - light |
| héroe - cobarde | hero - coward |
| alta - baja | high - low |
| honesto - deshonesto | honest - dishonest |
| caliente - frío | hot - cold |
| inmenso - minúsculo | immense - tiny |

| | |
|---|---|
| en - fuera | in - out |
| incluir - excluir | include - exclude |
| aumentar - disminuir | increase - decrease |
| inferior - superior | inferior - superior |
| inhala - exhala | inhale - exhale |
| dentro - fuera | inside - outside |
| interesante - aburrido | interesting - boring |
| júnior - mayor | junior - senior |
| justo - injusto | just - unjust |
| conocimiento - ignorancia | knowledge - ignorance |
| conocida - desconocida | known - unknown |
| propietario - inquilino | landlord - tenant |
| grande - pequeño | large - small |
| lícito - ilegal | lawful - illegal |
| perezoso - laborioso | lazy - industrious |
| izquierda - derecha | left - right |
| indulgente - estricto | lenient - strict |
| menos - más | less - more |
| largo - corto | long - short |
| flojo - apretado | loose - tight |
| amor - odio | love - hate |
| leal - desleal | loyal - disloyal |
| enojado - feliz | mad - happy |
| mayor - menor | major - minor |
| maduro - inmaduro | mature - immature |
| máximo - mínimo | maximum - minimum |
| derretir - congelar | melt - freeze |
| más - menos | more - less |
| nuevo - viejo | new - old |
| silencio - ruidoso | noisy - quiet |
| norte - sur | north - south |
| obediente - desobediente | obedient - disobedient |
| oferta - rechazo | offer - rejection |
| viejo - joven | old - young |
| encendido - apagado | on - off |
| abrir - cerrado | open - closed |

| | |
|---|---|
| optimista - pesimista | optimist - pessimist |
| pasado - presente | past - present |
| paciente - impaciente | patient - impatient |
| paz - guerra | peace - war |
| plural - singular | plural - singular |
| educado - maleducado | polite - rude |
| posible - imposible | possible - impossible |
| poderoso - débil | powerful - weak |
| bonito - feo | pretty - ugly |
| privado - público | private - public |
| puro - impuro | pure - impure |
| empujar - tirar | push - pull |
| pregunta - respuesta | question - answer |
| subir - bajar | raise - lower |
| una verdadera - falsedad | real - fake |
| rico - pobre | rich - poor |
| derecha - izquierda | right - left |
| seguro - inseguro | safe - unsafe |
| enfermo - sano | sick - healthy |
| simple - complejo | simple - complex |
| singular - plural | singular - plural |
| lento - rápido | slow - fast |
| inteligente - estúpido | smart - stupid |
| sobrio - borracho | sober - drunk |
| suave - duro | soft - hard |
| empezar - terminar | start - finish |
| estricto - indulgente | strict - lenient |
| fuerte - débil | strong - weak |
| éxito - fracaso | success - failure |
| soleado - nublado | sunny - cloudy |
| alto - bajo | tall - short |
| reír - llorar | to laugh - to cry |
| alargar - acortar | to lengthen - to shorten |
| perder - ganar | to lose - to win |
| tomar - dar | to take - to give |
| arriba - abajo | top - bottom |

| | |
|---|---|
| verdadero - falso | true - false |
| desaparecer - aparecer | vanish - appear |
| victoria - derrota | victory - defeat |
| de ancho - estrecho | wide - narrow |
| sí - no | yes - no |

# Nothing but Vocab
# Final Exam

| | | | |
|---|---|---|---|
| 1. | la fresa | A. | bed sheets |
| 2. | las galletas | B. | beef |
| 3. | crujiente | C. | bill (money owed) |
| 4. | mohoso | D. | bitter |
| 5. | amargo | E. | boss |
| 6. | crudo | F. | broom |
| 7. | hornear | G. | cookies |
| 8. | el helado | H. | credit card |
| 9. | el mesero | I. | crispy |
| 10. | picante | J. | expenses |
| 11. | la carne de vaca | K. | fireman |
| 12. | los fideos | L. | icecream |
| 13. | sabroso | M. | income |
| 14. | la propina | N. | mailbox |
| 15. | el buzón | O. | moldy |
| 16. | el tornillo | P. | mop |
| 17. | barrer | Q. | nail |
| 18. | el clavo | R. | noodles |
| 19. | la escoba | S. | open |
| 20. | el trapeador | T. | priest |
| 21. | las sabanas | U. | raw |
| 22. | el jefe | V. | screw |
| 23. | los gastos | W. | soldier |
| 24. | los ingresos | X. | spicy |
| 25. | el taller | Y. | strawberry |
| 26. | el bombero | Z. | tasty |
| 27. | el sacerdote | AA. | tip |
| 28. | el soldado | BB. | to bake |
| 29. | la cuenta | CC. | to sweep |
| 30. | la tarjeta de crédito | DD. | waiter |
| 31. | abierto | EE. | workshop/garage |

| | |
|---|---|
| 32. la calidad | A. bacon |
| 33. la ferreteria | B. bay |
| 34. la berenjena | C. bed sheets |
| 35. el tocino | D. belt |
| 36. el cinturón | E. bridge |
| 37. el abrigo | F. climate change |
| 38. hurtar | G. coat |
| 39. las chanclas | H. drop |
| 40. el paraguas | I. drought |
| 41. la ropa interior | J. earthquake |
| 42. el impermeable | K. eggplant |
| 43. la gota | L. farm |
| 44. la sequia | M. flip flops |
| 45. el relámpago | N. forest |
| 46. la tormenta | O. free |
| 47. el cambio climático | P. guest |
| 48. envenenar | Q. hardware store |
| 49. humedad | R. helpful |
| 50. gratis | S. humidity |
| 51. útil | T. lightening |
| 52. el puente | U. quality |
| 53. las sabanas | V. raincoat |
| 54. volver | W. sand |
| 55. la arena | X. seashore |
| 56. el huésped | Y. storm |
| 57. el bosque | Z. to poison |
| 58. el terremoto | AA. to return |
| 59. la bahia | BB. to shoplift/steal |
| 60. la granja | CC. umbrella |
| 61. la orilla del mar | DD. underwear |
| 62. la cascada | EE. waterfall |

| | |
|---|---|
| 63. la desventaja | A. backpack |
| 64. el toro | B. bandaid |
| 65. el buey | C. bull |
| 66. el cochinillo | D. cartoons |
| 67. el mapache | E. closed |
| 68. la ardilla | F. crew |
| 69. el lobo | G. deaf |
| 70. el águila | H. disadvantage |
| 71. la tirita | I. dubbed |
| 72. el sordo | J. eagle |
| 73. el mudo | K. heart attack |
| 74. infarto | L. mute |
| 75. herido | M. ox |
| 76. aplastar | N. parade |
| 77. apuñalar | O. pedestrian |
| 78. vomitar | P. piglet |
| 79. la mochila | Q. racoon |
| 80. el peatón | R. sidewalk |
| 81. la acera | S. soap opera |
| 82. cerrado | T. soundtrack |
| 83. el tripulación | U. squirrel |
| 84. el muelle | V. the pier |
| 85. apagar | W. to crush |
| 86. doblado | X. to disappear |
| 87. encender | Y. to play a role |
| 88. hacer un papel | Z. to stab |
| 89. la telenovela | AA. to turn off |
| 90. los dibujos animados | BB. to turn on |
| 91. la banda sonora | CC. to vomit |
| 92. desaparecer | DD. wolf |
| 93. el desfile | EE. wounded |

94. el mago
95. entretener
96. el payaso
97. la disfraz
98. palomitas
99. la apuesta
100. becear
101. el entrenador
102. el senderismo
103. entrenar
104. el perdedor
105. ganar
106. el bloqueador
107. profundo
108. la ola
109. el entrenamiento
110. el agotamiento
111. el sudor
112. la cadena
113. las calorías quemadas
114. estirar
115. estar en buena forma
116. las pantorrillas
117. foralecer
118. saludable
119. pérdida de peso
120. el muslo
121. afeitarse
122. arrugado
123. canoso
124. dolorido

A. achy/sore
B. bet
C. calories burned
D. calves
E. chain
F. clown
G. coach
H. costume
I. deep
J. exhaustion
K. gray haired
L. healthy
M. hiking
N. loser
O. magician
P. popcorn
Q. sunscreen
R. sweat
S. thigh
T. to be in good shape
U. to dive
V. to entertain
W. to shave oneself
X. to strengthen
Y. to stretch
Z. to train
AA. to win
BB. training
CC. wave
DD. weight loss
EE. wrinkled

125. listo
126. roto
127. torpe
128. las noticias de
actualidad
129. apagar la tele
130. crear una necesidad
131. grabar
132. los bienes raices
133. el guíon
134. propaganda de buzón
135. el punto culminante
136. dibujar
137. el cuento de hadas
138. revisar
139. el tema
140. tratar de
141. el género
142. tomar apuntes
143. retrasado
144. las habilidades
145. el compañero de
clase
146. el pupitre
147. el nivel
148. autoestima
149. el hueso
150. averiguar
151. la pila
152. apagado
153. encendido
154. el enchufe
155. aumentar

A. abilities/skills
B. delayed
C. battery
D. bone
E. broken
F. classmate
G. climax
H. clumsy
I. current affairs
J. desk
K. fairy tale
L. genre
M. junk mail
N. level
O. off
P. on
Q. plug/socket
R. ready
S. real estate
T. self esteem
U. script
V. subject/theme
W. to create a need
X. to deal with
Y. to draw
Z. to find out
AA. to increase
BB. to record
CC. to review
DD. to take notes
EE. to turn off the TV

156. redondo
157. el tamaño
158. el cuadrado
159. torcido
160. al menos
161. vacio
162. el alcade
163. avanzado
164. conocido
165. desconocido
166. imprimir
167. maldicho
168. el buzon
169. la ley
170. apoyar
171. la corrupción
172. la igualdad de oportunidades
173. la clase media
174. la revuelta
175. derrocar
176. la distribución de la riqueza
177. asaltar a alguien
178. el derecho
179. desempleado
180. la rabia
181. asaltante
182. chulo
183. adorar
184. arrepentir
185. la libre voluntad
186. la maldad

A. advanced
B. anger
C. at least
D. corruption
E. distribution of wealth
F. empty
G. equal opportunity
H. evil
I. free will
J. known
K. law
L. mayor
M. mailbox
N. middle class
O. cursed
P. mugger
Q. pimp
R. revolt
S. right
T. round
U. size
V. square
W. to mug someone
X. to overthrow
Y. to print
Z. to repent
AA. to support
BB. to worship/adore
CC. twisted
DD. unemployed
EE. unknown

187. la monja
188. pecar
189. vergüenza
190. el extraterrestre
191. la luna llena
192. el cohete
193. la estrella fugaz
194. la nave espacial
195. las constelacioines
196. gemelos
197. besar
198. el cuñado
199. el vecino
200. deprimido
201. emocionado
202. el noviazgo
203. casado
204. pintar el pelo
205. las tijeras
206. las patillas
207. las mejillas
208. el pintalabios
209. desenredar
210. decolarar
211. el ladrón
212. la pista
213. el delito
214. las huellas digitale
215. las esposas
216. condenar
217. disparar

A. alien
B. brother in law
C. cheeks
D. clue
E. constellations
F. crime
G. depressed
H. engagement
I. excited
J. fingerprints
K. full moon
L. handcuffs
M. lipstick
N. married
O. neighbor
P. nun
Q. rocket
R. scissors
S. shame
T. shooting star
U. sideburns
V. spaceship
W. thief/robber
X. to bleach
Y. to condemn/sentence
Z. to detangle
AA. to dye hair
BB. to kiss
CC. to shoot
DD. to sin
EE. twins

218. abrir un fichero

219. la impresora

220. el aparato

221. la carpeta

222. la tinta

223. el enlace

224. la contraseña

225. ahorrar

226. la hipoteca

227. gastar dinero

228. las acciones

229. invertir

230. coste de la vida

231. retirar

232. el ejercito

233. amenazar

234. valiente

235. la armada

236. la herida

237. la bala

238. el francotirador

239. asombroso

240. pagar en efectivo

241. agridulce

242. el abrelatas

243. el lavaplatos

244. el matamoscas

245. el limpiaparabrisas

246. el trabalenguas

247. ventaja

248. ansioso

249. bruto

250. malisimo

A. advantage

B. anxious

C. army

D. awesome

E. bittersweet

F. brave

G. bullet

H. can opener

I. cost of living

J. device/gadget

K. dishwasher

L. fly swatter

M. folder

N. gross/crude

O. ink

P. link

Q. lousy

R. mortgage

S. navy

T. password

U. printer

V. sniper

W. stocks

X. to invest

Y. to open a file

Z. to pay in cash

AA. to save

BB. to spend money

CC. to threaten

DD. to withdraw

EE. tongue twister

FF. windshield wiper

GG. wound

# Final Exam Answer Key

| | | |
|---|---|---|
| 1. Y | 23. J | 45. T |
| 2. G | 24. M | 46. Y |
| 3. I | 25. EE | 47. F |
| 4. O | 26. K | 48. Z |
| 5. D | 27. T | 49. S |
| 6. U | 28. W | 50. O |
| 7. BB | 29. C | 51. R |
| 8. L | 30. H | 52. E |
| 9. DD | 31. S | 53. C |
| 10. X | 32. U | 54. AA |
| 11. B | 33. Q | 55. W |
| 12. R | 34. K | 56. P |
| 13. Z | 35. A | 57. N |
| 14. AA | 36. D | 58. J |
| 15. N | 37. G | 59. B |
| 16. V | 38. BB | 60. L |
| 17. CC | 39. M | 61. X |
| 18. Q | 40. CC | 62. EE |
| 19. F | 41. DD | 63. H |
| 20. P | 42. V | 64. C |
| 21. A | 43. H | 65. M |
| 22. E | 44. I | 66. P |

| | | |
|---|---|---|
| 67. Q | 91. T | 115. T |
| 68. U | 92. X | 116. D |
| 69. DD | 93. N | 117. X |
| 70. J | 94. O | 118. L |
| 71. B | 95. Z | 119. DD |
| 72. G | 96. F | 120. S |
| 73. L | 97. H | 121. W |
| 74. K | 98. P | 122. EE |
| 75. EE | 99. B | 123. K |
| 76. W | 100. U | 124. A |
| 77. Z | 101. G | 125. R |
| 78. CC | 102. M | 126. E |
| 79. A | 103. Z | 127. H |
| 80. O | 104. N | 128. I |
| 81. R | 105. AA | 129. EE |
| 82. E | 106. Q | 130. W |
| 83. F | 107. I | 131. BB |
| 84. V | 108. CC | 132. S |
| 85. AA | 109. BB | 133. U |
| 86. I | 110. J | 134. M |
| 87. BB | 111. R | 135. G |
| 88. Y | 112. E | 136. Y |
| 89. S | 113. C | 137. K |
| 90. D | 114. Y | 138. CC |

| | | |
|---|---|---|
| 139. V | 163. A | 187. P |
| 140. X | 164. J | 188. DD |
| 141. L | 165. EE | 189. S |
| 142. DD | 166. Y | 190. A |
| 143. B | 167. O | 191. K |
| 144. A | 168. M | 192. Q |
| 145. F | 169. K | 193. T |
| 146. J | 170. AA | 194. V |
| 147. N | 171. D | 195. E |
| 148. T | 172. G | 196. EE |
| 149. D | 173. N | 197. BB |
| 150. Z | 174. R | 198. B |
| 151. C | 175. X | 199. O |
| 152. O | 176. E | 200. G |
| 153. P | 177. W | 201. I |
| 154. Q | 178. S | 202. H |
| 155. AA | 179. DD | 203. N |
| 156. T | 180. B | 204. AA |
| 157. U | 181. P | 205. R |
| 158. V | 182. Q | 206. U |
| 159. CC | 183. BB | 207. C |
| 160. C | 184. Z | 208. M |
| 161. F | 185. I | 209. Z |
| 162. L | 186. H | 210. X |

| | |
|---|---|
| 211. W | 235. S |
| 212. D | 236. GG |
| 213. F | 237. G |
| 214. J | 238. V |
| 215. L | 239. D |
| 216. Y | 240. Z |
| 217. CC | 241. E |
| 218. Y | 242. H |
| 219. U | 243. K |
| 220. J | 244. L |
| 221. M | 245. FF |
| 222. O | 246. EE |
| 223. P | 247. A |
| 224. T | 248. B |
| 225. AA | 249. N |
| 226. R | 250. Q |
| 227. BB | |
| 228. W | |
| 229. X | |
| 230. I | |
| 231. DD | |
| 232. C | |
| 233. CC | |
| 234. F | |

# Afterword

So, there you have it. I hope this book met your expectations and you learned a substantial amount of vocabulary. I believe I wrote a useful book and am certain that if you spend between one and three months consistently studying, plowing ahead learning new chapters each week, while also reviewing and reinforcing those words you have already learned, you will have earned an advanced level of Spanish vocabulary.

There are many Spanish learning books on the market. Thank you for spending your time and money on mine. In addition to thanking you for reading my book, I'd also like to thank you for helping improve my own Spanish during the writing process.

I would genuinely appreciate it if you would write a review to let others know of the benefits you have received from my book. This will not only help others master their target language, but it is incredibly rewarding for me to know how much my work may have assisted and encouraged you in your language learning journey. Your review will also enable me to learn ways to improve my craft for future publications. Even just a few words would be profoundly helpful.

I have published several other books to help students master either Spanish or English. Most are side-by-side translations of classic stories in which the left half of each page contains the original English and the corresponding right half contains my Spanish translation. These books are an effective and fun way to study your target language. Some titles include Sherlock Holmes, Grimms' Fairy Tales, The Hardy Boys, and The Wizard of Oz. More will, no doubt, follow. So stay tuned! You can view my catalogue of books and join my mailing list here: www.sidebysideclassics.com

Thanks again for reading!

Made in the USA
Middletown, DE
14 May 2025

75514066R00318